一九二〇年大概摄于纽约

一九二七年洪业全家,摄于北京

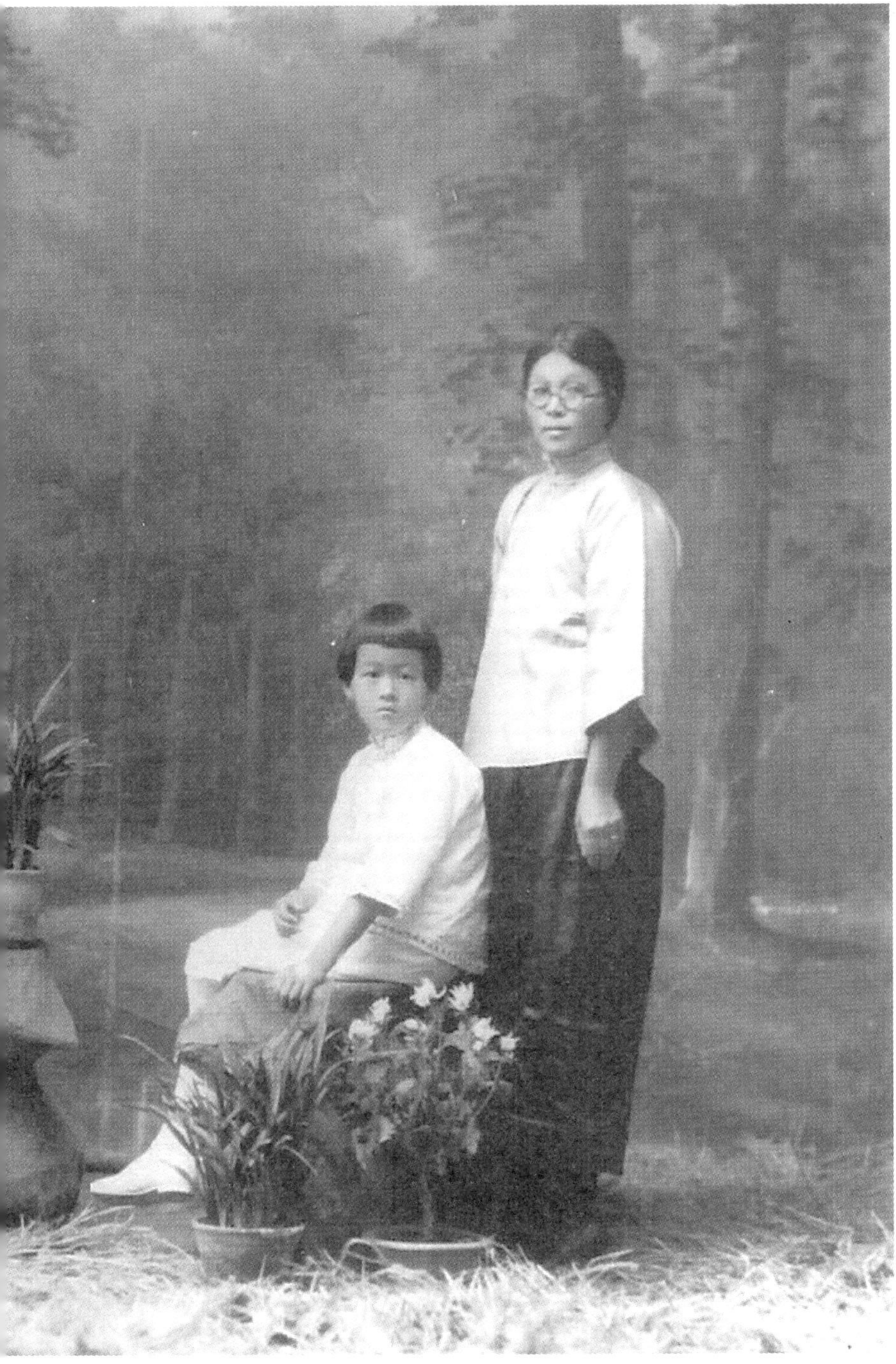

一九一五年洪业(第二排左起第六人)毕业于福州鹤龄英华书院

上图：洪业，夫人江安真，与女儿蔼莲(左)，蔼梅(右)，蔼兰(前)

右图：洪业摄于一九四九年

左图：洪业一九六一年摄于麻州剑桥

洪业与夫人江安真摄于麻州剑桥

上图：一九八〇年七月与友人于剑桥作者家中

下图：侯仁之，张玮瑛，陈毓贤，艾朗诺，一九九五年六月摄于燕南园洪业故居前

洪业传

〔美〕陈毓贤 著

商务印书馆
The Commercial Press
2014年·北京

图书在版编目（CIP）数据

洪业传/（美）陈毓贤著. —北京：商务印书馆，2013（2014.5 重印）
（人物）
ISBN 978-7-100-09586-0

Ⅰ.①洪… Ⅱ.①陈… Ⅲ.①洪业（1893～1980）—传记 Ⅳ.①K825.81

中国版本图书馆 CIP 数据核字（2012）第 244459 号

所有权利保留。
未经许可，不得以任何方式使用。

洪 业 传

〔美〕陈毓贤　著

商 务 印 书 馆 出 版
（北京王府井大街36号　邮政编码 100710）
商 务 印 书 馆 发 行
北京瑞古冠中印刷厂印刷
ISBN 978-7-100-09586-0

2013 年 2 月第 1 版　　　　开本 787×960　1/16
2014 年 5 月北京第 2 次印刷　印张 22½　插页 4
定价：42.00 元

目次

《洪业传》再版自序　　　1

1　幼年在福州　　　001

对幼小的洪业来说，生活充满着色彩。一天到晚有兜售各种东西的贩子经过，他们各有各独特的叫卖声。

2　洪家的故事　　　013

慢慢地，他从父亲口中，从他偶尔回娘家的姑姑那里，断断续续地获悉了洪家的历史。

3　童年在山东　　　025

当洪业十岁左右，他的母亲偶然弄到《新民丛报》看，洪业开始意识到他长大以后的生活方式将与他父亲很不相同。

4　青春好时光　　　037

在他父亲的督促下，洪业便好好地念书，已不是为了将来考科举做大官，也不是像儿时为卖弄聪明，而是正正经经地要学怎样做学问、做人。

5　蜕变　　　053

高迪夫人流露的基督教精神与她对教义通融的解释，赢取了洪业，他皈依了基督教。

6　俄亥俄卫斯良大学　　　069

洪业把满腔热情投入学校课内外各种活动中。他在大学的这两年做什么都兴致勃勃的，他觉得生活毫无拘束，毫无抑制，而人生无限无涯，足以令人陶醉。

7　友谊与爱情　　　079

六十多年后，洪业讲到他与江安真的婚事时，一向率直坦白的他反而含蓄起来，轻描淡写地便抹过去了。

8　转捩点　　　091

于是，一九一九年二十六岁的洪业，便在他自己周围划了一条界线，限定了自己以后一生努力与活动的范围。

9　巡回演说　　　107

不久司徒雷登果然来到，他和洪业一见如故，两人对基督教、对教育、对中国的看法都吻合。洪业便被聘为燕京大学教会历史助理教授。

10　归国学人　　　119

大多数与洪业同时回国的欧美留学生，回国后便把在外国形成的态度及习惯，像一件不合时尚的外套一样，遗弃在后了。

11　燕大教务长　　　133

洪业做教务长虽以严厉闻名，但在业务百忙之中，仍不忘从事他一生最热衷的一种活动——人才的发掘与培育。

12 哈佛燕京学社的成立　151

"王近仁，站起来，你不会是卖国贼，卖国贼是达官贵人才能做的，你是学生没资格卖国，你一定把自己估错了。"

13 一九二〇年代的哈佛　163

洪业在美国的活动不限于哈佛校园内，他在美国是个知名的演说家，他也乐意有机会为国家出力。

14 新交与旧好　173

洪业一向就反对国学研究这种观念。他觉得学问应没有国界，所谓的国学，不能孤芳自赏，而应按学科归纳到各院校。

15 全身投入学术　189

洪业再回国后全力投注于学术工作，可以说是响应梁启超与胡适"整理国故"的呼吁。他加入了顾颉刚、钱穆、傅斯年等人的行列。

16 出入敌区　201

他们两人被摩肩擦踵、欢呼高叫的人海带着前进，脚几乎不能踏地地涌过几条大街。这种身不由己的奇异感觉在洪业脑中留下了很深的印象，人生何尝不是这样？

17 被押入狱　213

用武力来占领别的国家，把别国人民当奴隶，镇压别国人民的意志，只能暂时收效，因为一定会有反应的，而最后一定得报应，报应来时，压迫者有时比受害者更惨。

18 抗日胜利   231

　　洪业于一九四六年四月离北平,计划洪夫人夏季便到美国与他相晤,没想到他这一走便与故国永别了。

19 漫长的旅途   249

　　洪业不但在哈佛开杜甫课,在耶鲁大学、匹兹堡大学、夏威夷大学各大学演讲,也都讲杜甫的著作与为人。

20 侨居剑桥   261

　　在洪业的眼中,物质世界与精神世界是不脱节的,东方与西方之间没有鸿沟,古代与现代之间没有裂罅。

21 幸存者   279

　　往事日夜继续在洪业脑中翻腾,他禁不住反反复复地思索在中国的旧事,企图以新的眼光去分析、了解过去的一切。

附1 剑桥岁暮八首   295

附2 洪家三代女人的悲剧   297

附3 顾颉刚、洪业与中国
　　 现代史学   311

人名索引列表   326

外国人名中英文对译表   330

《洪业传》 再版自序

我算是个美国汉学界的"票友"。这里汉学自然不是指汉代的学问，也不是清代亦称"朴学"的儒家学术，而是欧美学者以及日本学者研究中国文化的统称。

二〇一〇年十月在一个会议上与科罗拉多大学的 Antje Richter 教授相晤，互报姓名后，她说看过我的书，我说哪一本呢？她说书名记不清了，却记得我在序言里说："写汉学家的传记，有个做汉学家的丈夫实在太方便了。""哦，你看过 *A Latterday Confucian*！"旁边一位香港来的学者笑说他也读过，"原来是你写的！"

这位教授一语道破我的"票友"身份，但我很高兴《洪业传》英文原版出书二十多年后仍有不少人记得，哈佛大学出版社仍陆续销售，然而台北联经一九九二年的中文繁体字版和北京大学一九九五年的简体字版却都买不到了。《战争与革命中的西南联大》的中译者饶佳荣先生是位有心人，他在《上海书评》看到我的《赵元任、胡适与韦莲司：半世纪的友谊》一文，写评语惋惜《洪业传》绝了版，并通过朗诺的学生张佳音和我联络，自告奋勇筹办再版，请我重新写一篇序。

我且谈谈我如何成为个汉学界"票友"，又怎样经过一连串的巧遇，在天时地利人和的情况下获得机会客串登台，连带略谈四十多年来这个圈子里的见闻。

必须从我复杂的文化背景说起：我曾祖是在广东中山县城开锡器行的，他早逝后亲戚经营不当，生意一落千丈；老掌柜为不愿增加我家的负担上吊了，我年轻的祖父北上到天津投靠姐夫，在京奉铁路当了点票员，不料被诬告偷窃而逃命到马尼拉。懂些英语的他，到一家美国人俱乐部当酒保，我外公则在另一俱乐部做酒保，这些替"西人"打工的广东汉集资赁了栋花园洋房做会馆，叫"南聚安馆"，让单身会员有地方住，还提供大家玩牌聚餐一起揣摩西洋习俗的场所——这是他们自己的俱乐部。珠江流域得风气之先，和洋人打交道不亢不卑，我从他们那里承袭了这个态度，即东西方文化的差异是可以理解的，须异中求同。

菲律宾经西班牙统治三百多年后，有半个世纪是美国殖民地，"二战"时被日本占据三年，在我出生的那一年（一九四六年）独立。我小时家里长期订购两份中文报纸，一份当地的英文报纸，还有美国的《读者文摘》和《生活杂志》。上的小学是福州人办的，中学是厦门鼓浪屿的基督徒办的，都是双重学制：半天以闽南语解释中文课本，半天以菲律宾话或英语解释英文课本，还要修菲律宾和西班牙文。同样的代数用中文上完再用英文上，但中英文的历史课本就几乎完全不衔接了。灵惠中学教师大多是厦门大学出身的，来自南京的陈锡荣老师是唯一的"外省人"，西南联大毕业，当过记者，教了我高中三年的国文，奠定了我的中文基础；有多位美国传教士，一位曾击落数架日本战机的退役空军教物理，另一位把世界史讲得非常精彩，令我对历史特别感兴趣；有这些好老师，也算我"师运"好。

现在回想，我们晨光小学进楼门上那块黑漆大木匾，上面刻着蒋中正题的四个烫金大字"礼义廉耻"，宣扬的是中国旧道德；中文课本提倡的是经"五四运动"过滤的理性思想和民族意识，英文课本标榜的是个人主义。我生活在几个平行但自成体系的世界里，以小孩的天真，坚信书本的话完全可靠，每句话后面都有个现实，而现实世界里每件事物，包括我所有的思绪和感情，都有正确的中英文名词和形容词。后来发现居然有"汉学"这么一个东西，企图把这些世界打通，也怪不得我着迷。

当时大人不明说，做女孩子的都明白他们指望我们日后嫁到殷实人家，然而我看到几个姑姑出嫁后受尽婆婆的气，母亲也受祖母欺负；我外婆知书识礼，只因小时父亲疼她不忍让她缠脚，在家乡找不到门当户对的婆家，就听媒人的话，带了两个婢女嫁到马尼拉，连她也躲不了被折磨的厄运。我不甘愿日后做人媳妇，暗自立意不结婚，梦想做记者，但知这梦不易实现。我读高中时马尼拉华人社会掀起一阵台湾热。我们校长到台湾招募了些年轻教员给学校带来蓬勃的朝气，邻近的中正中学则从台湾请教授来办师专，连我母亲都报名到师专读书，读师专后教书自立对我来说是个选择，但有个表姐把白先勇领头的台湾大学生办的《现代文学》传给我看，使我们对台湾大学生活更向往，她邀我一起报考师范大学国文系，说录取了不但学宿费全免，政府还供零用钱。结果我们考上了，母亲请她已回台湾的老师彭震球和裴溥言替我做保人。裴教授是我认识的第一个"北方人"，她常邀我们表姐妹到她家，我们方明白饺子是怎么一回事，而馒头并不等于面包。

台湾师范大学国文系一九六五至一九六七年仍相当保守，除四书五经还有"国父思想"，读诗用《玉台新咏》。书法由陈诚"副总统"的姐姐教，她上课称学生为弟弟妹妹；新文艺习作教授是《女兵自传》的作者谢冰莹，主要讲新式标点符号，倒真要我们写小说和新诗。她把我们的习作结集出版，书名叫《青青文集》，多年后书店里仍在销售，内有我的短篇小说《幻与实》，叙述一位在台湾读完大学后到菲律宾乡下教书的女人，有个殷商的儿子追求她，两人不十分匹对，但她最终还是认命嫁了。这不正代表我对茫茫前途的一种探索吗？

我暑假在天主教耶稣会办的耕辛文教院找到一份差事，替奥地利语言学家温知新（Friedrich Weingartner）神父打字，这让我第一次接触到"汉学"，知道有群欧美学者专门研究中国东西，出版各种期刊。走廊对面张志宏（George Donohue）神父是个热心肠的美国人，我闲来无事常常和他聊天。那年秋天师范大学举办英语演讲比赛，他鼓励我参加，中文系的我居然得了第三。碰巧有个美国报人到台北讲演，星期六临时找不到翻译，我们系里的张起钧教授想起我，便来到女生宿舍把我叫醒，我毫无准备，到场就即时中译英、英译中。那年代台湾英文流利的人不多，张教授觉得简直不可思议，就收了我做干女儿。张教授是北京大学哲学系毕业的，以胡适的传人自许，也办报。张太太很会做菜，日式庭院里经常有饭局请学界政界要人，叨陪末座的我自此以知识分子自居。

一九六七年春，以美商为主的台湾狮子会举办了一个全岛英文论文比赛，题目是"世界和平"，奖金不少，我参加并得了头奖。当会长的台北美国学校校长开车送我回宿舍时，说我应该到美国念书，我说没钱，他说可以聘我教中文，让我有机会存钱。我教了一学年，又在联合国办事处当了一年秘书，兼了一些差，筹足经费到美国。我本想改行修欧洲史，却发现转系要从二年级读起，继续修读中国文学的话，处于西雅图的华盛顿大学不但承认我台湾的学分，连菲律宾一些学分也承认，可跳到四年级马上拿到文凭。因此我便进了华大，多上一年课又得了个比较文学硕士，回头想这两个学位得来太易了，一篇论文也不用做！

在华大读书时，干爹在北大的前后同学，主持汉语教学的严倚云教授很照顾我。严倚云是严复的孙女，丈夫高叔哿的父亲高梦旦多年在上海商务印书馆负责编译，两人出自福州名门，分别在北京和上海长大，四十年代来美国读博士，婚姻是胡适撮合的。他们家门口挂了个"高严寓"的小木牌。两人种族意识、阶级观念都很淡薄，白人黑人一视同仁，高官木匠一样谈得来。我假期都在高严寓度过，感到像自己家一样。住在高严寓有个额外的收获，就是和艾朗诺（Ronald Egan）结了婚，也和汉学结了终身之缘。

朗诺"师运"只有比我更佳。他本在加州大学圣塔巴巴拉校区念英美文学，偶然选了白先勇的课，迷上中国文学。白先勇刚教书，热心得很，替他取了中文名字，暑假还把他带到台北，请台大的年轻讲师替他补习中文。朗诺把该校的中文课都选过后转到华大，修中国文学史和我同班，担任这门课的老师是在青岛出生的卫德明（Hellmut Wilhelm），他父亲卫礼贤（Richard Wilhelm）是以翻译《易经》著称的德籍传教士。我们课余谈得相当投机。朗诺没上严先生的课，但严先生知道他，有心做媒，常请他来吃饭；后来朗诺开了烤箱，只焙一颗马铃薯，就被小气的房东赶了出来，因祸得福被收容入高严寓。朗诺搬进来之后，高先生赋闲在家，常带我们一起爬山，到海边挖象拔蚌，有时吃过晚饭，夫妇借故出去，高先生会眨个眼睛说："让他们俩亲热一下。"我了解他家没有"做媳妇"的规矩，两人顺理成章便结了婚。

朗诺和我很羡慕高家的生活方式，希望也能在大学做事，但有他们前车之鉴，估计夫妇同在一个城市找到教职几乎不可能，决定让朗诺念博士，我找工作支持他。然而朗诺一九七一年进哈佛大学研究院上课第一天，我明知做学问不如他，还是很不甘愿地哭了一场。以后朗诺研究什么题目，我即使不太懂，也有兴趣，他的师友也成了我的朋友，"票友"身份便这样形成了。

汉学本来是欧洲人的地盘，把研究中国当作一门学问的欧洲人大约可分四类：第一类是传统学者，小时受的是经典教育，拉丁文和希腊文是必修课，从事汉学是把中国当作如埃及、波斯、希腊、罗马等古文明研究；第二类是殖民政府官员，无论出自职责的需要或出于个人的好奇，关切中国的政府制度及外交策略；第三类是收藏家和鉴赏家，因爱好中国文物想进一步了解艺术品的来历；第四类是传教士出身的，对中国民间宗教社会习俗等特别有兴趣，也研读中国的古书，目的却是要寻找和基督教教理的共通之处。

美国的汉学在第二次世界大战后才起步。战争消耗了欧洲各国的财力，美国独大，许多欧洲学人到美国栖身，形成美国学术一片繁荣的景象。一九四九年后，在中国长大的传教士子弟纷纷回美，壮大了汉学家的阵容。当时美国汉学主要分两派：一派研究中国古代文明，哈佛燕京学社一九二八年成立后培养了不少这方面的人才；另一派则研究近代中国，以费正清（John King Fairbank）为首，探讨清代以来的中国制度，主要课题是了解中国何以走上共产主义之路。当时在美国教书的华人是相当尴尬的，他们的中文程度远在同侪之上，对中国政治、社会、文学、历史都有较深的认识；可是那年代美国种族成见仍深，一般只请华人做副手，有名望的反而不聘用。譬如胡适这样的人，二十世纪二三十年代美国还没有汉学可言时很多大学都争着要聘他，战后反而无人问津，倒是英国的牛津大学要他，他因政治原因退却了。这情形到七十年代才逐渐好转，很大程度是受惠于美国黑人争取种族平权的运动。

朗诺在哈佛读书时，研究古代文明的东亚系和研究现代的"费正清中心"几乎老死不相往来，两边不但研究内容、思维方式不同，政治倾向也不同。"费正清中心"的人认为东亚学系死气沉沉，这边则视那边肤浅势利。其实东亚系问题的确很大，研究中国的几位老先生合不来，脾气又大，只有新来的韩南（Patrick Hanan）教授较和气，学生差不多都被吓跑了。朗诺和梅维恒（Victor Mair）同年毕业，是该系七年内完成博士课程仅有的两个学生。

朗诺在哈佛的导师是海陶玮（James Robert Hightower），他每年暑假和叶嘉莹一起研读宋词，朗诺受了影响，后来研究宋代文学。但朗诺看懂文言文，功劳应归方志彤（Achilles Fang），方志彤是韩国人，中英文学底子都异常深厚，除日文德文外还懂多国文字，当过海陶玮和蒙古学家柯立夫（Francis Cleaves）的老师，学生做了教授他仍是讲师，未免愤世嫉俗；他与钱锺书在清华是同学，钱锺书一九七九年访问哈佛，老友相逢很高兴，朗诺选译《管锥编》，就是他鼓励的。朗诺也上柯立夫的课，柯立夫跟系里同事都不和，最亲近的人是校外的洪业，每周日下午三点钟茶叙，数十年如一日。他周末回农场时，有一群猎狗和数十头牲口陪伴，但在剑桥①孑然一身，而洪夫人已去世，我们常请两

---

① 指哈佛大学的所在地，波士顿的剑桥。

位单身汉吃晚饭，因而和洪先生熟稔。后来朗诺博士论文写《左传》，洪先生的《春秋经传引得序》是最权威的著作，洪先生自然便成了朗诺的非正式导师，也成了我们共同的朋友。

洪业曾担任燕京大学教务长，是哈佛燕京学社的创办人之一，中英文皆绝佳，学问众口皆碑，他主持编纂十三经以及其他重要古籍的引得（即索引），让没有熟读古书的人亦可言之有据，在中国学术史上是很重要的突破。索引现虽被电子工具替代了，但所做的考证和校勘贡献仍不可磨灭。他又有计划地培养了一大批出色的史学家，包括治春秋战国的齐思和、治汉史的瞿同祖、治魏晋南北朝的周一良和王伊同、治唐史的杜洽、治宋史的聂崇岐、治辽史的冯家升、治元史的翁独健、治明清史的杜联喆、治清史的王锺翰；还有考古的郑德坤、治佛教的陈观胜、治历史地理的侯仁之和谭其骧、治方志的朱士嘉、治海上交通的张天泽和治制度史的邓嗣禹。然而，他战后决定在剑桥定居，哈佛大学并没有给他正式的职位；他买了栋房子，靠社会福利金和收房客度日。

洪业受过私塾教育再上新学堂，中学毕业时父亲在山东曲阜当知县，他决定到上海投考海军学校报国。在青岛上船遇到大风浪误了考期，举棋不定时，商务印书馆的总编辑同乡高梦旦劝他回福州，去教会办的英华学院以便日后办外交。不料洪业在学校皈依了基督教，一度要做牧师。

他一九一五年到美国留学，和陈鹤琴、涂羽卿、刘廷芳等数位基督徒组织了个"兄弟会"，口号是"联合起来振兴中国"，希望携手以宗教和教育转化中国社会，加入的会员有后来的外交家蒋廷黻、南开大学校长张伯苓、清华大学校长周诒春、上海纺织公司创办人聂其杰等。第一次世界大战结束后，到巴黎参加和会的王正廷取道美国回国，亦被邀加入这"兄弟会",王正廷披露早些年留美中国学生也有个兄弟会,也以"联合起来振兴中国"号召,会员包括事业已有成的王宠惠、郭秉文和孔祥熙,两个兄弟会决定合并为"成志社"。洪业说他是反对合并的,不愿看到兄弟会成为趋炎附势攀登仕禄的途径。后来成志社果然如他所料演变成为一个不关痛痒的组织,在北京、上海、香港皆有分社,别号"博士社",然而从中也可看出当时这些留学生的抱负,个个以振兴中国为己任。

洪业得神学位后却放弃神职,在哥伦比亚大学修了个历史硕士。当时巴黎和会英、法、意支持日本继承德国在中国山东的权益,美国威尔逊总统为了快速达成和约,以便进一步讨论他倡导的国际联盟,不加思索便表示赞同,这在中国酝酿成"五四运动",留美中国学生深感有责任游说美国,把和约驳回,洪业为此做了一百多次的演说,什么地方有人肯听就去讲。有一次他讲完下台,有人跟他说他演讲非常精彩,应以此为业,既利人又利己。二十年代美国社会已相当富裕,但收音机仍很稀罕,电视还没发明,除上教堂做礼拜外没什么消遣,于是"演说局"应运而生,安排"巡回演说家"到各大城小镇演说,提供娱乐兼推广文化。身材修长风度翩翩的洪业,开口便是洗练风趣的英文,声如洪钟,很快成为这圈子里的热门人物。司徒雷登(John Leighton Stuart)一九二二年要替成立不久的燕京大学在北京西郊建校舍,经刘廷芳介绍,请洪业和路思义(Henry Luce,《时代》杂志创办人的父亲)合作在美国募款,每到一处洪业先讲中国文化,讲中国在历史上的地位等,解除一般美国人的误解,讲毕路思义便恳求观众捐献一件礼物给中国,即一家基督教大学,一年半募得两百多万美元。

一九二三年,三十岁的洪业带了在檀香山长大,仅会几句台山话的妻子到燕京大学投入学术。司徒雷登后来做美国驻华大使，试图在国共之间做协调人，晚年写自传请胡适替他作序，胡适特别表扬洪业提高了燕大的学术地位。

我认识洪先生时，他已八十岁，虽一头白发，但修长的腰身还是挺直的，讲话声音洪亮，很会说笑，掌故一大箩筐，聚会时总一堆人包围着他。算起来他和我爷爷年龄相若，但我们一见如故，有可能因我的启蒙老师是福州人，在西雅图的高严先生也是福州人，一见他就觉得格外亲切。他大概也觉得这菲律宾来的少妇相当有趣，不管懂不懂，什么话题都大言不惭地插几句。他讲大家庭的辛酸，学派的纠争，国共的恩怨，都引起我的共鸣；他提起胡适、顾颉刚、傅斯年这些人，我在张教授家以及高严寓中已耳熟能详；我还发现他中学毕业举棋不定时，指点迷津的竟是高叔哿的父亲高梦旦。

朗诺也选过杨联陞和余英时的课，但杨先生有病，年轻的余英时事忙常不在，我们跟赵如兰倒很熟。如兰是语言学家赵元任的长女，丈夫卞学璜在麻省理工学院教书，她一半在东亚系，一半在音乐系，音乐系升她为正教授时，东亚系的老先生们还嘀咕，因她不仅是东方人，还是女人，似乎是种僭越。叶嘉莹每年夏天自加拿大来剑桥期间，如兰夫妇都找我们作陪，一起相聚，因我们是早相识的：朗诺第一次到台北，白先勇就带他拜见叶先生，朗诺在高严寓住时，她丈夫赵锺荪在华大教中文，也在高严寓寄宿。一九七八年春节，如兰在家办了个迎春会，照例有一堆人簇拥着洪先生，如兰就说："赶快把他的故事录下来，这就是口述历史。"我听这话，像触了电似的，在下不是最佳人选吗？我成长中受到各种文化潮流的滋润，这些潮流差不多也都滋润过洪先生，不同的是这些潮流对他是一波逐一波来的，而对我则同时冲涌而来，让我有点招架不住，我很想知道他怎样接受挑战，不同的概念怎么整合，儒家信念和基督教教义在他的心目中比重如何。像他这样学问渊博德高望重，并对创立哈佛燕京学社有功的人，哈佛没有给他任何正式的职位，让他靠单薄的社会福利金和收房客过活，他却一点都没有怨怼——他怎能如此泰然？替他写传正好让我有机会更亲近他，何况我读了那么多年文学，一点成绩都没有，正好弥补这个空白。

几经考虑后，我鼓起勇气打电话给洪先生，说有事跟他谈，他就约我吃晚饭。到了洪宅，见洁白的桌布上摆了精致的盘碗，并设了两只高足玻璃酒杯，洪先生捧出来的第一道菜是鲜甜的江鱼刺萝卜汤，我开门见山地说："洪先生，您不打算写自传，别人写可行不行呢？我想带个录音机来，录下您的回忆。"

他先是愣了一下，接着说："可以，可以。"

"我提议每星期来一趟怎么样？"

"希望你常常来。"说着他激动地举起修长的手，又慢慢放回到餐桌上，"我现在寂寞得很。三个女儿中两个已经过去了，还有一个在西部，也五十多岁了，你就像我自己的女儿一样。"

于是，每星期天下午，我便带了录音机，在厨房里与洪先生一边喝茶吃叉烧包，一边听他谈往事。最后一次录音是一九八〇年八月，两年半内积累了三百多小时的录音。他那年十二月便逝世了。我整理成的传记，约百分之八十根据洪先生的口述，他有时用英语讲，有时用普通话，我有时必须翻译，有时得加以浓缩、注解，不过基本上是洪先生以自己的观点叙述往事；另一成是根据我对他本人、亲友以及环境的印象写的；其余一成，则根据我与洪先生的学生旧友书信往来等各种探讨。

在拟稿过程中，朗诺的同学江勇振告诉我耶鲁大学神学院图书馆有关于洪先生的档案，洪先生的五弟洪绂，友人如杨联陞、周杉、陆惠风、魏世德（Timothy Wixted），学生刘子健、王伊同、邓嗣禹、王锺翰等都踊跃替我看稿，该书经张光直和杜维明推荐，由哈佛大学出版。严格说来，这虽然不是一部学术论作，然而写洪先生的传记，让我对近代史，尤其是学术史，有了深一层的了解，也让我叨洪先生的光，认识不少华人汉学家。我以票友身份有机会得到内行人的指引，上台客串，感到非常过瘾。

洪先生的口述自传，原来的对象是美国汉学家，不料出书后，刘绍铭在台湾的《联合报》发表数篇专文介绍，令我非常鼓舞。当时朗诺已回到加州大学圣塔巴巴拉校区教书，鼓励他回加大的正是他的老师白先勇，白先生怂恿我出中文版，还介绍我认识瘂弦，经瘂弦推荐，繁体版由台北联经出版。除朗诺的同事江欲仙外，他的学生康笑菲的丈夫王威也帮我改稿，后来王威和康笑菲介绍他们母校北京大学的出版社出简体字版。就如我在原序里说：写汉学家的传记，有个做汉学家的丈夫实在太方便了！

朗诺那一辈的准汉学家不能到中国大陆学习，不是到台湾就是到日本，因日本汉学一向十分发达，诸桥辙次《大汉和辞典》是大家通用的工具。朗诺研究中国文学十多年后才有机会到中国。一九八〇年外国个人旅游仍未开放，探亲是可以的，我和住在广东中山的老姨婆联络上了，朗诺便以"侨眷"身份和我一起去。我们到了北京大学燕南园，替洪先生看看他心爱的一棵紫萝藤还在不在，紫萝藤自然早已不在，而他的故居分了好几户人住。碰巧方志彤退休，藏书捐给了北京大学，朗诺和他的同学们帮忙搬运，书刚到北大，周培源校长和夫人在临湖轩请我

《洪业传》再版自序

们吃精致的晚餐,很难想象这美丽的校园不久之前是个武斗场,不少人惨死。遐想多年的中国一片荒凉,所见的人不能畅所欲言,我们相当失望。

朗诺一九九五年春有进修假,想趁机会到中国小住,多认识国内学者,我当时改了行转入金融业,上海证券市场复业不久,南京大学商学院让我开课讲证券分析。我们发现十五年间中国变化实在太大了!出版虽仍受限制,但私人间言谈已经很少忌讳。南大的程千帆和莫砺锋教授让我们肃然起敬。我们到了上海,见了慕名已久的王水照教授,他不少学生也成了我们的朋友。到了北京,拜访洪业称许为"路见不平拔刀相助"的王锺翰,他兴高采烈地请我们到他学生办的山寨饭馆吃饭。划为"右派"后二十年没发表文章的他,在古稀之年居然大量出版研究成果。和我商榷《洪业传》出版事宜的北大出版社责任编辑张弘泓,领我们拜访洪先生的另一位学生,抗战时代和他一起入狱的侯仁之,真可惜洪先生逝世过早,不知道侯教授得益于他的史学训练,对北京的水利建设和文物的维护,以及西北沙漠的考察,都有巨大的贡献。此后朗诺几乎每年都到中国跑一趟至数趟,参加会议或到大学讲学。中国每年都出版一些很有价值很有分量的关于宋代的书,因读书风气炽热,迟一点就买不到。我偶尔也跟他去,见证了中国对外来思想的空前开放。

现在洪先生的梦想基本上是实现了,中国学者著述都采用国际规格,即使不懂外文,也有兴趣靠翻译跟踪海外汉学的走向,与海外汉学家不断互通声气;欧美汉学界最具权威的学者不少是华人(这点在二〇一〇年出版的《剑桥中国文学史》中可看得很清楚,十七位撰稿人中,华人居然过半)。如果说学无国界,汉学这名词是否应该荣休了呢?在中国大陆出生,台湾长大,长期在美国教书的孙康宜用英文谈论诗词算是汉学，她用中文谈论诗词难道不算汉学？

我相信在很长的一段时间内，汉学仍会保持它独特的蕴涵。

首先，我们用什么语言写，很大程度左右了作品的内容。语言是诡异的，有些话用中文讲，翻成英文就变了质，英译中也是。每种语言都有些内在的轨道，让写的人不自觉地循一个方向走，一不小心就预设了下文。很多名词动词形容词拉扯了一些不易摆脱的联想，譬如中文"单身汉"这词令我们想到一个孤独可怜的人，而英文 bachelor 则令我们艳羡此人无家室之累，自由自在。因此同样的题目，同一个作者用不同的语言写出来，文章就不一样。有一天，中文作者普遍感悟到单身汉不一定孤独，英文作者普遍意识到无家室的人不一定活得开心，这种距离就拉近了。有些西方很普通的话语，如 context（语境）、alienation（疏离）、irony（反讽），用中文表述，就觉得扑朔迷离。

再者，因心目中的读者文化背景不同，有些话题非用某种语言表达不顺畅。譬如此篇序要用英文就不能这样写，首先，英美没有"票友"这概念，乡谊意识比较淡，也没有长辈替后辈撮合婚事的习俗，用英文表述就要大费周章，而且到头来会变了味。要用英文写，提到胡适、顾颉刚、傅斯年这些人就必须逐一介绍，因顾虑到一般英文读者对他们不熟悉；我大谈小时接触的方言，华人在美国汉学界的地位等等，用英文写必定着墨不多，因心想一般英文读者对这些话题没多大兴趣。

毕竟，学术讨论是参与一场正在进行的多方会话。每个族群，每个团体，每个家庭，每个人都有对自身的大叙述，大叙述既定，就有意无意把不利己的情节删略了，把别的观点过滤或扭曲以自圆其说。而且学术讨论往往牵涉悬挂着的题外问题，譬如近年汉学界热衷研究明清妇女诗词，主要是女权运动的驱使，数目庞大的明清男士诗词反而很少人理会；因此中国国内进行的会话和汉学家间的会话，是很难汇合起来的。

总的来说，中国人谈自己的东西有语言等各种方便，但有时候"不见庐山真面目，只缘身在此山中"。作为局外人的汉学家，容易混淆事实闹笑话，也免不了受自身文化的干扰，或刻意借中国话题影射当地社会；然而汉学在欧美属于边缘学科，传统的约束和政治顾忌都较少，可较客观地审视很多东西，也可发表些近于荒诞的妙论，有时竟歪打正着。

所谓"性相近，习相远"，各种文化都是独特环境的产物，如五花八门的语言看似杂乱各自有文法。我们的思想充满了旧物的沉淀，常互相借镜，方能摸索到自身的盲点。

我一九九八年自金融业提前退休，有闲暇做些赏心悦性的事，包括和朗诺的同事白睿文（Michael Berry）翻译王安忆的《长恨歌》，英译稿经朗诺在哈佛初教书时的学生、香港长大而英文绝佳的郑文君修润，出版后竟得到《纽约时报》的好评，获了翻译奖。朗诺二〇〇二年在香港城市大学访问时，恰巧普林斯顿大学周质平教授也在该校访问，我们在一个餐聚上毗邻而坐，发现看过彼此的书。哈佛出版《洪业传》时他看过，相当喜欢，却没悟到作者 Susan Chan Egan 是华人；他的《胡适与韦莲司：深情五十年》北大出版时张弘泓赠送了一本给我。周教授邀我与他合作，用英文撰写胡适这段异国恋情，于是我又粉墨登场，所幸演的不是昆曲，是白话文明戏，非科班出身的我也能应付，何况我有问题随时可请教彭松达、冀小斌、徐振铨等朗诺诸同事。浏览胡适的著作，才发现洪业三四十年代致力于哈佛燕京学社引得丛刊工程，有系统地请专家爬梳中国主要古籍的来历和版本，加注标点，是有前例的——胡适二十年代便如此处理中国主要的白话小说。洪业则进一步替这些古籍编索引,以方便学者寻检;索引现在虽被电子工具替代了,但无论是于中国人"整理国故",还是于国外的汉学,引得丛刊都曾有不可磨灭的贡献。洪先生倘若活到今天,必定会为计算机的奇异功能及网络交流的便捷而欢呼雀跃。

八十多岁老人回忆往事,大半生的档案信件又不在身边,差错是免不了的;然而洪先生的记忆大体很准确,有些事乍听"比小说还离奇",后来竟被印证了。

譬如洪先生说一九二四年有个燕大学生替哈佛福格博物馆的朗顿·华纳(Langdon Warner)当翻译,跟他到敦煌去,见他用甘油渗透棉布把数幅壁画取下运回美国,次年见华纳又带了大队人马来,准备将更多的壁画运走,便密告洪先生,洪先生马上通知教育部,教育部即发电到敦煌沿途各县市,吩咐地方官员招待这些外国人,并加以武装保护,但小心防备他们破坏文物,结果华纳空手而还。哈佛燕京学社成立后,洪先生到哈佛做访问教授时,听到斯坦因(Aurel Stein)说服了哈佛燕京在美国的托管人出钱让他到中国搜宝,力劝他不要去,结果斯坦因去了无功而返。洪先生对自己保卫敦煌文物有功颇得意,他怎么讲,我便怎么写。

书出版十年后,突然接到一通电话,有位作家请我把一张洪业的照片寄往美国《考古》(Archaeology)双月刊,因她有文章谈及洪先生。该文章年尾发表了,说《洪业传》出版之前,西方学者不明白华纳第二次中国之行为何全军覆没,华纳自己也不明白,给太太的信里很恼恨地说大概是中国官员嫌贿金不足,回美国后心犹不甘,说服他的同事萨克(Paul J. Sachs)出面筹钱,筹到十万美元(包括来自哈佛燕京学社的五万），足够探险队两年的费用，预算中有六千五百元预备作为给中国官员的"礼金"，终于把年近七十岁到中国搜宝最有经验的斯坦因引了出来。哈佛大学文档中有一份提及一九三〇年三月十八日斯坦因、司徒雷登和洪业在萨克家开会，洪业说他可去函刚成立的文物保管委员会替斯坦因铺路，斯坦因推说探宝的细节须保密，因而谢绝了。斯坦因离开剑桥前，再请福格博物馆给他示范如何使用甘油和纱棉，到了南京拜见中国外交部长王正廷，则说此行目的是要跟踪玄奘的脚印。然而中国报章突然出现他要运文物出境的报道；同一个月内，立法院通过法律限制文物出国；他到了新疆，又有位姓张的学者亦步亦趋地跟着他，让他动弹不得；最尴尬的是，预算中贿赂官员的一项被传了出来，燕大在美国的托管人向福格博物馆质问，斯坦因只好作罢。《考古》此文的作者说，她相信贿赂官员的预算是洪业传出来的，因他看过该团的预算。我们知道王正廷是洪先生在"成志社"的兄弟，他暗中把此事本末告诉王正廷，也是意料中之事。

据我所知，《洪业传》初版有三个错误。一个是中文版的错误，南京大学莫砺锋教授向我指出敦煌古物中最早的印刷书是《金刚经》，不是景教的礼拜手本，这是我译错了，英文版提到两种文献间有个逗点，我没注意到，以为是同一个文献。另一个错误是周质平指出的，书中说洪先生去看驻美大使胡适，电话响了，胡太太接听后说是宋子文，周质平说那时候胡太太不在美国，应是使馆内别的女士。第三个错误是笔误，一九七九年和徐萍芳到哈佛讲学的考古学家名字不是王仲殊而是王钟殊。

还有个地方不是错误，是称谓的问题，洪先生谈起宋史学家刘子健，总称他为"我的学生"，我成书后把谈话录音带捐了给哈佛图书馆，最近清理档案要把其他有关文件也送去，发现有封刘子健写给我的信，说他没有上过洪先生的课。刘子健的父亲刘石荪和洪业很熟，刘子健抗战时从清华转到燕大，和洪业一起被关押入狱，三个多月间还替洪业洗衣，一向对洪先生执弟子礼，是洪业最亲近的人之一，无怪乎洪业称他为学生。

清理档案时，还发现一篇一九九八年写的文章。事缘《洪业传》出版后，收到洪业长女霭莲的信，还有霭莲童年朋友转寄来的信，看了令我相当震撼。我认识洪先生的时候，洪太太已去世，关于她的事，他没多说我也没多问，原来她的身世那么复杂，洪家有那么多可悲的事情。不料还有更大悲剧正酝酿着，洪先生去世十五年后，他四十六岁的外孙女，在一个秋日清晨冷静地走到宾夕法尼亚大学校园中心，朝身上倒汽油点火自焚，在五十人围观下死亡。《纽约时报》有篇长文，走访了认识她的人，分析这令人惊骇的事件，结论是她来自一个显赫的华裔家庭，这环境只许成功不许失败，母亲也是自杀的。我感到分析得不错，但悲剧可追溯到她外祖母那一代，因而写下《洪家三代女人的悲剧》一文，当时因种种原因没有发表，现在事过境迁，牵涉的人都已不在，可以向读者交代了，这次《洪业传》再版，便把它附录在后。

我写《洪业传》时对洪业妻女的情形不清楚，不知他有这许多隐痛。洪业到晚年对什么事都仍兴致勃勃的，谈起往事虽相当激动，却令人感觉他心灵深处有一片宁静，是种尽了责任后对人对事皆不苛求的宁静。洪业后半生不属任何教会，但他相信祈祷在冥冥中有效，尤其可挖掘人们内心的潜能。他加入了一个提倡祈祷与静坐的跨宗教团契，叫 Fellowship-in-Prayer。他引伏尔泰说"要是没有上帝，为人类的利益也要创造一个上帝"，有了上帝才能有"天下皆兄弟"之感。我相信吟诗作诗也是他重整思想感情、保持心态平衡的一个方法。日据时代，洪业和张东荪、陆志韦等十来位燕大师生被押在监牢三个多月，待遇相当恶劣，他和同狱室的赵紫宸忍饿挨冻竟做起诗来，赵紫宸出狱后把诗作以《南冠集》为题出版，有六十七首是赠洪业或是和洪业的韵写的。洪业晚年常和叶嘉莹等友人唱和，去世两年前有一回去看蒙古学家柯立夫的农场，见邻居门口有个池塘，想到朱熹的一首诗，便朗诵给他们听，并用中文写下赠送给这对夫妇，此诗大概代表洪业所觅的心境：

> 半亩方塘一鉴开，
> 天光云影共徘徊。
> 问渠那得清如许？
> 为有源头活水来。

刘子健一九八九年在《历史月刊》（六月刊，第十七期）发表一篇文章，题为《洪业先生：少为人知的史家和教育家》，讨论洪业的史学功力不亚于陈寅恪、顾颉刚与钱穆；整理国故比胡适更有成绩，为何声望远不如这几位大师。结论有几种原因：一则洪业集中精力做基础工作，编了六十四种引得，为了选最佳版本，上承乾嘉，反复考证源流，贡献宏大，但这是为人作嫁供别人使用的。二则洪业写文章不求闻达，最重要的著作是《礼记引得》与《春秋经传引得》的两篇序文，解决了很多历代以来争议纷纭的疑问，在本行之外却少为人知。他关于杜甫的巨作，考订了三百多首杜诗的时间，是用英文写的（哈佛，一九五二），因此读者有限。（所幸上海古籍出版社二〇一一年出了曾祥波的中译本《杜甫：中国最伟大的诗人》。）最可惜的是，他数十年研究《史通》，要把原文每句的来历都找出来，以确定刘知几用了哪些书，没有完成就逝世了。其外，洪业办教育训练学生，毕竟分散了他研写的精力。再者，他自美国到燕京大学执教时已三十岁，作风相当洋派，许多人还以为他是华侨；当时北大清华中央金陵各大学史学都已有相当阵容，他在教会办的燕大独树一帜，和洋人共同筹办哈佛燕京学社，被人以为是洋机关所搞的国史必不甚高明；他一九四六年后在哈佛又只有研究员的名义，更少为人注意了。

《洪业传》中文版内容较英文版丰富，但一九九五年的简体字版有些删节，此次再版得以复原，非常值得庆幸；为了让读者对洪先生的学术成就有较全面的了解，这次还附录了余英时的《顾颉刚、洪业与中国现代史学》，得到他的授权，谨此鸣谢。

商务印书馆是百年老店，我儿时还不懂出版是什么一回事之时，就在各种字典的书脊和版权页看惯了这字号。后来发现早年担任商务印书馆编辑的高梦旦，是朗诺和我的"媒人"高叔哿的父亲，他在洪业的生命中，甚至在我后来研究的我们"媒人的媒人"胡适的一生中，都有决定性的影响。这本书承蒙商务印书馆支持再版，我感到格外踏实。此书的负责编辑孙祎萌女士审稿特别细心，修正了不少不妥的地方，我非常感激。

陈毓贤
二〇一二年八月于美国加州

1 幼年在福州

对幼小的洪业来说,生活充满着色彩。一天到晚有兜售各种东西的贩子经过,他们各有各独特的叫卖声。

洪先生谱名正继，学名业，号煨莲，煨莲谐音于他英文学名，是他二十三岁到美国留学时自己取的。

洪业生于一八九三年十月二十七日。当时光绪皇帝治下的福州虽是福建的省城，而且是世界有名的海港，但因它地势崎岖，却是个车轮罕至的地方。石子铺的街道狭隘，到处是高高低低的台阶。高墙环抱的城里，盛长着榕树、荔枝、龙眼、枇杷、芭蕉、竹子，及颜色耀眼的亚热带花卉；但也有成千成万的坟墓，棋布在山坡上，令人触目惊心。年幼的洪业，已常为那么多的土地被死人占有，不能让活人利用感到惋惜。因为洪家经济拮据，住无定所。他与他父母亲、祖母、伯父、两个姑姑，及几个堂兄弟从一间租赁的房子搬到另一间，表面的和谐难以掩盖拥挤下造成的紧张气氛。

洪业幼年的岁月大半在福州城外南郊，闽江三角洲一个称为南台的岛上度过。在城里,洪业是洪家第三个孙儿;在城外,他却是林家头一个孙儿。林家则有宽敞的住宅。

洪业外祖林锺皋的"永吉茶行"面对着闽江一条支流,土墙上开了个桐油漆的大门。一进去,屋子里有二三十个女工拣茶叶,仰头可见粗大的木梁及屋顶上的天窗。她们拣完茶叶以后,便有另一批工人把茶叶装入垫了锡片的大木箱里。大屋子的右边有窗户,左边有几间屋子,有伙计的卧室、账房,还有一间上房,是用来招待远方来谈买卖的客商的。长外孙洪业也偶尔用这间屋子。其窗外有两三棵荔枝树,他最喜欢从窗户伸出手摘成熟的荔枝。林家住宅设在茶行后,隔了一堵墙,有个大门,里面又另有一堵墙,叫"影壁",挡魔鬼用的。住宅的房子方方正正围着两个天井而筑。天井水缸里养着荷花、金鱼。房子多是两层的,上层绕着走廊。屋盖是灰瓦,屋脊上有些陶制的小人、动物。朝南的大厅由台阶上去,中间摆了一台很大的八仙桌,两边有太师椅,两墙上挂了对联,一边是舅舅的卧房,另一边是外祖母的屋子。外祖母晚上常带孙儿跟她睡觉。外祖住在朝东的楼房里,与茶行的账房是相通的,上层有几间常锁着的货栈。朝西的楼房则有个时期赁出去。洪业的母亲、阿姨、孩子们都有屋子,另外有饭厅、厨房和佣人的住所。最后面是个木板钉的墙,洪业小时候从木墙的夹缝可看到后面人家的厨房,那一家也是开茶行的,住宅与林家相背。

对幼小的洪业来说,生活充满着色彩。一天到晚有兜售各种东西的贩子经过,他们各有各独特的叫卖声。一早有来挑粪的卒子，粪还要给钱买，这点钱归佣人收入。再一会儿，有叮叮当当送水的车，水缸弄满了就给多少钱。另有磨刀的，拍棉被的，肩挑着火炉卖熟食的，头顶着竹篮子卖糕饼的。还有那摇着铃把麦芽糖吹成小人、小马、小狗的，只可惜洪业家里从不让他尝那逗人可爱的麦芽糖，说它不卫生。

洪业要掉乳牙的时候，光顾过一位沿街叫卖的牙医。这牙医胸前挂了一串牙齿，后面背了一个药箱。从街上请了他进来，他便把止痛药涂在病人牙上，用一条丝线把牙齿拴上，把线的另一端系在门上；他一边用手在病人肩上一拍，一边把门一踢关上，牙齿便被拉下来了。

洪业小时候常在永吉茶行前面的河里捉螃蟹，看人家下石阶在河边打水洗衣服，看河里的船夫用竹竿撑船。沿河走下去，可看见两个"三条簪"妇女踏着水车，唱着山歌。车上挂着水桶，轮子往上转，水桶便向下倾，把从河里盛上来的水倒进渠里，以灌溉蔬果园。"三条簪"的妇女是不缠脚的，个子很大，不穿鞋袜，跟男人一样自由行动，而且做粗工，头发上插了三支蛮可怕的长簪。

有一天洪业自己漫步走到一条寂静的长巷，两边都是白墙，完全迷了路，他看到有道朱门，但害怕不敢敲人家的门，便坐在朱门的一个石基上哭起来。突然朱门开了，有个比洪业年长的男孩走出来，问他为什么哭，而且肯带他回永吉茶行。这男孩牵着洪业的手，走过一个庭院又一个庭院，经过一个月门又一个月门，似乎过了几十个院子，终于回到大街上。永吉茶行桐油漆的大门果然就在附近，洪业才知道那一定是人家好几代同堂的大宅深院。

洪业的外祖父和外祖母都是热心肠而信仰不分宗派的人。洪业小时候外祖雇了个奶妈看他。有一次洪业病了发高烧，外祖便到附近所有的佛寺、道观、孔庙、天主教堂、基督教堂去祈求神佑。外祖母说她有第六感，她说她每个孙儿出生时，她虽不在场但都知道。洪业终生对这些超感觉的现象都持存疑的态度，但对人类的潜意识一直很感兴趣。

洪业的母亲林飞是外祖的长女，而且是他最钟爱的女儿，他对他的大女婿洪曦的学问人品都极为欣赏；但他发觉把女儿嫁给做官的读书人，一生颠沛流离，委屈了她。于是到次女谈婚论嫁时，便把她配给一位开当铺的商人。外祖没有儿子，就领养了一个，可惜这孩子脑筋迟钝不灵，后来把家产都荡光了。

洪业幼年很少见到他父亲，洪曦在一八九一年中举后，屡次踏上漫长的路途，往北京应三年一次的京试。洪业五岁时，他父亲便到山东做官去了。他父亲每次回到福州时，洪业则与他母亲及弟妹乘轿子回城里洪家。他母亲每次分娩也得回婆家，因为按照那时中国社会的规矩，孩子是不能生在外家的。

洪曦的家眷在一九〇四年随他搬到山东之前，他的夫人已给他生了四男一女：业、端、沚苹、绅、绶。五男绂是在山东生的。后来还有一个最幺的名纯，未满周岁就出天花死了。孩子们的年纪都差两岁，大概与洪曦回福州的日期有关。可是第五个和第六个孩子隔了五年，是因洪曦替母亲守三年孝期的缘故。

1 幼年在福州

最早的回忆中，洪业模糊地记得曾去参观父亲在孔庙跳舞，三四十个穿着颜色鲜艳的礼服的男人，拿着竿子、羽毛、旗帜、随着音乐起舞。当天孔庙里依汉朝传下来的规矩宰牲口。父亲分了块猪肉回家是很宝贝的。因为在洪家平常只有蔬菜送饭，有时加点咸鱼，再热闹点就有鸡鸭之类，难得吃猪肉。

有一次洪业看到母亲镜台上有些小白棒，便拿下来看。那棒子薄薄的，折断时便发出清脆的声音，他觉得好玩便又折断几支。原来那些小白棒是扇骨，洪业父亲的朋友请他在扇面题字，便把扇骨拆下来好把扇面平放在桌上写字。他父亲看到那被折断的扇骨，马上知道是谁干的好事，拿着棍子在屋子里追打洪业，但洪业躲到祖母后面了。祖母疼孙儿，喝说："你要打他，先打我！"

可是除了这次外，洪业记忆中的父亲是脾气很平和的人。孩子一般来说是母亲管教。孩子真皮的时候，她就在小屁股上使劲打几下。

洪业最早的回忆，是他母亲管教他的事：

> 外祖雇了个奶妈，叫陈妈，我吃她的奶，她一直看到我六七岁，非常爱我。小时我跟她一起睡觉，而且我记得她有一次对我大哭。两岁的时候，是在城里祖母家，门口总卖吃的，糖葫芦呀、菱呀、螺呀。有一次出去，捡到一个铜钱，有个小洞的。这陈妈就抓住我，我说："干嘛？我捡到的。"

"没关系,"她就说,"你这东西脏。"

于是她把铜钱拿去洗了,擦得光光亮亮的,才给我。那时候小孩穿的衣服很像美国的连衣裤,裤裆后面开的,前面有个小口袋。晚上睡觉的时候差不多是这样:有小澡盆,母亲就来照顾了,把衣服脱开,她要看看里面有什么虫子没有,然后奶妈才抱去澡盆洗澡,擦干净再抱回来穿衣服,抱去睡觉。我大概是两岁左右,已经能说话了,很厉害。那时母亲在衣服里看见有个铜板,便把铜板搁在她自己肚兜去了。我看到了说:"母亲,不要拿走,那是我的。"

她说:"那为什么是你的?哪儿来的?"

我说:"街上捡的。"

她说:"那还得了?街上那么脏!"

那陈妈就说:"我已洗过。"

母亲说:"这怎么能给他呀?"

我就说:"这是我的呀!我自己捡的。"

母亲就说:"好,你要分哪个是你的,哪个是母亲的话——好!"

她把铜钱给我,然后把我的衣服收起来,说:"好,拜拜,你走吧!"就要我光着屁股走,因为我衣服都是母亲做的。

哎哟,我就难过大哭了。

母亲说:"这给你吧,我不要了。"

最小就记得这件事。

洪业四五岁时入学,寄读在他外祖父隔壁的家塾里。那时候他父亲还没做官,也来外祖家了。那位三四十岁的先生过来跟洪业的父亲相见:

父亲端了一张椅子给他坐下,地下搁了个垫子,让我给他跪下磕三个头,然后他就抱起我,坐在他肩膀上,走到那边去。我记得,有张桌子,上面写了"至圣先师孔子之位",我跪下对孔子磕了三个头。

洪业与其他学生站成一个圆圈,又互相再鞠一个躬,然后才开始上课。

从那天起,洪业便每天上课,从早上七点上到晚间七点钟。中午有三个小时可吃午饭和睡午觉,不分周日周末的,只有过年时放十五天假,清明节扫墓放一天,九月九重阳放一天、中秋节一天、皇帝生日一天、太后生日一天,还有学生自己父母做寿也各放一天。另外学生病了自然不用上课,要跟父母亲去探亲戚也可请假。可是学生最高兴的是老师自己因事告假,因为老师不来,就可以跟同学们一起玩。

照洪业回忆,其他七位学生中三位是本家的,其他是附读的。一开始上课便学用毛笔描字,学写孔、乙、己、上、大、人。这些字虽简单,而且传说是孔子写的,但对小孩来说是没有意思的。

当时教学方法差不多完全用强记。每一个学生每天要背一段书。老师先把书断了句，朗诵给学生听，还解释书中大义，学生跟着老师背诵、解释；然后学生便回到自己位子上大声念完一遍又一遍，一直念到会背出来。洪业记性非常好，所以从来没问题，别的小孩背错了，老师的旱烟棍便"剁"一声敲到头颅上。其他的处罚方式包括跪在孔子位前自省、面墙、打手心。

书先选用《三字经》，据说是十三世纪一位儒者写的书。起头一句："人之初、性本善。"在洪业幼小的心灵中倒是留了很深的印象，与他后来上基督教会学校所教的"原罪"大相径庭，第二本用《百家姓》，是一百个中国的家姓，似乎不照任何逻辑排下来。开头是"赵钱孙李"，这四个姓代表宋朝最显赫的家族，对十九世纪末年的小孩来说根本毫无意义，不过认字而已。第三本书是《千字文》，是一千个字，都不重复的，排成四字一句，或形容一种自然现象，或教导一个作文原则，或引据历史典故，或提示人生道理，就比较有趣了。

学描字学得差不多后，洪业便开始临帖；学完加减乘除后，学怎样用算盘开方，后者也是靠背诵一本有韵的方法书。

洪业二姨结婚后，她住的房子租给了一户人家。那家人有个女孩，她有个玩具小屋子，里面放了小床、小桌、小衣柜、小人。那些小人还都有衣服。那女孩子小心翼翼地替小人洗衣服，折好了放进小抽屉里，洪业看了羡慕得不得了，就告诉他外祖母说他长大了要娶这女孩。外祖母就告诉他说他已经有了未婚妻，在他未出生以前，父亲在连江的一个姓连的朋友的妻子也有孕了，于是指腹为婚。

此后家里的佣人便打趣他说："你这孩子嘴那么会说，娶这太太一定很会管的。"

洪业也不愿示弱，回嘴说："连家的姑娘其实你哪知道，我将来很可以管她。"

后来他年纪大些，问他父亲这件事，他父亲说："这是我以前年轻干的事，现在给我再办我也不那样做了。"

不料洪业十四岁的时候，在山东接到连家的电报说这女孩得时疫死了。洪家汇去了一点钱，表示哀悼之意。这样也好，不然洪业后来就会跟他同时代很多青年人一样，徘徊困恼于自由恋爱与父母所安排的婚事之间。

洪业一九七七年在美国麻州剑桥谈起这些事时，常为自己幼孩的憨态而放声大笑，却又为人生无常而感叹；他童年时周围的那小世界，当时以为多么稳固呀！虽然无论是哪一时代哪一国度的孩童，都以为自己处身的环境是唯一可能、唯一合理的环境——小孩需要一个至少主观上觉得是稳固可靠的世界才能正常地成长；但洪业成长的那个世界里，触目的实物，多半是数百甚至数千年都没变更的。生活习惯、观念、规矩，大都是老祖宗传下来的。那种牢固不可动摇的实在感可想而知；这是早一辈中国人的福气。不幸的是，古老的社会不久便因外来的因素崩溃瓦解，在这突然遽变的环境下，如何做人，在新旧之间，怎样作明智的抉择，又是他们这一代中国人所不能回避的考验。

2 洪家的故事

慢慢地,他从父亲口中,从他偶尔回娘家的姑姑那里,断断续续地获悉了洪家的历史。

洪曦在福州短暂居留时，有空则帮助一个远房亲戚准备应试。这亲戚算起来是比洪业小一辈的，但他已经二十多岁，洪业叫他"一桑哥"。他有一次带了三条六尺多长的甘蔗来给洪业。洪业开心得一下子把它们都嚼食了，结果牙床痛了几天。从一桑哥那里，洪业听说离福州不远的后蒲乡有个村落全是姓洪的。这偏僻的农村可有些显赫的祖先。慢慢地，他从父亲口中，从他偶尔回娘家的姑姑那里，断断续续地获悉了洪家的历史。

洪家据相传远溯共工氏。那时天下洪水泛滥，共工族是当时的水利工程的集团，族长因为防治水患不成功，被尧帝放逐了。公元一世纪左右，共工族因为触怒了当权者而全族被诛，只有一个生还者逃到西边去，他匿姓为"洪"。因"洪"字与共工押韵，而且保存了"共"的部首，左边的水旁又显示他的祖先是治水的。

一直到了宋朝，洪族都没有显赫的人物，宋徽宗、宋高宗的时候出了个洪皓（一〇八八年——一一五五年）。洪皓出使金国，被金人扣留了十三年，回朝后得罪了秦桧，又被放逐到边境去，著有《松漠纪闻》，是关于现在中国东北的第一本地理书。洪皓有三个儿子：长子洪适，是南宋的名臣，洪族的历史就见载于他的《盘州集》中。次子洪遵，是中国第一位古钱学家；三子洪迈，是史学家。因为这三兄弟都有作为，史称"三瑞洪"。十三世纪蒙古人南侵中原时，洪遵的一个后人逃到福州附近住下，在后蒲子孙繁衍，虽然世世代代都是寂寂无闻的文盲或半文盲的农人，但也维持了一个宗庙以及家谱。洪业的父亲洪曦中举后，第一件事就是回这宗庙祭告祖先，并重编后蒲洪氏族谱。一九四〇年代，洪业五弟洪绂为国民政府工作时，也到这村落去了一趟，非常受当地父老的礼遇。

洪业的曾祖父继承了一块不小的田地及一间杂货店，还有一条来往闽江载米的船，在十九世纪中叶的后蒲算是个富人了。他做生意赚了钱又买更多的地，通常是一个亲戚为丧事喜事缺款向他借，便把地契交了给他，说明贷款人若筹得多少铁钱后，便可把地赎回去。这期间，贷款人便成佃户，还是种那块田地，可是收成是要跟新地主相分的。不幸这曾祖父很年轻便去世了。那时中国经济局势正因英国人输入鸦片白银外流而动乱，钱币屡次贬值，结果铁钱被废，法令说铁钱可缴出换铜钱，但交换的比例对铁钱极不利。那些欠了洪业曾祖父债务的人便趁机欺负孤儿寡妇，而强迫以作废的铁钱赎回地契。洪业的曾祖母慌了，带着儿

2 洪家的故事

子逃到福州城里相依为命，先是典卖了细软过活，后来替人缝纫。小孩送去读书，可是孩子学得也有限，便想办法做学徒谋生，拜了一个厨子做师父。他手艺很好，被师父推荐到一个满洲人家做厨子。过节时赏钱就带回家给母亲过日子。

一九七八年洪业讲到这里，兴奋了就由英文转用中文讲，如身临其境地叙述他小时候耳熟能详洪家相传的故事：

> 很特别，一天有人敲这小房子的门，来了个女孩子，这就是我的祖母。她蓬头垢面，衣履破烂不堪，进来就跪下，说我是江家某人的女儿，早年订了婚给你儿子，好不容易九死一生奔来了。原来他们全家也逃离后蒲，半路碰见土匪，父母亲与带着的两个佣人都被杀了。土匪见她一个女孩子，八九岁，便把她拐走卖了给从广东来福建的一个姓谢的做小丫头。这姓谢的是好人，太太也是好人。谢家开铺子，没孩子，就待她像女儿一样，可是慢慢这孩子大了，长得好看，就有人来说亲，但亲戚就说，这姓谢的自己没孩子，十七八岁时做姨太太可生孩子，不是顶好吗？这姓谢的很好，说我们不能做缺德的事，慢慢等她再长大再说。这孩子也知道她不是要被嫁出去，就是要做姨太太了。就要想办法打听她未婚夫的下落。据说在一个月亮很明的晚上，她就打了小包袱，把平常年节赏的钱带了，给谢家夫妇房子磕了三个头，说这一辈子要报这个恩，但现在对不起

了。那时候一个女孩子不容易逃,又长得好看,就故意弄得难看,千山万水地跑,到处打听。我的曾祖母当然很高兴了,就拿存了的几个钱,请了邻居,对祖先牌子磕了头、拜天地。本来就没有什么房间,老太太就住到厨房去,屋子就让给新郎新娘做洞房。可是我祖母拉住我祖父在天井烧香,对他说:"我这一辈子最大的恩,是谢家的。我对不起他们。现在我看你赚钱有限,我也想做点女红,拼命存钱,我要对天宣誓,以吃苦耐劳的方法,积到一千两银子,拿回给谢家,以报他们的大恩。"其实他们买她时也不过几十两银子,但吃了人家的饭。我祖母又说:"那我们现在要成夫妻,只要名不要实,这样才能激励我。"但我祖父说:"不用那样,我可对你宣誓,我也跟你一样,尽量存钱报了这个恩。"于是他们才真正成为夫妻。

可是积钱很不容易,好几年才积几百两。有件事情发生了,那家满洲人做官被调动到广州,要带祖父去,多给他钱,过一两年就让他回去。碰巧不久太平贼来了。侵入广州,头一件事就是要杀满人,给满人做事的也算犯了罪,是二毛子,我祖父被绑住带到一个庙里去。平常的庙呀,前面是个正堂,后面有后堂,庙房有个小菩萨,一进去,好些人已关在里面,没椅子,大家都蹲在那里。不久就来了两个人,一个拿了砚台,一个拿了小簿子,喊叫站起来,一个个站起来了,问你姓什

2 洪家的故事

么,名什么,多少岁,在什么地方做事,为什么给逮来了。说了那个人就写。那时的工人嘛,没穿褂子的,就一条裤子,一件短衫,问到一个人,穿了长衫,而且是绸的,他说他是谢某人,有个小铺子,常跟满洲人做买卖。那两个人走后,不久门又开了。好几个人进来,刚才那两个人又来了。另外又有一个,好像官大一点的,而且端了张太师椅进来,端了个红垫,到我祖父跟前,把他抓起来,按他坐在太师椅上,那官高的人向我祖父磕了三个头,说:"王爷呀,我对不起你呀。"我祖父想不出这是什么玩意儿,原来洪秀全也是三瑞堂,每个三瑞堂姓洪的抓到了都封做王。把他送到南京去,抓他的人也可升官了。他们把我祖父马上搬到上房去。我祖父很机灵,说:"我不能去呀,因为我先生在这儿,教我念书的。""是哪一位呀?""就是那谢先生。"所以连那姓谢的也要搬到后殿去。那家伙也莫名其妙地跟他去了。到了那里摆了酒席很威风。那个人就问:"我们素不相识,你为什么救我一命?"我祖父就告诉他我祖母的事,说:"你是我的恩人。"他们就商量要怎么办好。那姓谢的说照他知道这些人是疯子,跟他们没好处,将来一定出事,还是逃走好。半夜里他们就爬后墙出去了。后面有兵追来,就分开了,后来再没有这姓谢的消息。

我祖父逃回福州,再找别的官邸,走的地方也很多。我也不知道什么时候我曾祖母死了,我祖母生了一个女儿，四个儿子，女的最大，没受什么教育，嫁给乡下姓陈的，有时回娘家告诉我不少事情。四个男孩中老三刚出生不久就死了，大概是天花。

洪业的大伯父考中了秀才。祖父断气之前叫妻子"把那铁盒子拿来"，里面装的是从后蒲带出来的地契，他拿了地契用火把它烧了，对长子说："靠我祖宗的阴德，你有机会受教育而现在中了举。作为一个读书人，你大概有时会想到回后蒲把田地要回来，而那些不识字的人一定斗不过你。我今天把地契烧了，为的是我也想为后代积点阴德。"

洪业的祖父一八七六年过世的时候，洪业的父亲洪曦才十岁，继而家道中落。大哥要准备考试，便应征当了私塾老师，二哥虽中了武秀才，后来又中了武举人（考骑马、打靶、比力气等项），却因抽大烟一天比一天不振作；姐姐也没有余力帮娘家，洪曦只好到一家文具铺去当小学徒。

做学徒劳力换来的是薄衣薄食，还有个住宿的地方。过了三五年升了雇员后才有薪水可拿，在店铺后头隔了一道布帘，便睡在布帘后铺板上。每天清早起来到河边挑水贮满水缸，把门板拆下来开店，师傅来时带了饭盒，和师傅吃完早饭便洗碗筷。他学会怎样把纸张折好，订成本子，怎样补纸、切纸，怎样点货。卖的无非是附近小商人以及隔壁私塾所需要的笔、墨、砚、纸、帖子、手折。

中国那时候读书人唯一有面子的出路是做官，一千几百年来都已是这样,所谓"学而优则仕",要做官就得通过考试。考不上可以再考,有些准秀才考到老死都没考上。文具店隔壁私塾的老师便是一位准秀才。学生则是附近小商人的儿子,不过想略识几个字,会点加减乘除而已。但是那时候的教育是没有弹性的,一点都不因学生求学目的之不同而有所伸缩,教育方法一概是强背,要学生把经书大声朗诵到背熟为止。洪曦在没当学徒之前,随着他哥哥读过点书,静寂寂地打杂时,便竖起耳朵来聆听隔壁的诵书声,听听有没有自己熟识的段落。一天,那个老师与一位朋友相偕过来买文具,他们正在热烈地讨论着经书里的某一句。做学徒的洪曦指出他们引经引错了,他们十分惊异,那做老师的就打听这孩子的家庭背景,并且提议,如果文具店放洪曦的话,就让洪曦做他的学生,替他烧饭做点杂事。那店主就与洪家接洽,结果洪曦姐姐张罗了一笔钱,解除了文具店的学徒合约。

洪曦跟老师念《四书》,并熟读十二世纪朱熹对《四书》的诠释,这对一个准备要应试的人是必需的,因为当时考试要写"八股文",考题一定是《四书》里的某一片断。应考人得在那八段的文章内,表现自己知道那片断是从四书上什么地方引出来的,朱熹怎么说,与别家的说法有什么不同。文章要有点独创,但又不能离一般的见识太远,而打分数时文饰的成分占得很高。洪曦前几次应试没有成功,过几年老师就提议他另就高明,拜一位姓陈的先生为师,这陈老师也愿意免费教洪曦,并推荐他教书,替人抄写。洪曦有点钱了就可以寄点给母亲。他也参加了一个文社,二十来个准秀才每个月几次在庙里研习八股文。大家互相衡较,并把自己的文章与最好的对比。叫和尚准备点午饭,便可整天消磨在那里。

考中秀才以后,洪曦的生活环境便大有改进了。有不识字的人来请他写信,商人请他写招牌。其实洪曦因小时在河边打水摔倒,手肘骨折过所以手不稳,握笔写大字是很费劲的。洪业记得小时候看到父亲把字纸摊开平放在地上,洒上几把生米,小心翼翼把米弄成字形,然后用炭板把字的外线勾出来;最后他把米拨开,再把毛笔蘸上墨填字。写这样的字,报酬是一二两银子,可够买几天的饭菜。有时候他替人写墓志铭,那就可赚五十至一百两银子。

一八九一年,洪曦考中举人,第二年便得上北京考进士。京试三年才举行一次;但由福州到北京有一个多月的路程,还得请佣人挑行李。到了北京又要吃又要住,穷书生一个怎么办呢?那时有很多做媒人的,专门注意这些稍有前途的才士,有个福州的茶商林锺皋来说亲,他家的女孩子十八九岁,叫林飞,是福州有地位人家最早放天足的,便安排一个节目让这两个年轻人互相瞥一下,双方都十分满意,而洪曦托媒人向林飞说:"我是个严守儒家规矩的人,如果考试考上了,做官要做个廉正的官,所以一生不会有什么享受。我一生没穿过丝绸,家里也从来没有佣人,我不能要求你跟我一样,可是你嫁给我的话,恐怕生活享用必大不如现前;你如果对这些都明白,还肯嫁给我,我相信你一定是个贤内助,但如果你不能清寒过一生,我们就不用再谈洽了。"

林飞很直率地回复说:"我对他这个人很满意,愿意嫁给他,如果他能那样生活，我没有理由不能够。"

于是洪业父母亲便在一八九二年成婚，林家同意筹措新女婿到北京应试的旅费。洪曦考进士考了三次都没考上，所幸那时有所谓"大挑"的制度，中了举人的书生可到吏部登记，由吏部侍郎会见分配到各地做小官。差一点的好好先生就被派到各府去办教育，洪曦是比较突出的人才，被选为"候补知县"，是九品官阶中的七品阶（九品最低）。政府为防备公私利益冲突，官员都不分派到原籍的，洪曦被派到离福州千里之遥的山东济南。

候补知县是要在省城住下的，在那里便找同乡或同年考试的朋友拉关系找差事，借以谋生，也希望有突出的表现给巡抚或总督看。候补知县应该是带家室到任的，因为没有妻子在身边，人家就怕他年轻闹乱子，不敢交责任重的事给他做。因为洪曦没带妻子来，他只分派到一些短暂的工作，而还是靠写字谋生。

洪曦没办法把妻子接到济南，主要的原因还是他二哥，洪业的二伯父。他已经结了婚，生了好几个孩子，开了间小客栈，但因为抽大烟，经营不善，进款不够用。可是做母亲的就是爱这不成材的儿子，不肯跟老四到山东去。就盘算着老四做官寄钱维持她在福州的生活，她就可分一点给老二了。那婆婆不肯去，媳妇名义上该服侍婆婆，就走不开了。洪业的母亲虽表面敷衍着，却常回娘家。因娘家舒服多了。

城里的洪家常年压着一股沉闷气氛的另一个原因是洪业的祖母瞧不起大媳妇，对她不好。那时候洪业的大伯父早已去世了。他本来在一个很好的人家做教师，那人家的大女儿长得很美，年轻守寡没有孩子，回娘家住。那时候有地位的人家女人的丈夫死了，是不能再嫁的，是宋朝以来的贞节观念，如果有儿子，或者过继了个儿子，便可分到一份家产，在夫家住下去。没有儿子只好回娘家给父兄监视。洪业的大伯父竟爱上了这女孩子，并使她怀了孕，结果草草成婚。大伯父觉得做了件没面子的事，羞于见朋友，不久就忧郁死了，剩下寡妇孤儿。洪业的祖母自己是烈女型的人，心里自然不能容忍这样一个媳妇，恨她极了，觉得都是她不好，害死了儿子，就把她当丫头用。

　　洪业回忆说："很可怜呀！我一直到现在八十多年了，还常记起她，一闭眼睛就记得这大伯母，什么粗工她都做，一年到头就穿着黑色小褂子，黑色裤子。裤子有的地方还破了一大截，肉都露出来。我炎哥是祖母的长孙，祖母也不疼他，有什么事，譬如捶背，不叫他做，叫我……后来我母亲也知道这一些事，特别照顾炎哥。"

3 童年在山东

当洪业十岁左右,他的母亲偶然弄到《新民丛报》看,洪业开始意识到他长大以后的生活方式将与他父亲很不相同。

一九〇一年，洪业八岁时，他的祖母过世了。他父亲从山东赶回福州奔丧，然后携着妻子、四男一女、侄儿、厨师与私塾教师，浩浩荡荡地到北方去，洪业还记得厨师哝哝在运河上教他钓鱼。

洪曦又过了三年后才由候补知县正式升为知县。其间他找过些短暂的差事，譬如某县出了个命案，知县审了，当事人觉得不公平，就到省城，厉害的甚至到北京"喊冤"。上面于是派人去审查。这种差事给的盘费是不够用的，可是经过各县知县都招待，如果有点交情的，或同年，或同乡，都送点礼慰劳他，这叫"打秋风"，这词可能来自"抽丰"，你丰富，我赶路抽一点的意思。他有时候也当考官，洪业记得有一次父亲问他《文心雕龙》在哪里，因他审考卷要加评语，想借用《文心雕龙》的词句。有时他被派去把当地的税收送到北京去。这是好差事，因为报酬多。先是把一棵树砍下,把树干从中分成左右两半,挖空了把元宝排好放在里面,再把两半树干合起来,用铁丝捆牢了,糊上纸。为了防强盗,雇了镖行护送,一路上打着镖行的红旗,直奔北京的户部。

在山东的头几年,洪业与他弟弟跟福州带来的谢先生读书,有时妹妹也来旁听,他们孩子在一个屋子里朗诵,谢先生在隔间把他们一个一个叫进去背书。每个孩子每天背一段书,习作一篇文章。这时候洪业很喜欢看小说,是叫认识字的佣人偷偷从小店租来的,一部小说有好几本,租一本五天一个铜板,应该睡午觉时在棉被下偷看,有时上课他一边嘴里朗诵着经书,一边却看着故事,一不小心嘴里念错了,谢先生在隔间便敲打出隆隆声响,把洪业从想象的世界震惊回到现实来。

"可是我刚开始看小说,淫的东西不懂,只觉得打架的有意思,最爱看的是《西游记》里那猴子变玩意儿,有一次晚上看孙悟空被妖精抓去了,他在那边哭呀,叫呀,说对不起师父,我也哭起来了。"

"开始时我主要看《西游记》、《封神榜》、《七侠五义》,还有《七剑十三侠》,《水浒传》中有一段专讲淫的,我那时还不懂,等到相当大了,男女事情比较知道点,才能欣赏《红楼梦》,可是讲到非常淫的地方还是不懂,而且不感兴趣,就觉得这东西太不好了。后来看《聊斋》。《聊斋》的文字实在好,而且是用古文写的,对读古文助益很大。书中的典故尤其用得恰当。"

在家里最快乐的时候是吃完晚饭后,孩子们围着父亲听他讲故事,故事中很多是有诗句的。洪业到老都记得。

有个故事讲到刘基(伯温),他非常聪明,帮明太祖定了天下。有一天下雪,太祖说:"啊!一片、一片、又一片。"

后面就有个太监说:"我给您继续好不好?"他说:"两片、三片、四五片。"

还有一个太监,又加上去了,说:"六片、七片、八九片。"

刘伯温就说:"你们不能再往下去,我替你们把它结束了吧:飞入梅花都不见。"

另有一次,又是下雪,明太祖看见有只白狗在那地方,雪下在狗身上,他说:"白狗身变大。"

有个太监就说:"黑狗身变白。"

又有个太监想接下去,可是想不出来,明太祖就问刘伯温:"刘基,你说这怎么办?"

他就说:"大明好江山,万里共一色。"

还有个笑话,说清朝有个人考翰林,讲到皇帝陵前的石头人,本该叫"翁仲"的。可是应考人记错了,写成"仲翁"。乾隆皇帝看了,就在卷头上题了一首诗,相当刻薄:

  翁仲如何作仲翁?可见窗下欠夫工。
  如此那堪居林翰,著贬江南作判通。

另有一个考试的故事，说有一次考题是汤圆，有人做了首诗，考官看了叫好，说这人以后一定做大官，因为诗中有这样两句：

甘白俱能受，升沉两不惊。

洪业父亲也喜欢讲关于他的老师陈先生的事情。这陈先生很有学问，在福州颇有名气，有一年闽江泛滥，福建巡抚的马夫匆匆忙忙回家去援救他的妻儿，马棚里的马被淹死了。巡抚便把马夫逮了，关起来，要处决他。马夫的妻子来找陈先生帮忙，陈先生便写了一首诗，教她怎么做。第二天早上，巡抚从衙门出来时，那妇人便在路中跪下，拦住巡抚的轿子喊冤，巡抚只好停下来听她讲话，她说：

"我丈夫是大人的马夫，他为了救我和孩子，结果失职让您的马淹死了，他在牢里，听说您要处死他。"

巡抚说："对的。"

"有个很有学问的人替我写了一首诗求情，请您看一看。"

诗是这样写的：

昔年厩焚东鲁，至圣惟恐伤人。
今日水淹南关，丈夫何心问马？

上半段是指在《论语》里有一段说马棚失火了，孔子问有没有人受伤。下一段借此讽刺巡抚关心马而不关心人。巡抚看了很惭愧，叫那妇人回去，把马夫放了。

洪业本身五英尺八英寸①高,他父亲却有六英尺②高,相貌很好,喜欢抽水烟,应酬时偶尔喝点酒。他唯一的嗜好是和朋友玩"诗钟"。洪曦的朋友喜欢到洪家来举行诗钟,因为那福州厨子手艺好,尤其善炸牡蛎,用热油炸出来的牡蛎,金黄色的像蜜饯一样,很好吃。他们也钟爱洪家的长子洪业,诗钟看时间摇铃是洪业管的。客人还没有到以前,洪业就在桌子上搁好了砚台、笔、纸、几本有关典故的参考书,然后在相对的墙上贴了纸。一边是七个平声的字,另一边是七个仄声的字,平仄得对起来,而且避免用怪字。写好一条一条,从下面把它卷上来,沾上点糨糊贴起来便看不见了。差不多下午三四点钟客人来了,各带了一小布袋的铜板,一般有十来个人,下雨天就少几个。诗钟开始时,洪业请客人在一边墙上贴的纸中随便挑一张,再请另一客人在对面墙上贴的纸张中也挑一张,洪业把被挑的两张纸揭开,大家便见到两个平仄相对的字。譬如平声字是"天",仄字是"马",那大家就开始吟诗作对,头一个字不是"天"就得是"马",要是用"天",那第二句的头一个字就得用"马"。大概二十分钟以后,洪业当啷当啷摇铃了,大家便得放下笔来。有些做得快的这时已做出几对联子来了。洪业把联子都收到小篮子里,分派给各人看,各人很快地把认为好的搁在一边,抄下来。有的给一个铜板、两个铜板,真好的就给五个铜板,最多给七个。都不知道是

---

① 约合1.77米。
② 约合1.82米。

谁写的，看完了就递给下面一个人，这样轮流评判，可是看到自己的联子便悄悄递下去。过了十分钟左右，洪业又摇铃了，那时人人面前都有小单子，表明哪首诗给多少个铜板，头一个人就高声朗诵，那个联子的作者就站起来了，鞠个小躬，跑过去收铜板，有时候刚有人读了上联，别人便和声读下联，因为他们也取了那首诗。那作者就得意了，站起来围着桌子跑一圈，一边跑一边收铜板，大家拍手恭喜他。接着做第二个对子。这次得用在联子两句的第二个字上，七个对子都做完了，已是吃晚饭的时分，便请大家上桌吃晚饭。大家兴奋地讨论哪一个联子特别好，哪一个联子做得离谱，相约下次哪一天再聚。

有一次，揭出的对子平声是"妍"，仄声是"减"，大家正在那边做，洪业异想天开也偷偷做了一联：

　　　　花未开完香不减，春虽老去色犹妍。

读的时候，差不多每个客人都选了这首，洪业就跑去收铜板，大家都很惊讶，洪业的父亲生气了，说这孩子怎么那么胡闹，可是别的人说这联子做得好，还有恭维老前辈的意思，大家都很赏识。

洪业父亲的朋友中有个姚南泉，与洪曦同年，但官比洪曦大，是候补知府。因他行医有术，常看阔人的病，得一百两百银子是常有的事，所以他相当有钱，他坐的是四人抬、蓝呢做的轿子，洪曦病了，就叫洪业去请他来。小孩病了嘛，通常是母亲想法子，看看《本草纲目》，叫洪业到药铺子里买回药来给小孩吃，不久也就好了。可是当洪业十二三岁时，有一次老二生病，发高烧，吃母亲的药不见效，父亲就说这不是母亲能治的病，派洪业去找姚老伯，磕一个头，请他来。那时候老二已脑筋不清楚，不能答话，姚老伯把了脉，检验他的眼睛鼻子，又看他的舌头，就要洪业预备笔和砚台，他开方子。那时候开的方子，大概是说这病关乎太阴或太阳，开什么药，一钱这个，一钱半那个，说要用冷水煮或热水煮，怎么吃法……他第二天来看，老二直在喘气，苦极了。姚老伯又开了差不多同样的药方，不过多了一两样，去掉一两样，说："试试吧！"第三天早点来，看见还是无效，又开个方子，这回写得跟上次不同了。开完了就与洪业父亲一起抽水烟谈天，说这病有点特别。他前一天晚上很晚睡，看医药书，居然看到这病症，说从前什么地方有人有此病，吃什么药吃好了。所以便开一服比较厉害的药，得吃两次。

洪业对这件事记得很清楚，当老二把药吃过第一次以后，不仅没有好，反而更糟了，不省人事，嘴里吐着白沫。母亲就说这药大概用错了，父亲说不会错，于是用水把药再熬一次，用筷子把老二的嘴撬开，灌进去，老二就抽筋，难过极了，要死的样子。母亲哭了，全家束手无策地守着这小孩。过了半夜，听见有人猛力打门，洪业赶快拿了灯笼开门，姚老伯的轿子一直抬到院子里。一进门就问："孩子还活着吗？"叫洪业拿灯来，把原来的药单看看，他说："万幸！万幸！靠你们家的阴德，不然这药就把孩子弄死了。"于是叫洪业研墨，把原来的药方弄平了，拿起笔来，在上面写："加大枣一枚。"让洪业坐着四人抬的轿子，前面还有两个人打着灯笼引路，在黑夜里大摇大摆地到药铺，把伙计唤醒买了药回来，姚老伯看着洪业的母亲把药煮好，灌下去了。差不多到天亮才回去睡觉。说："如果这还不好，我就不行医了。"第二天老二果然好了。于是洪家就把姚老伯当菩萨。

过了一些时候，洪业放胆问姚老伯，何以他那天开药方，一颗大枣有那么大的区别？姚老伯对洪业说："你不是学医的，要讲理由你也不会懂。不过我给你打一个比方，一个人得病就像一个国家受外敌侵略，把国家闹得一塌糊涂，如果亡国人就死了。那么我们必须自己训练出一支军队，与敌人对打。要比外敌更厉害，才能打得过他。可是这些兵最重要的是要有个元帅，没有元帅管这些兵，兵会捣乱。大枣呀，中药里叫中军，纪律是他弄的，没有他，兵愈强就愈坏。"

像姚南泉这样的医生，是无法谈酬金的，只能在年节时送点东西。洪家穷，没有什么东西，可是外祖逢年过节一定寄些福建的干荔枝、干龙眼、酸梅，来了好几篓，当然还有茶叶。母亲是阔家的女儿，便分成一大盆、一大盆，预备送人，父亲看着不忍，要抽点出来给小孩吃，母亲就说不行！他们两个一个搁进去，一个拿出来，总是相持好几天。然而东西送去了，人家是要回敬的，像姚老伯这样的朋友知道洪家穷，便回送了大元宝来，可以吃几个月。

洪业的母亲是个性格倔强的女子，很有男人气，办事有魄力，她没有受正式教育，认识的字有限，但喜欢看书，把《本草纲目》看得很熟。当洪业十岁左右，他的母亲偶然弄到《新民丛报》看，洪业开始意识到他长大以后的生活方式将与他父亲很不相同。

那时中国在剧变之中，但时事新闻得来不易。《京报》是看得到的，但主要是讲什么人派上了什么官；那时上海的西方传教士已出版了《万国通报》，洪业在山东并不知道有这种报纸；《新民丛报》则是梁启超在日本办的，是犯禁的。看了这报纸，才知道中国几乎被西方列强与日本瓜分，也知道一些一八九八年戊戌变法的事情——梁启超与康有为怎样劝服光绪皇帝革新，而慈禧太后又怎么样把光绪皇帝软禁，把他所订的新条令取消。洪业的母亲很气愤，说如果她是男人的话，愿意去投奔梁启超做他的仆人。

可是连慈禧太后都没办法阻挡历史巨轮的进展。中国旧官僚无能力应付新问题、新思想，是有目共睹的，一九〇五年，洪业正好十二岁，一千多年来替中国政权塑造及甄选人才的科举制度终于作废了。当时，这是件几乎不能想象的事。从此以后，新式的学校将用新的教材来训练新一代的知识分子服务国家，洪业便属于这新一代的知识分子，他们将尝试用新的办法来解决中国所面临的种种问题。

4 青春好时光

在他父亲的督促下,洪业便好好地念书,已不是为了将来考科举做大官,也不是像儿时为卖弄聪明,而是正正经经地要学怎样做学问、做人。

洪曦第一次正式当上知县时已是一九〇六年，洪业十三岁左右。山东鱼台并不是个肥缺，处于土匪猖狂的沼泽地带。前任知县匆匆离职，上面有令要洪曦马上到任。于是洪曦便携长子洪业先仓促地去了，过了几个星期，其余家属才徐徐乘着轿子吹吹打打地入县城，衙门前面还开炮欢迎。

那时候做知县等于当了小地方的土皇帝，衙门便是小宫殿。到了三十年代的时候，洪业有机会看到中国各地的衙门，发现它们的布置大体都一样。衙门前都有一堵墙，叫"影墙"，相当大，是用来贴公告的，上面题了八个字："尔俸尔禄，民膏民脂。"以提醒官吏们俸禄的由来。过去便是一个广场，旁边有些小房子，是警备处及各级小吏的办公处。接着又有一堵墙，墙边有旗杆、大鼓，还有一种鞭炮类的东西，守门的看到知县的轿子出门便把它燃放一炮，警告老百姓。再走上去两边有厢房，是刑名师爷、钱谷师爷、文案师爷等的办公处，上了几级台阶才到公堂。公堂是知县审案子的所在，有张高高的桌子，后面摆了张大椅子，两边各站着六个衙役，有的拿了剑，有的撑着打人的竹竿。公堂的一边是客厅，客厅一边壁前是个炕，炕中间搁了茶几，知县接待客人时坐在左边，客人则坐在右边，如果另有客人便坐在凳子上。仆人带了茶具进来，知县举起茶杯"敬茶"，就表示客人该走了。公堂的另一边是知县的书房，公堂的后面，隔着一个院子，是第二进，通常叫后堂，有饭厅和供客人留宿的寝室。第三进是厨房以及仆人的睡房，第四进才是知县家眷的住所。

知县手下的刑名师爷及钱谷师爷大半都是浙江绍兴人，他们是以学徒制专业出身的，管理文件的文案师爷则是受过教育的人，通常是待考的秀才。这三位师爷下面还有不少当地出身的吏卒，其实知县手下的这些人总共来说力量比知县一人大。因为知县在任时间不长，而这些人长久在职，甚至父子相袭，他们熟知地方沿习，而且广交地方富豪。他们的薪水虽少，但可向老百姓收大大小小的服务费过活。有些是名正言顺的，如准备文件可收费，有些简直是榨取。

知县手下还有个小兵团，有时候设了个典吏，专管兵。兵器主要是大刀、小刀、弓箭、剑、几支老枪，平时不发，要逮贼才发，鱼台有百十来个小兵，多半是有事情才调来，因为常备有问题：钱粮有一定的开销，而衙里总是不够，所以小兵常是位缺了不补，省点钱。不过小兵也不靠衙门里的小收入，他们出去可白吃百姓的，买东西也半价优待。

衙门里还用不少在本地雇的仆人，做低微的事，但习惯上知县总带了自己的厨子、自己的理发师，以及自己的刻字匠，以发表他的公告，刊印他私人的诗文，略有雄心的知县还出版地方志。

洪业说：

> 其实知县最主要的责任是收税，看这一块地方有多少人，应有多少钱粮，由他负责榨出来，送到省城去，末了到朝廷。税征得很厉害，有时穷人纳不起税，很惨，就把儿女卖掉，甚至把太太租给人家，不然交不出税逮住了要大打一顿。第二件事是维持当地的治安，其余教育呀，文化事业呀，都是点缀。

当时知县被视为一县内所有学者的老师。洪曦逝世多年后，他的三子洪绅在国民政府下当工程师，到了中国很多地方，还偶尔有陌生人来访，说是他父亲的"学生"，坚持要请他吃饭。知县其他的文化责任包括修理当地孔庙，以及为守贞节的妇女立牌坊。

知县每月三、八、十三、十八、二十三、二十八号开堂，一早公堂就打扫干净，公堂中间的公案蒙上红呢布，案上有两个锡做的大砚台，一红一蓝，有人替知县磨墨，有水壶，还有签筒，像个大笔筒一样，签是竹子或木做的，一部分是红绿蓝，下面白色可写上字，出差时拿着签出去，说要抓某人，很威风，案情大多是家庭纠纷或产业问题。

洪业回忆说:

譬如有个老人不甚识字,跑到城里说儿子不孝,儿子媳妇吃好的,给我吃不好的,有时讲话很不客气。他付了几毛钱,讼师就可替写个呈子,他就拿了这玩意儿到衙门,上缴刑名师爷,说"请青天老爷替我做主。"刑名师爷就派下面的人去调查。开堂那些日子,往往就知道是怎么一回事。有时就叫差人拿了签把儿子抓来,先搁在衙门外的监狱里,有些官就把他们打得一塌糊涂,我父亲仁慈,不爱打人,先关他一下,关他会不舒服的,他就在里面后悔,十天八天后叫出来,就说不敢了。实在可恶,就打他五十下。屁股是天生可打的地方,啪啦啪啦,又响又疼,坐都不能坐下,有时皮打烂了,过一阵子就好了。(土匪就打背,有时打死。)两人按下就数,有时那做父亲的原告看着心里难过,又是自己儿子,就叫停了。要是女人,脱起裤子来打屁股是大羞耻,以后更不敢了。还有兄弟争家产,叫青天老爷分了;有的是婚姻问题,一个人跟某人定亲,又嫁给了别人,这是很讨厌的问题。最多是关于产业的问题,地主说佃户没缴租。命案比较少。有一部书很妙,叫《折狱龟鉴》,宋朝传下来的,若有个人被毒死了,要知道是什么毒,怎么知道呢?我父亲就常用这本书。还有一个东西,是父亲到鱼台任后买的,价钱相当贵,是一条差不多纯银像筷子的东西，装在很好的盒子里。有命案都带出去，从死人尸体屁股眼一直通上去，再拿出来，看上面的东西，往往就知道吃了什么东西，怎么死的。

父亲的薪水，所谓"养廉"很少；另外有叫陋规的，说陋其实不陋，你新到任，头一个就是各种商会来道喜，盐商是最阔的，另有米商、柴商、煤商，小的十两、二十两，大的几百两，比养廉多得多，地方富庶的话，是可发财的；另外也会有贿赂，那父亲是绝不收的。

除衙门一般的开销外，还有迎送这一项。常有人过道，先给他找旅馆（衙门旁边常有的），末了要走时还要送点钱。

在鱼台最主要的一件事——我父亲用什么法子知道的我不晓得——他喜欢不坐轿子，微服出行。不过他相貌好，个子高，大家一看就知道是重要人物。他发现兵围里地位最高的"马快"跟土匪相通，土匪得了东西就抽一部分给马快，马快偶尔打一枪做样子，或根本不逮；我那时十来岁，父亲就把我找来，叫我和两个熟的仆人半夜躲在放马桶的大橱里，拿了枪，要是有什么事就出来；父亲把马快找来，告诉他与土匪相通这事已知道了。父亲问他："如果你是知县的话，知道这桩事情，应当怎么办？"马快立刻跪在地上磕头，说："土匪抓到了就应杀头，那我跟土匪通了也应杀头，可是您杀了我，土匪年年还会来。您青天老爷饶我一条狗命，我就担保您在一天，不会出一个抢案。"我父亲快要离开鱼台的时候才对我说，他心中有件惭愧的事，就是鱼台过后很少有抢案，可是对不起邻县，因土匪还得吃，只好到邻县去抢，是治标不治本的办法。

在鱼台还有一件事情铭刻在洪业心中。鱼台那个刑名师爷是个年轻的单身汉，很会作诗，在衙门外租了房子，有用人，常请洪业去陪他喝酒，而且总有烧鸡送酒。洪业的父亲不但不喝酒，看到酒都会脸红。有一天他就对洪业说："听说你现在喝酒喝得很多。酒不是好东西。"洪业就引《论语》里孔夫子的话："唯酒无量，不及乱。"他心想李白、杜甫都喝酒，他怎么不能喝。父亲就说："好呀，主要在不及乱。"过后不久，那刑名师爷又写了个条子给洪业，请他去共享一小罐嘉靖年间（一五二二——一五六七）酿的，差不多有四百年历史的绍兴老酒。那天厨子做的菜特别好，老酒倒出来很特别，浓到呈胶性，上面窝了起来，但喝到嘴里只有香味，像喝香露一样。他们两人就把那一小罐酒喝光了。

岂知我第二天醒来，脚上所穿的靴还没脱下来，身上穿的大衣也没脱下来，头上戴的帽子也没脱下来。是怎么一回事呢？那时候我就叫"来！"好几个用人就来了，预备洗脸——他们看见我坐起来，就在旁边大笑，我也知道好丑。他们告诉我晚上见我好久没回来，就拿着灯笼去找，从沟里抬回来了。那时我说："老爷在哪里呢?"就跑去跪下向父亲磕了一个大头,说:"父亲一定很难过。"你知道他说什么?他说:"唯酒无量,不及乱。"我就说:"我现在年纪轻,三十而立,所以从今以后到三十岁以前,我滴酒不沾。"父亲说好,我的确到三十岁以前一点酒都不喝。

洪曦大约在鱼台做了一年的知县,就病得很严重,官也没得做了,把家搬回济南,住在一条小巷里,经济陷入困境,先是把从福州带来的厨子哝哝辞了,只留个女仆帮忙看小孩,靠当东西过日子。有一天,连验尸的那根银条也当了,洪曦心里很难过,觉得那根银条若不赎回来,官宦之途便就此中止了。不过这艰难的时期也连带着两件好事。第一就是洪业以长子的身份,得留在家里照顾父亲,于是老二洪端便有机会上新式学校。洪端觉得从小什么事大哥都抢先,很不服气,刚学话不久,就自己编了个福州话小歌,自己唱:"天啊,天啊,莫要第二。"这一次因为是老二而得好处了。再者,洪业服侍病中的父亲,就有机会常亲近他,听他讲做人的道理,得益不少。

他教我不少东西,第一,做一个男人要有公德,就是对钱看得开;也要有私德,就是性方面,要守得住,他说他在我母亲之外,没有过别的女人。还有,他虽不懂得基督教,可是有一种相当的观念。基督教里有一个说法,说一个人一生,应该对上帝负责。圣经里用"好管家"的譬喻。我父亲不知道这一套,但他告诉我,才能是你的，是预备给你用的，你用得好，则有助于利人；你不用它，就不是你的了。一个人一生对别人有影响力，有好处，就是一种生命的延长，你要是只管自己，便是行尸走肉，死了就没有了。

在他父亲的督促下，洪业便好好地念书，已不是为了将来考科举做大官，也不是像儿时为卖弄聪明，而是正正经经地要学怎样做学问、做人。

有一天洪曦以为自己病危无救了，便把儿子都叫到床前，对他们说："穷是读书人的本分，我希望你们将来不做官，也不要娶富家的女儿。"他显然觉得这两件事有损他自己的节操。

洪业回想起来相信父亲的病主因是营养不够，因他家里长年只吃窝窝头和腌菜，新鲜的蔬菜都很少吃，肉更是稀见了。

洪曦的病渐渐好些时，家境稍宽，洪业则准备投考山东师范附属中学，科目有中文、英文、数学。因他弟弟在读一年级，洪业就打算考第三年级。他自己从一本美国传教士狄可温（Calvin Mateer）写的《笔算数学》摸清楚了代数。他很喜欢数学那种明晰严格的训练，而终生都嗜好它。父亲替他请了一个老师，每天下午来教他英文，从头学起，用的课本叫《英文汉诂》，对英文文法解释得很清楚，可是老师的读音糟极了。后来才知道原来他的英文是向一位日本人学的，而那日本人又是跟德国人学的。

洪业正准备考试时，济南刚巧开设了第一间公共图书馆，在一个院子里，进去得付两个铜板，不准抄写。洪业便向他父亲要两个铜板,带了些馒头,在图书馆消磨一整天。他看到一本《吕氏春秋》,爱不忍释,把全本书背了下来。

考试发榜那天,洪业和一个邻居去看榜,他直到此时没有上过正式学堂,从来没有机会与同辈的学生相较,自己预料多半会考不上。他眼睛非常焦急地往上下行,左右排扫视,他的邻居突然大叫:"你考了第一名呀!"洪业顺着他的手指方向看,果然有"洪业"两个字,他看了一下,晕了过去。

学校里的科目有国文、英文、数学、体操,还有格致,即格物致知,等于科学。格致的老师是日本回来的。学校又发制服,又发书,每个月还有几支铅笔,中午吃饭不用钱,有一碗汤、两个包子和茶,洪业做班长还有四两银子,宝贝得很。可是洪业的同学总嘲笑他,说他的福州口音讲官话像麻雀叫;又笑他蓝布长衫放长了一次又放长,下截有好几层深浅不同的颜色,像个宝塔一样,洪业气呼呼地回家,他父亲总是劝解他说:"把他们当狗吠算了。你真要跟狗讲理,说它错你对,你没偷东西不要吠,怎么办?难道要趴在地上跟它一起吠吗?最好就是不理它。"

虽这样说,洪业总是感到很大的压力,在学校非出类拔萃不行。中文是最重要的科目,而教科书是用公元前五世纪的《春秋左传》,班上每周都要作文一篇,洪业每天在家里都从《左传》里选一个题目自己作文。老师出题目时往往就选中洪业已经习作的一个题目,限时一点钟,洪业二十分钟左右便把文作好,昂首阔步地走出教室了。

第二年他又考第一名,但他并不因此觉得可以松懈,不知道

在哪里看到一首诗,叫"猴子戏",便把它抄下来贴在家里墙上:

> 一响锣声又上竿,此番更比那番难。
> 劝君着脚须较稳,多少旁人冷眼看。

洪业在班上成绩最好,原来别班上考得好的也都是外省人,不是山东人。因为这些外省学生的父亲多是来山东做官的,书香门第的子弟,读书自然占优势。这引起本地人很大的不满,于是政府就特别设一个"客籍学校",要收学费的,洪业第二年转到这客籍学校,不久他父亲就被派到曲阜做知县,而洪业便搬到宿舍里去住。

在客籍学校里,洪业心胸比较开敞一点,偶尔和同学踢踢毽子。学校里教新课程的老师大多是出过洋的,一般都在日本留学过,教数学的老师是留法国的。自清政府成立以来,有法令要所有的男人把耳下的头发都剃光,上面的头发则结成辫子,像满人、蒙古人一样,汉人久而久之也引为习惯了。有一个老师在外国剪了辫子,平日带个钉着假辫子的帽子,清政府虽说留发不留头,但没有真为辫子而杀头的。于是他有时候大胆脱了帽子不戴,同学们争着看,都觉得没辫子的模样难看极了。

客籍学校的学生宿舍设在一个以前科举用的考棚里,一个人一个小屋子,屋子里可容纳一张床、一张书桌,还可以自己带个小书架。有差夫做打扫、倒茶、送信等役务。后面有个厅,以前是监考人用的,再后面有个饭厅,住宿的人可在这里包饭,很便宜,可是菜极坏。一般是馒头,有点咸菜、咸鱼。但可以拿钱叫师傅煎个鸡蛋，炒个绿豆芽。稍微阔一点的学生，就跑到馆子去吃，或者叫差夫送饭，吃好的，给差夫赚一点，吃剩的也给差夫吃。

洪业本来也在饭厅包饭，偶尔被同学请出去吃饺子、肉饼、馄饨，就乐得不得了。后来碰巧有个叫史家驹的同学，比洪业小一两岁，数学念得一塌糊涂，不及格，来请洪业教他数学，对洪业说，他有个小炉子可以做饭，洪业肯教他，他便做饭，每星期吃一两次肉，费用可平分。于是每天傍晚洪业便躺在床上，从蚊帐里出代数题目考在外面火炉边的史家驹，效果优良，第二年洪业又继续替史家驹补习几何。

他回忆说：

> 刚开始教的时候相当困难，而慢慢地我就觉悟到一个很基本的原理，数学这东西，就是下面的根基没做好，上面的房子就会有毛病塌下来，所以我的办法就是非得他把前一步弄得烂熟了，不让他进一步。这训练很好，以后我到美国来读书时，也靠这个方法赚了点钱。

不幸客籍学校为学生吃饭的问题出了桩大事，有些在饭厅包饭的学生欠了厨子很多钱，那厨子向他们要时他们便赖着不给，而厨子也不敢对这些阔子弟怎么样，可是买面、买鸡蛋外面都欠了账，急得不得了。有一天学生早上去吃早饭时，发现厨子居然在饭厅中吊死了，他辫子上插了很多针，每根针上挂了条子说某某先生欠一两银子、某某先生欠三钱二分……小条子一大堆。人吊死了大家都很难过，就有人抱不平把条子都列出来，欠债的学生很没面子，全还了还加上一点送到厨子家去。大家怕鬼，差不多有半年没人敢上饭厅。

客籍学校年龄比较大的学生已开始逛窑子了，回来常笑洪业对男女的事情一点都不懂。他有时给同学说到脸红，有一次他们就叫洪业跟着一起去，开开眼界，还要替他出钱，说："这些妓女不像你想得那么下流，有些比我们还好得多。"于是洪业便跟着去了，见到很体面的粉墙，大门漆得亮亮的。同学们去敲门，里面的狗很多，一敲都汪汪叫起来了。洪业小时被狗咬过，一向怕狗，这一吠马上就回头跑，同学拉他都拉不住。气喘喘地回到宿舍里，正准备在床上躺下，却看见桌上有一封信，是父亲寄来的，打开里面大约是这样说的：我的儿子，现在你慢慢成长，开始懂人事，现在年轻的时候，女色是很大的关键。如果一个女人失节，社会会看不起她。男人失节，社会不会看不起他。但是一个大丈夫应该有自己的标准，他会自己看不起自己。你身体要保持清洁，就像器具一样，念书人要立志做圣贤，有所不为。我老早就有八个字管自己，现在我用另一张纸写给你，请你记住：

　　守身如玉，执志如金。

洪业读了，出了一身冷汗。

洪业在客籍学校放暑假时，便骑了骡车，在石头路上颠颠簸簸地从济南到曲阜看他父亲。吃饭时间骡车停下来，洪业在小店里买面吃，车夫就吃大饼，大饼硬邦邦的在大腿上劈开，把用牛油做的蜡烛涂一涂,便一手拿着大饼、一手拿着生葱嚼。骡车骑了两天才到达,屁股疼极了。刚好钱谷师爷告假回浙江了,父亲派洪业收税。他记得有一天晚上回来数钱,算来算去还是少一个铜板,便从自己口袋拿个出来放进去。

洪曦在鱼台最头痛的问题是土匪,而在曲阜最头痛的是圣人问题。孔夫子在曲阜出生,历代在该处都保留着规模宏伟的孔子庙。而维持孔子庙的"祭田"由孔夫子的直系后人管。习惯上在朝皇帝封这人为公爵,大家尊称他为"衍圣公",到二十世纪初洪曦做曲阜知县的时候,当衍圣公的是孔夫子第七十六代孙子孔令贻,他手下的祭田有两千顷。一百亩为一顷,所以两千顷就有二十万亩田,在地方的势力是很大的。洪业说:

> 天下的事,很多是想不到的。《礼记》上说孔夫子是"野合而生"的,所以很可能是私生子,他自己也说"吾少也贱,故多能鄙事"。大家挖苦他像丧家之犬,没人管。结婚后和太太不和,又离了婚,好像没有再娶;有个儿子,可是儿子比他先死,所以常常孤单;他周游列国想被重用,而没有人肯用他,只有一度在本国做过司寇,就是管贼的,等于警察长,后来又辞了,一生失意的时候多。但孔令贻靠祖先的力量,也不用考试,官就很高,钱又多,听说家里还有班戏子。这人相貌很好,常要请"姑爷"去玩,但父亲不让我去,父亲也不去。夏天热起来,衍圣公就送一块大冰来,我们从来没

见过的,搁在屋子里凉快极了。他还是用古代法子,冬天到河里去伐冰,一块一块放进很大的坑里,用木屑盖起来,夏天拿出来用。

我父亲开堂审案子的时候,衍圣公就常有条子来,应该怎么样怎么样。父亲向来不理的。有一次他知道父亲不听他的,在审判的时候自己跑到公堂来,站在旁边看。因为他是公爷,官大,父亲就得陪他站着,跟他说请他不要来了,他管不了父亲。

父亲因为在很多事情上秉公办理,所以曲阜这一县的人说起洪某人就叫他"洪青天",大家实在爱他。

就在这时候,上海收考一大班海军学生,洪业便与父母亲谈论,得了他们的许可去考海军学校。那时十三岁的洪端已决定在山东进武备学校。他们两兄弟一海一陆,准备将来做军官抵抗洋鬼子,保卫中国。

5　蜕变

高迪夫人流露的基督教精神与她对教义通融的解释，赢取了洪业，他皈依了基督教。

洪业要到上海考海军学校,他的母亲与他一起南下,她准备再往南走到福州看父母亲。母子两人便乘着驴车先到济南,再沿胶济铁路到青岛,上船驶往上海,不料遇到大风浪,船到一个小岛去躲了两三天,到上海误了考期(其实这海军学校招了生后来也没有办成)。母亲提议洪业去看他父亲的一位朋友,商务印书馆的总编辑高梦旦;当时商务印书馆规模已经很大,是发扬新知识很得力的一个机构。高梦旦提议洪业回福州上美国传教士办的英华书院,将来可以办外交,同样可以报国。

在福州,外祖父看见从小疼爱的洪业已长大成人,回来念书,很是高兴,把他安顿在茶行的客房里,就是在窗户伸手可摘到荔枝的那间。洪业一住就是五年,每天早起步行约莫一小时到鹤龄英华书院上课。从南台外祖家到仓前山得过两座桥,先是过明朝(一三六八——一六四四)初年筑的万寿桥,有一英里长,是用硕大的石头砌成的;经过闽江中间一个叫中州的岛,上面有很多点心铺,再走过另一座桥才到仓前山。仓前山除了美以美会办的英华学院、长老会的三一学院,还有别的洋学校。山坡上住的差不多都是洋人,或靠洋人吃饭的人,而山坡下有不少洋行、卖洋货。

鹤龄英华书院有七百多个学生,大多数是商人子弟,学校里除国文一科外都用英文教,一共有八班,毕业班等于美国大学二年级,洪业入学本来是要插入第四班,但英文口试时发现他讲英语发音差透了,没人听得懂,便让他从第一班念起。

在英华书院里,洪业陈旧的蓝布衫在同学的丝绸间非常显眼;因他喜欢引经据典,大家笑称他孟子,意谓做孔夫子不够格,做孟子还可以。他的学业突飞猛进,英语纠正了,每几个月便升一班。但他很反对学校里宣传的宗教,自己把圣经念熟,觉得不合理的地方便用红笔圈点了,把它抄下,再加上自己的辩驳,贴在公告牌上。

一九一一年十月十号,一场反叛清朝政府的武装起义在武昌爆发,导致南方各省响应革命,消息传到福州时,学生们亦都把服膺清朝政权的象征——即头上的辫子剪掉,以表示与革命人士团结一致。几个月间,统治中国三百多年的清朝政府便倾覆了。革命的消息最初传入山东时,大家不知所措,便策划练民兵,革命军打来的话,可借以抵抗;而民团得有团长,主要是县里比较有地位的人出面,曲阜县里衍圣公觉得非得他做不可,地方上的士绅却推洪曦做,衍圣公不服,就上书抚台说这洪知县道行很高，可是书生本色，在这非常时期没什么用，得派一个强悍的人来做县令。因为衍圣公面子大，抚台也怕他，便把洪曦调回省城。可是曲阜的老百姓不服，联合起来签名给新的县令寄一份公告，叫他不要来，另推出七个白头老人到济南向政府抗议请愿。

同一个时候，洪业在福州鹤龄英华书院也闹了一个小型革命。他在学业上有优良的表现，第二年在学校毕业典礼上，突然听到台上宣布他全校成绩最高，颁给他一本商务印书馆新出版颜惠庆编的《英华大辞典》，让他非常得意。可是他对基督教的反抗一点也没有消减，而且还吸引了一些同学赞同他。他主要是说基督教与儒家传统相抵触，而儒家学说远比基督教高明。他说儒家最主要的是讲孝道，儿女不得对父母无礼，身体发肤受之于父母，不敢毁伤，而希望名扬声显，以荣耀父母。耶稣则是一个很不孝的人，这种人不配做什么教主；譬如约翰福音里有一段讲在迦拿有一个人娶媳妇，道贺的人很多，大家喝酒，过了一会儿酒喝光了，大家慌了，就找耶稣的母亲，说你儿子可变奇迹，现在酒没有了，叫他变点来如何？她就去找耶稣，耶稣回答她说："妇人，你怎么来打搅我？"可是过一会儿水缸的水就变成酒了。洪业说耶稣做儿子这样对母亲说话，显然不孝。学校的老师在这一点上怎么也辩不过他，于是便有些传教士提议开除洪业，不让他继续捣乱，可是校长太太夫人（Mrs. Gowdy）替洪业力争，说学校不能因宗教原因开除一个学业优良的学生，应该为他祈祷。

洪业接到他父亲的信，说在曲阜的官丢了，此刻在济南赋闲。洪业便求他父亲南下帮他维护孔夫子。他老先生居然来了，把三儿子洪绅也带回来了。当时正好是春天，下着毛毛雨，洪曦身体本来就不太好，去扫墓受了凉，一病不起，在岳父家去世，享年四十七。

父亲的遗体不便停在外祖家，十九岁的洪业把棺材搬到城里一个庙里，并打了一个电报到山东通知母亲，还写了封长信给弟弟洪端。当时洪端也病危，母亲走不开；洪端后来死了，母亲把他埋葬在山东章丘，把坟地交给炎哥与他的北方太太。当她携儿带女踏着十来天的海陆远途，赶回福州的时候，已是夏末。马上又忙着把十五岁的女儿沚苹嫁出去，因为女儿已许了福州的陈家，而中国规矩是三年之丧不能婚嫁，可是在百日之内可以，陈家只有一个儿子，等不了三年。婚事办完了，才能把丈夫下葬。

洪业在母亲未能南下之前，先为父亲做了哀启，叙述他父亲的一生，又发讣闻请亲友参加开吊，父亲好些朋友都来了，没有来的朋友也寄了挽联来，好几位说他父亲欠的钱现在不用管了，把欠据在柩前烧毁。洪业在仓前山学校附近买了块地，立了碑，题了《汉书·叙传下》里的八个字："没世遗爱，民有余思。"后来洪业的母亲也葬在那里，洪曦是带着辫子进棺的，民国成立虽已几个月了，他还是清朝的忠臣。

洪业丧父，对他是个莫大的打击，在他的心灵中留下了一大块空白。他父亲逝世后一两天，校长太太高迪夫人来探望洪业。她慈蔼地问洪业他父亲为人怎么样？洪业就对她叙述他父亲的一生。高迪夫人对洪业说，你父亲这么样的话，有机会一定做基督徒，洪业说："照你们的说法，不信耶稣的人死后会下地狱。"她说："这是对没有知识的人说的，对受过教育的人有不同的说法。天堂地狱到底怎么样我们不知道，如果真有天堂的话，你父亲应该在天堂里面。"

她又说了一句话，说中了洪业的心："你对圣经很熟，而反对它很多地方。可是这不是读圣经的办法，读任何书都不能用这种办法。书是古人经验的结晶，好的坏的都有；就像有人摆了一桌筵席给你吃，你应该拣爱吃的吃，不好消化的不吃。而且盘子碟子都在那儿，你不要把它们也都吃了。圣经古来言语就换了几次，所以看圣经要拣好的记着，其余的不要。里面有错误、前后矛盾的地方是难免的。但有些看来似是矛盾的地方，往往以后发现并不矛盾；但你专心去记那些，等于白费脑筋。"

洪业想想觉得有道理；前些时候，洪业在表面上虽固执不改，但内心对基督教的反抗已经稍弱了。有几位来学校传道的人触着了他的情感与理智。有名的播道者舍伍德·埃迪（Sherwood Eddy）先生曾来学校讲道，他先是讲空气的性能，说空气虽看不见摸不着，但这并不证明它不存在，然后把带来的一个空罐放在热源上，罐子因里头的空气受热便逐渐膨胀了。埃迪先生戏剧性地往罐子上浇了一杯冷水，空罐马上萎坍。埃迪借此谈论神性，神虽无形，但如空气一样确实存在。

另一次埃迪先生激动地宣告说："中国历史上也有先知：孔子、孟子、庄子，都是先知；世界各国有很多事情都应向中国学习。但现在中国在内忧外患中，成立为共和国了，而第一个承认中华民国的是美国。美国人中最优良的分子都爱中国人，而中国年轻的精英分子很多在美国受教育，要回来做中国的领袖。"他希望中国人与美国人间有百万个友谊，如花怒放，连结着隔着太平洋的两国。他一边说，一边伸手去与他的中国翻译员握手，他们两人的手分开时，观众看到两手之间拉着点东西，展开来是中华民国与美国相连的国旗，轰动了全堂听众，大家一起站起来鼓掌，洪业也非常受感动。

结果，高迪夫人流露的基督教精神与她对教义通融的解释，赢取了洪业，他皈依了基督教。

现存一封洪业于一九一二年八月二十五日用英文写给高迪夫人的信。高迪夫人后来把此信寄给璐得·克劳福德·米切尔（Ruth Crawford Mitchell）女士，这位女士以后对洪业的一生也甚有影响。这封信披露了洪业早年心中在基督教与儒家间的挣扎：

"……我母亲今年不能来，我觉得很遗憾，因为我弟弟病重不能离床，她要等到弟弟病好才能来。（山东对剪辫子的人反动作战，我的堂哥已赶了回去。）我把您赠的书邮寄给母亲，它们对我了解主耶稣的复活很有帮助，我相信对她也会有帮助。

……世界上确实有很多好人，遵照神的意旨而活，但他们并不称为基督徒，他们是孔门弟子。不知道他们是否在我们天父的庇佑下，能得主耶稣救恩，但我相信他们并不比基督徒差逊。

　若有人问:'耶稣入世是为以色列一国还是为全世界呢?'基督徒必答:'他为全世界而来。'可是我相信这不是真的。为什么耶稣在世时传道经过的地方那么狭小?为什么他不到中国来呢?直到最近,中国人才有机会听闻关于耶稣的事情,而犹太人从出生就知道他。必是神爱人类、喜欢人照他的意旨而生活,但人类逐渐远离他而接近撒旦,所以神派耶稣到西方,派孔子到东方,以拯救人类于万恶之中。我们基督徒相信耶稣是神的儿子,我们不知道孔子是否也是神的儿子,是神的亲属,或是神的仆从。无论如何,耶稣和孔子都是神的传信人,是拯救人类的恩者……"。

高迪夫人传递这封信附说:"别让洪业知道我把这封信转送给你,我希望他不会自视过高,免得让名利、野心的毒癌蔓延于他的生命里。这是我们祈祷中要常念着的。"

洪业对高迪夫妇说他希望贝赐福(James W. Bashford,一八四九——一九一九)主教能于翌年正月初一为他施洗,因为他佩服贝主教眼光大,而且贝主教常说孔子很伟大,思想与基督相差不远,正月初一是取新生命的意思。于是高迪夫妇去找贝主教,贝主教说他不常为人施洗,而且正月初一不是礼拜天,要特别开教堂不太方便,但他愿意接见洪业,听他的言谈再决定。洪业与贝主教谈了一个半钟头,末了他对洪业说:"我的孩子,神与你同在，我将很高兴为你施洗。"

几个月后，洪业的母亲也受洗，以后全家都受洗了。洪业回忆说：

> 母亲也特别，要三弟——他字写得特别好——在每人吃饭时坐的地方写个条子："每饭不忘祈祷。"这相当有意思。

他在学校放松警惕后，跟全班二十个同学熟悉起来。同学中最受人喜爱的是杨曦东，为人很厚道，写得一手好字，像郑孝胥的瘦金体。同学到他家去时，发现他有一个男佣人、一个女佣人专门伺候他。洪业在杨家第一次尝到咖啡。陈芝美则是最出风头的人物，他是个牧师的儿子，长得清秀，体育好，而且有个姐姐大家都认为是福州第一美人，风度潇洒，有时候大伙早上上学时，就看到她也在山上走往泰茂女子中学，那时班上的小丑林立德就要讲些不三不四令人啼笑皆非的话了。班上还有个陈元龙，中文根基也好，常与洪业竞争。洪业受洗时，他就挖苦洪业有志将来做主教。可是后来当中国美以美会主教的是他，而不是洪业。

鹤龄英华书院的校长是约翰·高迪（John Gowdy，中文名高智）；校长夫人伊丽莎白·高迪（Elizabeth Gowdy）也当教师，夫妇两人都是美国康涅狄格州卫斯良大学最高荣誉毕业生，都会讲中国话，也讲法国话，有时在学生跟前两人讲话不要给学生听就用法语讲。夫妇俩没有孩子，把学生当自己的孩子。学校也有教法文的，选的人不多，多选德文，是一位美国小姐教，叫玛莉·彼玲，她大学刚毕业，才二十岁出头，教的学生也快二十岁。因她对洪业好，班上的同学就取笑洪业说彼玲老师爱上他了。那时风气未开，英华书院没有女生，女老师也没有几个。老师中教数学、教体操、教音乐的是中国人，多半是本校毕业留过洋的。也有一两个中国老师教英文，其中一个是王干稣，如外国传教士来讲道，他常做翻译。

外国传教士中学生最钦佩的是拉尔夫·沃德（Ralph Ward），不但中国话说得不错，还会烧中国菜。有一次他请了学生到他家里吃晚饭，饭后拿了张世界地图出来铺在地上，爬在上面指给学生看，告诉学生许多国家对中国都有阴谋，中国人得醒悟了。

校长高智先生及夫人都活到高龄，退休以后住在佛罗里达州，不中用了就搬到一间养老院去。高智先生在六十年代中期去世时，洪业刚好在纽约，接到高夫人的电报说想请洪业替他治丧，洪业便马上乘飞机去了。养老院的护士说这对老夫妇可爱极了，两个人瞎了眼各坐在一张摇椅上，不时互相伸手拍拍对方的手背。

洪业皈依基督教后，便负责每星期天把主日信息翻成中文刊登出来。而且因为学生中只有他一个会讲官话，有北方的牧师来传道便由洪业口译。一九一三年有四个在教会里甚为杰出的人物到达福州，美以美会外派处秘书长梅森·诺斯（Mason North）博士，以及他的儿子埃里克·诺斯（Eric North）博士；还有美国圣经会的秘书长威廉·黑文（William I. Haven）博士，以及他的女儿格拉迪丝·黑文（Gladys Haven）。通常替外国人翻译的王干鲢教授一下子应接不来，便叫洪业当小诺斯先生的翻译员。小诺斯先生讲演前有很充分的准备，总是事前约了洪业告诉他当天讲演的内容为何。洪业到美国留学时曾选过这诺斯先生的课，他后来对洪业在燕京的事务也帮了不少忙。

一九一四年，学生要组织学生会，原先当局是不允许这种活动的。现在是民国了，居然许可了。有个顶聪明、顶会讲话的人叫祁宣被推举为会长，而洪业是副会长兼做文书，可是祁宣竟骗了钱跑了，洪业升级为会长。学生会办了个展览会，有吃的喝的，还卖些东西，请亲戚朋友来，还赚了些钱，买了不少器材，最宝贵的是部油印机。

当年十一月，学生会接到一封由日本寄来的信，发自"东京中国留日同学会"，是油印的；上面写着英华书院学生会启，（那时中国别的学校大概也都纷纷办学生会，准备在中国实施民主选举制。）内容说据秘密报告，日本对中国有不良的侵略居心，预备对中国提出二十一条的要求，主要是中国每个重要机构里须插一个日本顾问，以便于监视。还有山东省要划出来，铁路权归日本管，而各学校得设日本功课，等于把中国变成日本的附庸国。最后说中国现在快完了，做学生的应该赶快起来抗议。英华学生会接到这封信后，开紧急会议马上把原信抄下，油印很多份，分发到城里，大家大哄大叫。那时候做督军的姓李，就说这是学生胡闹，哪有这样的事？这是散布谣言，混乱视听，把好几个学生抓了去，洪业赶忙跑到城里去，妹妹的夫家是大绅之一，先到那里去磕头，还找父亲从前的朋友，把那些学生保出来，说被东京的同学骗了，以后不敢再干这种事。第二年二月，日本的二十一个条件果然被公开揭露，中国在压力下接受了大半的条件，替以后日本侵略中国铺了路。

毕业期迫近，洪业得对终生事业做个抉择。父亲死了，一家靠着外祖，洪业是长子，应该负起责任来，维持母亲的生活和三个弟弟的教育。当时有朋友在北京办报，想请他去帮忙，他很想去，可是为了生活负担不敢去，自己跑去投考海关，又投考了盐政。那时海关是英国人管的，年年都招考事务员，洪业有个三表舅，姓赵的亲戚，跟洪曦念过书，本来也想考科举，后来在海关做事，介绍洪业去考，考上了。盐政也考上了。不过听说盐政开始虽薪俸多几块钱，可是里面人事复杂，不如海关稳当。

那年高迪夫妇回美国休假，有一天代理校长埃德温·琼斯（Edwin C. Jones）把洪业叫到他办公室去，把抽屉打开，拿出一份电报给他看，电报发自美国圣路易市的汉福德·克劳福德（Hanford Crawford），说贵校毕业班有个叫洪业的学生，他是否有意来美国深造？本人将负责一切费用。代理校长对洪业说此人大概很富有，因他每年捐献一千元给英华书院。

"我不知道汉福德·克劳福德是谁，美国人喜欢用两个法文字 deja vu 来形容一种状况，譬如到了一个地方，明知道没来过，但是又确实觉得曾到过此地；人好像在云彩之上，好比我在山东考学校，怕考不进去，没想到还考第一名。他给我看这份英文的东西，我就有 deja vu，这样的事我幻想也不敢，但做梦又不是做梦。"

洪业回家征求母亲的意见，母亲听了不表示意见。那时他们刚从外祖家搬出来，母亲便叫他出去叫了个轿子，坐了轿子去见外祖。洪业带着沉重的心情在轿子后面跟着走。母亲先进去跟外祖讲，大概告诉洪业去美国的事，全家又要靠外祖负担了，那是相当严重的事。外祖却对洪业说："这事情应感谢你们祖先的阴德，你父亲做清官；这是古人说有好报应。你将来出国深造有益，好好地去，关于你母亲和弟弟，我还可以帮忙。"

洪业当然很感激，在地上磕了个头，给外祖道谢，可是外祖又说："你回去对这位琼斯先生说，请他打个电报回答，我们这方面受他的恩惠，是不是有条件的？"

第二天美国就有回电了，说毫无条件，只要他做好孩子，洪业的外祖才放心了。接着又有钱汇来给洪业准备行装、制西服、买皮箱；洪业不知到美国哪一间大学去好，贝赐福主教来福州办事时，他就请教贝主教。贝主教提议两所学校：他自己的母校威斯康星州立大学与他曾任校长的俄亥俄州卫斯良大学。他说洪业可在后处把大学本科修完再往前处上研究院。洪业就打算照着做。贝主教才告诉洪业说克劳福德是俄亥俄卫斯良大学的董事，他听见洪业要去该校一定会很高兴。

洪业这个家境贫寒的学生居然有人资助他出洋，那还了得？震动了整个学校。于是同班的同学回去就跟父母亲戚闹，有的卖房子、典家产也要送儿子出洋，结果二十人中有七个出了洋，其中有三个跟着洪业申请俄亥俄州卫斯良，后来都得了博士，洪业反倒没有。

洪业一九一五年二月就毕业了，美国那边九月才开学，他便暂时留校教圣经。星期天他跟着福音队坐船到闽江上流的村镇传道。他这个时期第一次有机会与三弟绅及五弟绂亲近。五弟绂才九岁，又长得娇小，喜欢爬到大哥膝上。有一次布道会讲台上请得救的人举手，他就爬到桌子上举手，人人都疼爱他。三弟绅比洪业小六岁，在学校有一次聚会洪业也在场，同学们请洪绅讲笑话，他就讲了一个爱吹嘘的书生故事，大家听了哄堂大笑。洪业没想到这平日沉默的弟弟有此一招，在公众前那么镇定而诙谐。于是开始跟他谈历史、文学，替他改作文，尝试把自己从父亲那儿得来的一些做学问的方法传给三弟。四弟绶是个比较注重外表的人，一向与大哥保持一段距离。

一九一五年春，洪业的母亲正到处替洪业找媳妇，想在洪业出国前办完婚事，怕他娶了个外国太太回来。但她突然染上了鼠疫，发高烧，很艰难地断气了，享年四十一岁。

那年夏天,洪业接到曲阜士绅来信,他们听炎哥说洪青天的大公子毕业了,在学校很有表现,现在曲阜要举行公举,请他回来竞选县长。洪业很受感动,就回信说他正准备出洋,到外国去多读几年书再回来报答国家。

6 俄亥俄卫斯良大学

洪业把满腔热情投入学校课内外各种活动中。他在大学的这两年做什么都兴致勃勃的,他觉得生活毫无拘束,毫无抑制,而人生无限无涯,足以令人陶醉。

一九一五年秋洪业乘了一艘加拿大注册而名为"满洲女皇"的汽轮横渡太平洋。汽轮停泊在日本横滨时，洪业搭了火车到东京去访东京中国同学会。洪业按地址找到中国青年会，看到的是一屋子摔破的家具，有人告诉他革命分子分成几派互相斗伐，洪业打听到负责寄信到福州英华书院反抗日本二十一条的人叫李大钊，此人已回中国去了。洪业第一次听到李大钊这个名字，李后来成为中国共产党最初的倡导人之一，毛泽东在思想上是受他影响的。

洪业在美国旧金山上岸，有几分惶恐的他，被克劳福德的西岸代理人送上火车直达中部的圣路易市。火车在人迹尚稀少的美国西部奔驰了几天才到圣路易市。洪业和他的恩人相见，马上记起这大胡子是谁——对了，在英华书院历史课上见过他。

汉福德·克劳福德是圣路易市最大的百货商店的老板，他是当地有名的士绅，也是美以美圣公教会突出的教徒。一九一二年他女儿从瓦沙女子大学毕业，他带了妻女作环球旅行，到中国时去了一趟福州鹤龄英华书院，因为他历年来都捐献一千美元给该校。到了洪业上的历史课，正值老师问拿破仑惨败的原因，洪业应对裕如，让他印象很深。克劳福德事后与校长交谈，校长告诉他洪业是英华书院开办以来最具天赋的学生，教师们都认为他应到外国深造，但他家贫，不可能办得到，克劳福德慨然应允资助洪业到美国受教育。

洪业第一次乘了汽车，后又第一次乘电梯，他们一进客厅，洪业吓了一跳，所有的家具都蒙着白布。

"府上最近是不是有丧？"

克劳福德听见这问题起初莫名其妙，接着才觉悟素布在中国是丧事才用的。他向洪业解释说他的太太及女儿带了佣人在美国东北马萨诸塞州（以下简称"麻州"）海边避暑，家具少用，为怕尘埃，盖上白布。因为没人准备晚餐，他要带洪业到他的俱乐部去用膳，饭后可一起看部卓别林的电影。

洪业到俄亥俄州卫斯良大学插入第三年级，主修化学及数学两科。此大学在一九一〇年代是一所稍带乡土气的小学校。此校得贝赐福主教的影响，他在一八八九年到一九〇四年当该校校长时曾说："我深信宇宙是耐火的，我们可以在任何角落点起洋火来寻探真理。"教师们多半都是宽宏大量的人，可是纪律还是相当严明，每日得上礼堂，而且不准吸烟、不准喝酒、不准跳舞。

洪业把满腔热情投入学校课内外各种活动中。他在大学的这两年做什么都兴致勃勃的，他觉得生活毫无拘束，毫无抑制，而人生无限无涯，足以令人陶醉。他发现美国社会有很多可爱可敬的地方，有个从新加坡来的中国学生黄国安教会了他打网球，同学都叫他"快乐洪"。

他最钦佩的是个教圣经、绰号为"圣约翰"的老师。这老师家里阔绰，到德国留过学。当"圣约翰"在礼堂祈祷时，他给人的印象是在与上帝娓娓而谈。他捐献给学校的钱远多于学校给他的薪水。他知道学生缺钱用时，常常悄悄地把钞票塞到学生口袋里，如果学生不知趣向他道谢，他便把钱要回来。

另有个姓米勒，教希腊文的老师，是全校羡慕的对象，因他拥有镇上仅有的一辆汽车。他在洪业课上用希腊文《四福音》做教材。习惯上叫学生分别站起来念一段后翻译成英文，但他开学后一直都没叫班上唯一的中国学生。到他终于叫洪业时，洪业站起来把那段希腊文朗声背出来，米勒从此就不再叫洪业翻译了。可是到他们念到"约翰福音"第二章第三、第四节时，米勒教授问洪业耶稣为什么称呼他母亲"妇人"，像叫佣人一样？洪业此时很困窘，因几年前他曾用这一段圣经责难在英华书院的老师，说耶稣不孝。于是洪业闭目祈求答案，答案有了，他说："圣经没有说耶稣回答他母亲时的神态，我想耶稣是在逗他母亲笑，他说话时眨眼向他母亲示意，这酒一喝完后，另有供应。"

他班上的同学听到这解释，都鼓掌大笑。

洪业上心理学，才第一次听说人有所谓"潜意识"。洪业一生都对人心的神秘深奥感兴趣。他的祖母说她有第六感，虽然正统儒家是不语怪力乱神的,但中国自古以来对梦相当注重,洪业相信在人类的经验里有一底层是不可以用理智了解的。

克劳福德虽然在洪业的银行户头里存着一千元美金给洪业随时取用,洪业却大半用不着它,他一到大学里,就悉知自己获得学费奖学金,大概是贝赐福主教安排的。他还找到了几份工作,因为他发现差不多所有的同学都在课余工作赚钱付学费、生活费,自己不愿例外,于是便到校园青年会找事做。那青年会干事亦替洪业找到了个离校园步行五分钟的地方住。得到的第一份散工,是洗刷体育馆的地板,每钟点十七分钱。工作很吃力,他最厌恶在地板上剔除人家随口吐出的口香糖胶。青年会的干事提议他买件工装裤来干这类粗活。洪业不知工装裤为何物,他买了用完后来还小心折好带回国给人看。当时在中国,大学生做粗工是件怪事,因为中国人一向以为劳心的人和劳力的人有天壤之别。

此后,洪业在校友办公室折信件,塞进信封,贴邮票,每钟点二十二分钱。校友办公室里雇了好几个人办这种事,因为每天都有好多信要寄往各地联络校友。洪业设立了一个分批做的制度,提高了工作效率好几成。他的上司是雷蒙德·索恩伯格(Raymond Thornburg),是个刚毕业的新校友,别号是"红毛公",因他长了红头发。他留洪业长期在校友办公室做事,两人成了莫逆之交,友谊长达六十多年。

红毛公个子矮壮,满脸和气,但头脑却非常精明,后来成为企业家。他早年父母离了婚,靠母亲替人家洗衣服做缝补养大。他说他做学生时也做桩小生意,成本就是一把熨斗、一台熨板,因为那时大学生都以西装裤管前后笔挺的折痕为傲，市面洗衣馆烫西装裤要两毛五，红毛公标价只两毛，而且管收送，所以生意兴隆。

得到红毛公的启示，洪业也做了一门生意，教小孩数学。一天晚上，他被邀在一个长老会牧师家里吃饭，这牧师的儿子数学不及格，洪业自告奋勇查看小孩问题在哪里，原来小孩把数学教科书硬生生背了下来，洪业便有规则地帮他一步步做练习，小孩成绩果然突飞猛进，他的父母坚持要付钱给洪业，每钟点两毛五。不久，小强尼学校里盛传着有个"奇异的中国佬"会教数学。洪业招来十多个学生，买了块黑板，算是开了夜校，他存了一些钱寄回福州资助弟弟们的教育费。

后来他的化学老师推荐他替学校附近一家疗养院分析泌尿，每管尿五分钱，洪业一早便在实验室做这工作，一个钟点可做四五份，他觉得自己很富有了。

一九一六年暑假里，洪业与大学里几个朋友集资在纽约市买了部老爷车要学开车，他们先在青年会驾驶学校上了一个月的课，早上学汽车历史、构造、零件等，下午才学驾驶。教师是位纽约市计程车司机，他多次都给洪业不及格，说他虽然有机智，但开车总是心不在焉。于是他们一伙人开老爷车到纽约北部的山区玩时，洪业只有修车的份儿。他一直都没学好开车，但对车件的功能倒很清楚。

那年夏天，洪业与其他在美国的中国留学生也联络上了。那一代的中国留学生踌躇满志，对自己将来在中国的地位非常有信心。在一个国际青年会举办的夏令营中,洪业结交了好几个中国基督徒,他们认为中国急需的是基督教。其中两个,刘廷芳和全绍文事后到中部来找洪业。他们三位,还有教洪业打网球的黄国安,后来都与燕京大学有密切的关系。

也是那个夏季,洪业头一趟到克劳福德在麻州的海滨别墅,途经剑桥,顺便到哈佛去一瞻留学生中的英雄豪杰。在哈佛校园中看到一个中国人在维德宿舍前大声朗诵中国诗词,旁若无人。再过一会儿,他激动地站起来,在树下踱着方步,后面拖着在初秋风中晃着的衬衫衣角。洪业觉得这人真是怪模怪样,失声地笑了起来。他的朋友陈宏振把他拉到一边告诉他说,这是大家最钦佩的人。他留洋多年,精通多国语言,但不要学位,他就是后来很有名的历史学家陈寅恪。

这个暑假里洪业与克劳福德一家人熟了,情感倍增,他觉得住克家就像住自己家一样。克劳福德先生没经商之前是准备要教书的,他在欧洲留学三年,在德国莱比锡市与他后来的妻子相遇。克夫人来自美国麻州一个热心教会、热心公益的家庭,克小姐璐得(Ruth)则是位端庄优美、眼光远大的女士。克小姐深信全人类为一体,任何种族国籍的人在她眼光中都同等,她比洪业只大三岁,而洪业后来称她为"我的美国姐姐",替她取个中国名字"如诗"。

洪业在俄亥俄州卫斯良大学第二年时,埃里克·诺斯,就是圣经会代表去福州时洪业当他翻译员的那位小诺斯先生,也来该校教书,开了一门基督教历史的课。他教学严谨,准备充分,每堂课前一定把自己的思路弄清楚才上讲台。洪业在他的指导下，发现历史与化学有许多相似之处。化学是研究物质间的反应，而历史则研究人与社会制度间的微妙关系，洪业觉得二者都甚具吸引力，他考虑在研究院研究历史。

可是他觉得将他所体验的基督教带回中国去也是个很重要的任务，他在大学时参加了个福音队，到俄亥俄各农村小镇去播道；踏着贝赐福主教的脚踪传福音，建立教会大业，也是很值得向往的。

当洪业正在犹豫不决时，在纽约联合神学院念书的刘廷芳就劝洪业到纽约，一方面可在哥伦比亚大学攻读历史，一方面可在附属哥大的联合神学院准备做牧师。

一九一七年，洪业大学毕业时，克劳福德夫人来观礼。洪业成绩优良，得最高荣誉外，还得五百美元奖学金，以供他上研究院之用，他听了刘廷芳的话，上纽约去。

7 友谊与爱情

六十多年后,洪业讲到他与江安真的婚事时,一向率直坦白的他反而含蓄起来,轻描淡写地便抹过去了。

中国也许再也不会出现一群这么有自信、有抱负、充满着爱国热忱的青年。一九一〇年代在美国为数两千左右的中国留学生，个个都以改造中国为己任。祖国的政治社会制度濒临瓦解，当时军阀横行，但在他们的眼中这都是暂时的障碍，他们坚信不疑将来的中国将向西方的科学、民主看齐，而当时绝大多数的西方人也深信科学民主可解决人类一切难题。谁比这群中国的精英分子更能领导中国走向这光明的前景？他们饱受中国传统的教育，兼收了西方最新的知识，没有人比他们更有资格了！到了一九二〇年代，共产主义形成了一股相对的力量，年轻知识分子的这种信念便开始动摇。但在一九一七年，中国在美留学生间的情绪是非常高昂的。

洪业念完大学而未上研究院的那个暑假里，参加了一个中国学生联盟的夏令营，几百个中国学生从美国各处汇集而来。安排了不少活动,包括舞会等节目,但主要的是政治活动。那些自命有将才的人士,忙于"招兵买马",大家讨论最热烈的话题是所谓的"白话文文学",几个月之前还是他们一分子的胡适,曾在留学生刊物上鼓吹白话文文学,回国后到处受到老学究的大肆攻击。

大家讨论的问题不限于学术,洪业这一代的新式学人,也有打算回国办企业、搞金融的。洪业碰上一个人,胸前挂着一把像是 Phi Beta Kappa(美国大学优等生之荣誉学会)的钥匙,而且是特大号的。洪业仔细一看,原来上面写的是 Kappa Beta Phi。那人在洪业背上重重地拍了一下,笑道:"好家伙,这与 Phi Beta Kappa 完全相反。你们分数最好,我们分数最差;你们专心做学问,我们专心赚钱;将来你们办学校盖图书馆就得靠我们赚的钱才成!"

无论他们计划做什么,这群青年自信中国将来属于他们无疑。他们一点也没想到,其后与他们日夜争衡对抗的,主要不是顽固不化、垂垂欲坠的老学究,而是比他们雄心更大的马克思、列宁信徒;而这些受美国教育的民主自由倡导者,最后终究是不敌共产主义一脉。

洪业在纽约所交往的一群中国基督徒由刘廷芳领头。刘君身材短小,不到五英尺高,而且鼻喉有问题,不时擤鼻子、咳嗽;但他谈吐风趣,很具魅力,而且善于演说。他理想中的中国,是个被基督转化了的中国。他遇上洪业感觉得到了知音,刘、洪所跟从的这一支基督教派，有时被指为"社区福音"。耶稣在"马可福音"十章二十一节说："去变卖你所有的财产，把钱捐给穷人，来跟从我。"他们当时觉得基督教徒原则上理当如此，因此极推崇联合神学院的基督教伦理学教授哈利·沃德（Harry Ward）。沃德被人告发为共产党员时，反驳说："我不是共产党员，我比共产党员更糟，我是个基督徒。"

当时在中国留学生中有几个兄弟会，自视最高的一个叫Flip-Flap，成员包括顾维钧、宋子文等。刘廷芳与洪业等人决定他们要有自己的兄弟会，组员是学业成绩好的虔诚基督徒，口号是："联合起来振兴中国。"创始人包括以后在上海办教育很有名的陈鹤琴，后来当上海青年会秘书长的涂羽卿，他们在一九一七年六月二十四号秘密宣誓成立"十字架与宝剑"会。

洪业回忆说："当年我们年轻得很，要效法耶稣，以教育与政治来转化社会。十字架，是由耶稣'背起十字架来跟从我'那句话而来；宝剑，则指中世纪的十字军。我们采用了一些欧美共济会的仪式，意识里要恢复《三国志》里桃园三结义的道义精神。我们誓守秘密，我甚至为此做了平生唯一的一次偷窃。"

事情是这样的：一九一八年秋，刘廷芳为避免联合神学院犹太文口试转学到耶鲁大学。兄弟会的事宜便轮到洪业接手。有一天他得到消息说创始人之一，在普林斯顿大学念书、姓邓的同学肺炎发作死了。洪业知道这人有写日记的习惯，便马上放下一切，乘火车到普林斯顿去，告诉学校当局他是个神学院学生，是邓家世交，于是得到许可进入死者的宿舍卧室里，发现邓君日记上果然对兄弟会有很详细的叙述，洪业便把日记本撕破，扔到壁炉里焚毁。

可是兄弟会里不久就发生了争执。选举会长时刘廷芳以一票取胜，落选者气愤地离场。当秘书的洪业却发现在投刘廷芳的票中有一张明明是刘自己的字迹。中国人的规矩是不投自己票的。洪业自此对刘廷芳便有戒备，他后悔为邓君的日记小题大做了一番。

然而这兄弟会还是继续吸引了很多新会员，包括后来出使苏俄、联合国、美国的蒋廷黻；后来创办南开大学并当了几十年校长的张伯苓；曾任清华大学校长的周诒春；曾国藩的外孙、上海大华纺织公司的创办人聂其杰。

一九一八年，王正廷在美国为在广州成立、与北洋军阀对立的国民政府争取美国政府的承认而四处奔走。王君的父亲是美以美会的牧师。他本身在基督教青年会很活跃，一九一一年清政府被推翻、中华民国基本组织法成立时，他是署名者之一。他曾多次任国会的副会长。王君亦受邀成为"十字架与宝剑"的会员。当王君在美国时，被广州的国民政府委派去参加巴黎和会；巴黎和会散后，与他一起取道美国回国的包括新闻家陈友仁，他后来当过外交部长。陈君也被邀入"十字架与宝剑"。

一九一八年有一次在纽约开会时，王正廷披露了件令大家讶异的事情。原来早些时候在美国留学的中国人中，另有个秘密兄弟会以"联合起来振兴中国"为口号。该兄弟会在一九〇七年成立，以"大卫与约拿单"为名，会员中有不少是中国政坛的显赫人士，包括法律外交界的王宠惠、教育界的郭秉文、金融界的孔祥熙。（注：大卫与约拿单是基督教圣经内共赴生死的两个朋友。）刘廷芳提议让两个兄弟会合并，并指出合并的话，"大卫与约拿单"的会员可提携"十字架与宝剑"年轻的一辈。洪业极力反对，也正是为这个原因，他深觉兄弟会不应成为趋炎附势、攀登仕禄的途径，这是洪业第一次公开反对刘廷芳。但选举结果刘廷芳得多票，两个兄弟会便合并为"成志社"。成志社后来在北京、上海、香港都有分社，但逐渐退化成散漫的、不关痛痒的学术界人士的组织，别号"博士社"。

洪业广结新交外，还常与福州鹤龄英华书院的老同学保持联络。他在联合神学院宿舍里独占了一个别人都不要的套房，因为楼下便是供应全楼暖气的火炉，火炉日夜铿锵震颤；而窗外即是地铁站出口，地铁过时轰鸣如雷。洪业偏对这些吵声毫不介意，置若罔闻，却贪图套房宽大，可容纳他的朋友在纽约过宿。

杨曦东也到哥伦比亚大学来了，他告诉洪业他与陈芝美的姐姐秘密订了婚，她在加拿大念书，不幸患了肺病。不久杨曦东也传染了肺病被迫退学。一时银根紧，向洪业借八十美元，要把皮外衣抵押给洪业，洪业也没有那么多钱，便和克劳福德夫人商议，后者把钱汇来了。不久，杨曦东竟死了，洪业郑重地把皮外衣带给克劳福德夫人说该物属她了。克劳福德夫人说："这要它做什么？不知道带了多少病菌呢！"马上把它扔入焚物炉里，一时臭气熏鼻。

陈芝美也来了美国，在麻州西部的基督教青年会大学读书。

他来纽约看洪业时,见了洪业的网球拍便大喊:"你也打网球啊?像你这样腐败的人也打网球,中国真有救药了。"

那时候时兴把引用孔子话的人一概叫"腐败"。洪业便向陈芝美挑战,打一场网球,结果赢了他。

洪业毕业于俄亥俄州卫斯良大学时,恰好红毛公也离开该校校友室,到一个活动于金融界的校友手下工作。有一次红毛公乘火车自芝加哥到纽约去看洪业,与旁座的一个商人交谈起来,那人赶着到佛罗里达州协商一桩甚为复杂的交易,很欣赏红毛公的谈吐,就请红毛公一起去佛罗里达,好有个人商量商量,一切费用由他负责,如果交易成功,利润还可分红毛公一份。红毛公欣然同意跟他去了,在很有排场的旅馆住了几天,分得市值两万五千元的股票。红毛公回纽约见洪业,兴奋极了。两个朋友深夜促膝长谈,这笔飞来横财怎样处理才好呢?红毛公说他不想再替人做事,要自己做老板。洪业提醒他不能这样说,因为上帝永远是他的老板。红毛公说对,洪业以后当牧师,什么时候需要钱的话,他一定全力供应;洪业建议他办出版社,专门发表少为人知而有价值的著作。红毛公断然说这一行风险太大了,不能做。最后红毛公说他回芝加哥和他上司商量后慢慢决定。红毛公再来纽约时,告诉洪业他买了一家已经宣布破产的早餐谷食公司,到纽约来要向各旅馆、餐馆兜生意,还叫洪业尝他的谷食样品。

洪业在哥伦比亚大学第一次尝试美国式的"约会"。(在俄亥俄卫斯良大学毕业班野餐带了一个朋友的妹妹去,不能算数。)那时连续放映两场电影的电影院,一人才收一毛钱。他那时约会的对象有两个，一个是林小姐，长得瘦瘦的，风流潇洒；另一个是宋小姐，胖胖的，热情坦率，实事求是。两位女士都是福建人，后者告诉洪业说她父亲是牧师，所以很明了传道生活清苦，她从奖学金及校外工作的薪水中抽存了不少钱，可作为他们共同生活的基础。洪业听了很受感动，却说他们还谈不上这个问题。不久，宋小姐突然间对他很冷漠，他摸不着头脑，事情过了很久后才明白什么原因：原来宋小姐说她写硕士论文需要找人替她打字，因为洪业打字打得好，而且有打字机，她问洪业能不能帮她打，洪业因这件事要花很多时间，有点不愿意，但回信说可以，怎知道他信放在衬衫口袋里预备付邮，却忘了寄去，后来偶然发现信还在口袋里，已经是时过境迁了。

这时中国留学生刚从家长说亲的传统里踏足出来，对欧美式的求偶方式颇感迷惘，对异性总是觉得不是说得太多了就是说得太少；不是怕自己太妄动，就是怕对方摸不清；用鸳鸯蝴蝶式的陈腔则肉麻不堪，翻译过来的西式滥调听来简直滑稽，于是进退维谷，懊恼得很；尤其当年留学生中女学生少，造成粥少和尚多的现象。大家都想找个志趣相投的配偶，可苦于不知从何下手。洪业在校际青年会很活跃，有土地爷之称，很多人遇到难题就找他帮忙，拜托他拉红线的也不少。有个念博士的黄君告诉洪业，他非常倾慕一位叫江安真的女士，黄君想安排一个四个人的晚餐，席上有洪、黄、江，还有江的一位旧同学。黄君说江安真对洪业的印象很好，每次在会议上洪业说话，江安真一定赞成，可见她很信任洪业。吃过晚饭后，能不能请洪业告诉她黄君要向她求婚。洪业自己在会议上也注意过江安真这个人,而且在用英文发表的基督教刊物《留美青年》上看过她的文章。她在夏威夷长大,毕业于麻州的维顿女子大学,在哥大研究院进修教育。她态度大方,很会说话,而且别的女同学生病,她就去照顾,大家对她印象都很好。吃过饭后,黄君与另一位女士先走了。洪业就告诉江安真说:"我有使命在身。"江安真就说不必讲,她已知道了,她说黄君读书虽好,可是常识太差,打电话给她约吃晚饭,她说不行,就约吃中饭,说也不行,他就约吃早饭。江安真说:"我实在告诉你,我心目中另有人,你就告诉他不要白花工夫。"洪业就问她心目中的人是谁?她说:"我暂时不想告诉你。"

后来洪业与江安真熟了,有次问她:"你心目中什么人,现在可以告诉我了吧?"她说:"我现在可以告诉你,就是你老兄。"

六十多年后,洪业讲到他与江安真的婚事时,一向率直坦白的他反而含蓄起来,轻描淡写地便抹过去了。他仅提到他患上西班牙流行感冒,差点送了命,江安真来看护他。他们一九一九年结婚,并在纽约行了婚礼。然而洪业逝世后,我们在他遗下的文件中,发现他们行了两次婚礼。有一张结婚证书是弗吉尼亚州一个长老会牧师署名的,日期是一九一九年三月五日。另有一张很精致的寄往亲友的卡片,宣布他们在一九二一年一月廿二日在纽约成婚。洪家大女儿与二女儿的出生日期为一九一九年七月十二日与一九二一年七月五日。这些文件提供的资料,显示他们的长女,英文以洪业的"美国姐姐"璐得(Ruth)为名的霭莲,在他们弗吉尼亚州婚礼后四个月出生;英文以克劳福德夫人歌特鲁德（Gertrude）为名的霭梅，则在纽约宣布结婚五个多月后出生。

用今天的眼光看，这没有什么了不起，尤其是当事人事后建立了一个正常家庭，更无可微言。但在当年，这一连串的事情，很可能在他们两人的生活上形成一种阴影，产生了或多或少的罪恶感、忧虑及羞耻。洪业与江安真对这件事如何处置的详细情景，我们不清楚，但江安真对母校维顿女子大学报告生活近况时，指霭莲是洪家收养的一个孤儿。

8 转捩点

于是，一九一九年二十六岁的洪业，便在他自己周围划了一条界线，限定了自己以后一生努力与活动的范围。

洪业决定不做牧师，与他的婚事也许很有关系；很多年之后，他写了一部小说，小说中的男主人公为了一个女人而离开神职，后半生效劳于国家。然而，洪业在一九七八年回忆到他生平的这一段时，强调的是他理智上的觉醒，与对教会的幻灭。

洪业一九一八年发表了一篇长文，题为《失败者》，刊登在《留美青年》上，他讨论三个生平被人认为《失败者》的历史人物：中国的孔丘，是个私生子，一生郁郁不乐，被人骂为"丧家狗"；希腊的苏格拉底，被人诬告腐化学生，被迫服毒药而死；犹太国的耶稣，与犯人一起被钉十字架。他们生时受尽非议，死后却影响长远。洪业生长在孔子思想所塑造出的社会里，刚踏入西方社会，深受苏格拉底与耶稣的影响；《失败者》一文，可说是洪业早年融会中西思想的一种尝试。他以后写了不少向西洋人解释中国人观点，向中国人解释西洋人观点，及探讨基督教在现代社会所应担负的角色的文章。

我们可以进一步大胆地推测,这一篇文章也许对洪业本人另有重大的意义,即是他决意放弃追求个人名利的一个转捩点。洪业对个人野心一向抱着矛盾的心理;那时候中国百废待举,生在那时代有最起码抱负的青年,都觉得有投身社会、为国服务的责任。但凭着一股热情去干时,公众利益和个人野心两者之间的界限往往是很模糊的。洪业虽从小就不断地被挑选出来做"领袖",经淘汰过程而成为"胜利者",但他因受儒家传统思想熏染而深感野心与操守是对立的。觉得显露锋芒、操纵权势,是很冒险的举动,甚至有点不道德。最后不但会危害别人,也会危害自己。他一生中好几次有机会可青云直上,大有作为,但每次都本能地往后退。在他那部未经发表的小说里,离开神职为中国效劳的主人公,仅在后台服务,不为大众所知。

洪业在研究院最感兴趣的科目是教会历史。洪业要知道基督教会本质为何。基督教从中东蔓延到欧洲、美洲,十数世纪,添上了很多原来没有的形式与内容;现在难辨何者为肌骨,何者为饰物。若要教会在中国生根,这类问题必须搞清楚。

洪业在研究院里受三位教授的影响最大:哥大的威廉·罗克韦尔(William Rockwell)与詹姆斯·哈维·鲁宾逊(James Harvey Robinson);还有联合神学院的阿瑟·库什曼·麦吉弗特(Arthur Cushman McGiffert)。

洪业说罗克韦尔替他在历史研究方法上建立了良好的基础。听罗氏讲课干燥无味,他脑子里挤满了历史里的人名、地名、日期，组织得像个电话簿那么单调而有系统；他坚持他的学生把所有参考资料分为第一手的和第二手的，每一份资料都要确定来源与日期才能加以利用，而且每一条都得有注脚。他也要学生把事实及价值分得一清二楚。事实的范围包括谁、何时、哪里、（做）什么、怎样（做）。价值的判断包括好坏、好坏的程度、利弊所在、为什么。价值判断虽因人而异，但历史家把事实筛滤过后，加以价值判断是不可躲避的责任。历史家得承认自己是主观的，但却又要尽量持客观的态度。历史家必须以严谨的态度、使用正确的方法研究历史，才能对人类知识的累积有点贡献，洪业回顾他当年思想的酝酿，有这样的叙述：

> 他令我想到一个人价值观的形成，可以说是很偶然碰巧的；然而人之所以异于禽兽，也仅是因人有价值观。我记得小时候中国没有抽水马桶，粪便拉在大桶里，大桶挪开下面总是有一大堆蠕动着的白虫，那也是性命。那种性命何异于我的性命、我父母亲的性命呢？我想最基本的差异是我们有价值观。那些白虫会不会思想，我们不知道，但是如果那些白虫能够提出问题，有能力把事情在高低不同的价值间编排地位，又能够把虫本身在不同的价值间也编排一个地位——如果虫有这种能力的话，虫才能与人类相提并论。人怎样达到一种价值观呢？他先是反思自己在万物中的地位，他自己有何需要？有何能力？有何使命？与别人的关系如何？接

着,他把对自身所知的引申到旁人,尝试明了别人的动机与价值观,人能够集体生活便凭着这"人同此心,心同此理"之感。接着,人又探讨神明的存在。人有时候把神想象成他自己父亲,有时候把神想象成耐苦无怨的仆人,承负了人类的重担;正如法国哲学家伏尔泰说:"就算没有上帝,为了人类的好处,也得凭空捏造一个。"

鲁宾逊教授则改变了洪业对历史的观点。鲁氏写了大量的教科书,以研究西欧思想史著名。他是所谓"新历史"的有力倡导人之一,他认为以前写历史太注重政府与战事了,现在应跳出这个框框来,讨论经济、社会、文化的趋势,以及制度、风俗与政策。换句话说,历史的内容应该是叙述人民如何生活、如何思考,以及生活的典范如何逐渐转移。他主张历史家的视野应该超越地理政治界限,而以全人类的进展为背景。

洪业写硕士论文,鲁宾逊是他的指导教授。论文题目是:《"春秋左传"与其对中国史学思想的影响》。《春秋》相传是孔夫子作的,是五经之一,洪业从小诵读。可是洪业在哥大图书馆发现两本书,让自以为读了不少中国书的他自惭形秽。第一本是《四库全书总目》,即十八世纪乾隆皇帝时朝廷收集了三千四百四十八种书,所谓《四库全书》的总目录,不但列了书名、作者,还对书的来源、内容作简单的介绍与评注。哥大图书馆并没有《四库全书》,但此《总目》就多至两百余册。洪业翻了《总目》,

才知道他不但对很多关于《春秋》的著作闻所未闻，而且这些著作对《春秋》的看法分歧很大。

第二本书是《资治通鉴》，一本由战国时代到公元十世纪的中国通史。洪业以前只看过比较通行的《资治通鉴纲目》，是十二世纪宋朝学人朱熹主持编的，洪业发现《纲目》与《资治通鉴》本身很有出入，原来他半生来所受的历史教育那么狭隘而片面！

> 在学术的境界里，我完全没资格做专家，既未登堂，更谈不上入室。我像个井底之蛙，突然间从他的小世界里被赶出来，面对浩瀚大洋，只能感叹不已。

然而，对洪业放弃神职影响最大的却不是常嘲笑基督教的鲁宾逊教授，反而是在联合神学院执教的麦吉弗特。麦氏一直是名长老会牧师，他是德国著名历史家阿道夫·冯·哈纳克（Adolf von Harnack）的高足。麦氏把基督教信仰放在解剖台上，以冷静超然的态度、锋利理智的解剖刀，慢条斯理地分析。洪业记得麦氏的一个大前提是任何一个人思想都是复杂矛盾的，不能求一致。要了解一个人，我们自然想知道他有什么基本的理想，主张什么，反对什么。可是在我们剖析他言语底下的思想时，会发现他把自己所反对的很多因素吸纳到自己的思维系统里。我们还会发现他最坚强之点，也是他最脆弱之点，因为凡人都避免不了伸延过度。麦氏在课上分析基督教会的历史，指出教会与欧美世俗社会怎样互受影响，以致后来难舍难分。洪业一直以为基督教的教会信条是基督徒为表明共同信仰,以留传世代子孙而规立的;麦氏却说教会信条规立的用意,原本是为排斥异己。他把教会信条不留情面地一条条分别追索到对某一异端的镇压。教会历史一经这样诠释后,教会便有点可憎可怕。洪业对基督教基本信仰虽忠心不渝,但成为牧师这念头便逐渐转移了。

当洪业正在纽约徘徊于学术与宗教问题的时候,地球另一边的政治局势也不断地变动,最后冲击到遥远的他。洪业一九一五年离开中国后,中国幼嫩的共和国经不起摧残,恢复短短六个月的帝制,又分裂瓦解;政权大多掌握在各拥军队的军阀手中,北京所谓的中央政府虽徒具形式,但对外仍代表中国人民,而在一九一七年加入第一次世界大战协约国一边。一九一八年德国战败,中国人民欢呼雀跃,以为一八九八年被德国人攫取的山东半岛可得归还了。可是一九一九年的巴黎和会揭露英、法、意三国曾与日本秘密协议,支持日本承继德国在中国的权益。同时揭露:某些中国军阀曾秘密跟日本贷款,把山东的铁路抵押给日本。美国威尔逊总统为要迅速完成"凡尔赛和约",进一步讨论他提倡的国际联盟,不多加思索便对这些秘密条约表示赞同。中国人知道了非常气愤。一九一九年五月四日,学生为反帝国主义、反汉奸到街上示威游行,广受新知识分子和商人的支持。这所谓的"五四事件"发展成"五四运动",牵动了中国文化、社会、政治及经济的大转变。在纽约的中国学生对巴黎和会的协议情形自然也很愤怒。和会中国代表取道美洲回国,经过纽约时引起很大的反响,大家都觉得有向美国人游说的责任,要设法让美国国会把和约驳回，并主张美国不加入国际联盟。

从一九一九年到威尔逊总统一九二〇年十一月落选之间，我至少演说过一百次：扶轮社（Rotary Clubs）、同济会（Kiwanis Clubs）、缝纫妇女会（ladies sewing circles），什么地方有人肯听，我就去讲。我有篇演说好像很有效，因此常用。我先告诉听众我很钦佩威尔逊总统，他是个学者，是历史上罕见的学者兼政治家。但是他应该遵守自己的原则才对，他提出的十四点中有一个原则是人民自决。那山东半岛上的中国人应该有权决定自己的政府，不应该把他们的命运交到日本人手中。威尔逊另一个原则是公开外交，我告诉听众，日本与英国、日本与法国、日本与意大利，分别秘密立约，然后联合起来欺蒙威尔逊总统，他们等到他累了以后与他讨价还价，他便背叛了自己的原则。我说："失之毫厘，差之千里。"现在美国国会得决定要不要认可和约，要不要加入国际联盟；我本身在美国做客，照理说不应参与意见，但在座诸位知道我的观点：我若是美国人的话，绝对也会这样去想。

我用一个小故事结束我的讲词：有个很可爱的主日学校（Sunday school）女教师，要班上每个学生都做个好基督徒，死了都上天堂。为了向学生形容天堂多好，她说天堂没有人打架，没有毒蛇，只有好东西。她讲完学生都听呆了。她就问："孩子们，你们谁要上天堂，请举起手来。"全班都举起手来，只有个小詹尼坐在那儿不动。女教师不遗余力地再说一次，把天堂形容得更美，说又有好东西看，又有好东西吃，讲完了又问："孩子们，谁要进天堂，举起手来。"但小詹尼仍然不动。于是那女老师便把课解散了，把詹尼留下来，问他：

"詹尼，我告诉你们天堂的事，你明白吗？"

"明白。"

"你不说天堂好吗？"

"好。"

"詹尼，你不想到天堂去吗？"

"想。"

"那么，你为什么不举手呢？"

"我想去天堂，但不要跟他们那伙儿人一起去。"

我讲完这故事，大家哄笑拍手，我便对听众说国际联盟虽好，但不该跟那伙儿人同去。

一九二〇年学年快结束时，洪业对教会暧昧的态度与他高昂的爱国热情，几种因素混合发生了化学作用。他做了一连串颇强烈的举动，决定了他以后大半生的取向。他在一九七八年对这些事情仍然记忆犹新，讲到时情感激动，声音都有点沙哑了：

美以美会每四年开一次大会，全世界都选代表来，以订立教会规则及选举主教。选举主教的程序和美国两党选举总统候选人一样。一九二〇年那年，大会在爱荷华州得梅因（Des Moines）市举行，克劳福德会议未结束就先离开，路经纽约要到他麻州海边的别墅去看妻女。他在纽约对我说："你知不知道你的老师拉尔夫·沃德也是主教候选人，但恐怕他无望当选。第一回投票时他只差几票便选上了，但每次再投票，他的票数都渐渐减少。我们在此说话时，他恐怕已退出了。"

我们两个人一起吃了晚饭，我回到宿舍后心里却忐忑不安，沃德为什么不够票呢？票数为什么每次减少呢？一定是有原因的，我便默默祈祷。我回想到我在福州时，沃德请我们到他家里吃他自己做的中国饭，还告诉我们中国面临瓜分。是的，我对自己说，沃德应该当主教，因为他一心一意要栽培中国人。我又想：对了，也许就因为这个原因别人才反对他。我想到很多外国传教士口里说要教会栽培中国领导人，但总是说要"慢慢地"。

我越祈祷，就越感觉上帝对我说："背起十字架跟从我。"我马上决定，我虽然不是大会代表也要去。从福州来的人很多都认识我，有些本来就相识，有些读过我的文章，听过我讲道或当翻译。我第二天跟学校院长讨论这问题，我说我觉得应该去，但还有一门课要考试，院长就安排我把考卷带走，在火车上答题，寄回学校。

我到得梅因时已是深夜,那天天气阴冷,我叫了部计程车到得梅因大旅馆,即大会会址去。旅馆楼下门厅空荡荡地,大多数人都上床睡觉了。伙计告诉我客房住满了,我就问他有没有别的旅馆,我可以去试试。他说全得梅因的旅馆都住满了,"除非有人肯与你合住。"我说夜已深,不知到哪儿去找人合住,能不能替我随便搭张床呢?他说那是违规的。可是正在这当儿,柜台后另一个伙计突然吃吃地笑着把头一个家伙的衣袖拉一拉,又在他耳边低语。头一个家伙便对我说:"对啦!我刚才忘记了,我们还有一个房间,但我相信你一定不会要,是新婚套房,因为房价一天二十元,所以没人要。"

那房价比普通房高出三倍,可是我向他要了。我离开纽约前把银行存款都领了出来。

那是我平生唯一一次在旅馆的新婚套房过夜。套房有一房一厅。我搬了进去后便跪在地上祈祷:"上帝啊!我花了好多钱,现在应怎么办呢?"我打定主意,便打了个电话下楼:

"我能不能在房里叫早餐呢?"

"当然可以。"

"可不可以供应几个人的早餐?"

"行呀!"

"能不能搬张大桌子上来呢?"

都没有问题。我便下楼弄到一张大会代表的名单，找到中国来的代表，有二十来个，马上打电话去，他们都不在旅馆里下榻，太贵了，而是分住在男青年会和女青年会。

美以美会里地位最高的是主教，下面便是牧师，但有些牧师做长了便叫监督牧师，因为他们有监督别的牧师的责任。我打电话给年长的余监督牧师，他听说我在得梅因，还住那里很贵的旅馆，非常惊讶。我问他沃德选举主教是不是得票一天比一天少？现在情形怎样？他说沃德看样子一两天内就得退出了。

我问说："怎么一回事呢？我们是熟人，你告诉我，你赞不赞成他做主教？"

他说他赞成沃德做主教，但没办法逆流而上，我就请他告诉所有的中国人代表第二天早晨来我旅馆吃早餐，他说："你疯了，那地方好贵啊！"

我叫他不要担心这个，又打电话去女青年会。

所有的中国人代表都来了，有北方来的，也有南方来的。他们都赞成沃德做主教，但说那些传教士大都是他们的老师，叫他们不要选沃德。他们告诉我最反对沃德的，还是个在中国五十多年的女传教士。所有的传教士，包括我的老师高智先生，都认为沃德太激进，对提升中国人这事操之过急。

我就说："大家对沃德的人格、信仰或能力都认为没有问题,问题是他主张提升中国人。而且连反对他的人原则上也不反对中国教会应由中国人领导,可是他们强调要慢慢来。所谓慢慢来,就是不要中国人做主教,连在中国人一边的主教也不行。"

我讲到这里,听见有人扑哧一笑,低声说:"洪业在为自己铺路。"

就在听见这人偷笑的一刹那,我下定了主意,永远不受圣职。在那一年内我生命已有几个大转变,而在那一刹那我又下了一些很重要的决心,我内心喊叫说:"神啊!感谢你显昭我。"我在外面没有什么表示,仍大声说:

"那完全是政治手腕,在教会里我们应该按照神的意旨而行。我们大家同意沃德迟早应该成主教。我们同意的原因不是因为我们自己希望有一天成主教,而是因为中国教会依赖外国传教士一天,就一天不能成真正的教会。我们得有点行动。我们现在并不要求马上有中国人做主教,对吗?那是慢慢来的呀,对吗?显然这些传教士是我们的老师,高先生是我自己的老师,但孔夫子有句话说:'当仁不让于师'。这件事情我们不能为尊师而草草决定。"

我看到他们都同意我的话,便说:"不管沃德选不选得上主教,我们不能让人家说中国基督徒在这重要开头背叛了我们的朋友。"

他们异口同声向洪弟兄道谢，他们不知道洪弟兄为这件事牺牲了多少。

我劝他们游说别的代表，请他们也投沃德一票，传教士们问的话，便照实说。余牧师带领我们祈祷后他们才散去。

我既不是大会代表，便坐在会场楼上边座观看，俯观底下与会的代表。蓦然发现大半的头顶是秃的，像一湖月光。我暗自说："这个教会若不能吸引一些较年轻的人，就没有前途了。"

沃德的票数果然上升，但另一个代表得到了多数票当选了主教；可是四年后，沃德选上了主教，又过了几次大会，美以美会选出了第一个中国人主教陈元龙（又名陈文渊）。他以前在福州鹤龄英华书院是我的对手。

洪业回顾一九一九年所做的种种决定时说：

我当时对我自己定下了几个原则，归纳起来可以说是三有与三不。三不是什么呢？我一生对三方面很有兴趣，我对怎样统治人民、造益国家这些问题很有兴趣，但官场险恶，投身政治不时要作妥协，有时损伤到自己所爱的人，所以我决心不做政府官员。我对宗教很有兴趣，但教会与宗教是两回事，教会如面孔，宗教若笑容，要笑容可爱，面孔得保持干净，我既不能洗擦面孔的污点，便决心不做牧师。我对教育有兴趣，但教育的行政工作类似官场，要奉承有钱有势的人，所以我可以做教员而不做校长。三有是什么呢？第一是有为，第二是有守，第三是有趣。这三有是相辅相成的。一个有抱负的人常为了急于达到目标而牺牲了原则，所以得划清界限有所不为，这叫"有守"；但有守的人常枯燥无味，要懂得享受人生自然的乐趣，所以要"有趣"；但最有趣的人是诗人、艺术家，他们大多不愿负责任，罔视于社会福利，所以要"有为"；在这三个"有"之间得保持平衡。

于是，一九一九年二十六岁的洪业，便在他自己周围划了一条界线，限定了自己以后一生努力与活动的范围。

9　巡回演说

不久司徒雷登果然来到,他和洪业一见如故,两人对基督教、对教育、对中国的看法都吻合。洪业便被聘为燕京大学教会历史助理教授。

洪业于一九一九年在哥大完成了他的历史硕士课程，一九二〇年毕业于联合神学院，开始攻读历史博士学位，但始终没念完。有一次他为反对威尔逊总统演讲，讲完下台，听众中有人上来和洪业搭讪，对洪业说他的演说有多么好，既引人入胜，又有说服力，何不以此为职业，益己益人。他说美国有不少演说局，替演说家做经纪。洪业便写信到一家叫"演讲厅"（Lyceum）的组织机构，当他在宾州一个小城演说时，这个公司的主管人便来听，听完和洪业立下合同。

于是洪业开始巡回演说的一段生涯，从美国东岸到西岸，北部、南部，走了不少地方，演讲场所包括扶轮社、共济会会所、基督教堂、犹太教堂、大学等等。洪业身材高挑，举止斯文，一口优美的英文，谈笑风生，无论在什么场合都引人瞩目。

下面节录一些关于他演说的报道：

> 他讲完以后，扶轮社全体听众站起来鼓掌。洪先生屡次点头致谢，掌声仍不停。那热烈的场面在纽堡是罕见的，他以后若再来，演说一定广受欢迎。（纽约州纽堡《日报》）

> 他英文不但极其流利，而且遣词丰富，辨识过人，他既充满智慧，却又不脱离现实；既思想锐利，却又洋溢着幽默感；充分表现他对人对事不寻常的洞察力与判断力。（麻州波士顿《公理会员报》）

> 洪教授今晨在礼堂结束他的"地平线"演讲系列……他的讲演好极了，全体学生站起来热烈鼓掌。历来有不少演说家、教师、艺人光临迪波大学，但他们之中没有人比这位自中国来的伟大教师更值得我们的赞赏。（印第安纳州格林卡斯尔《旗帜》）

夏季里，洪业便为肖托夸（Chautauqua）服务。这个团体每年夏季在美国各地组织长达一周的娱乐及教育活动。洪业说：

> 肖托夸运动对美国后来所谓的成人教育很有贡献。那个时候收音机、电视都还没有发明。肖托夸派人与小镇上的牧师或商会会长联络，说"我们计划某一个星期来你们镇上，预算全周费用，一共五千元，你们能不能替我们保证五千五百元收入呢？我们卖门票卖不足的

话，你们得补上；如果门票卖多了，剩余的钱便可拨给你们教堂或社区使用。"肖托夸的活动很受欢迎，一般地方士绅都很乐意承担这种无本生意，而且出力替肖托夸做宣传，日期到了，便有几辆卡车开到镇上搭起大棚来，向教堂借些椅凳，聘了大学生卖门票，有音乐会、戏剧、儿童戏，但节目的中心是关于国际时事、科学、伦理、宗教的各种演说。结果，肖托夸赚了钱，演说家赚了钱，大学生赚了钱，而镇上的居民得了娱乐，还多受了点教育，皆大欢喜。

肖托夸印了一份节目表给我，今天到这个镇来，明天上那个镇去，每天都有节目。有时候，我的演说取消了，我便可观赏其他的节目。我最喜欢看英国轻歌剧。我的演说为时一小时，题目为中国语言、风俗、历史。开始时每星期薪水是八十五元，后来名望高了，薪水升到一个星期一百八十五元。

在一九二一年到一九二二年这两年间，洪业还在美以美外国差派会兼职为学生书记。他的责任主要是与全美国各大学的中国基督徒保持联络，还负责组织在美国美以美教会百周年纪念世界展览会的中国展览。这展览会一九二一年在俄亥俄州哥伦布市举行。洪业得到一笔颇大的旅行预算费用金，便请艺术家严修把展览会最大的会馆栋梁上都画上龙，并用水泥捏了个巨型菩萨；又请戏剧家洪深编排游艺节目。中国会馆里还卖水饺、各种中国点心、手工艺品、丝绸等。三个月的展览牵动了一百多个中国男女学生,有些是基督徒,有些不是。那年夏天,数十万美国人在俄亥俄州窥视到中国的另一面。

洪业在美国巡回演说时,妻女留在离纽约市不远的长岛住,而他三弟洪绅在纽约州的伦塞勒理工学院(Rensselaser Polytechnic Institute)读书。所以洪业不久便回纽约一次,但他绝大部分时间都在旅途中,踏遍美国大小市镇。二十年代的美国还没有收音机、电视等大众传播媒介,也没有推销全国产品的超级市场;那时候教堂还是一般美国人的生活活动中心,牧师广受尊敬,而政府正严格执行禁酒令;二十年代的美国经济很蓬勃,汽车刚开始通行,商人试验各种广告技巧,很多人发了股票财;洪业的朋友红毛公的早餐谷食生意做得很好,他把公司卖了,赚一大笔钱后买了一家电钟制造厂,又再赚了一大笔钱。但二十年代的美国也是阶级偏见与种族歧视很深的一个社会。把黑人私刑残酷处死的事件屡见不鲜,如有种族暴动或工人罢工,政府即用强力镇压。一般美国人对中国人误解也很多。有些以为中国人皆是低声下气搞洗衣店的,有些则以中国人为"黄祸"。洪业面临这些偏见,觉得又好笑又好气,就用英文写了本小册子,题为《互相了解》(Get Acquainted),以望纠正一般美国人对中国的误解,纽约中国社于一九二一年出版了这本小册子。

洪业在旅途中有空便看书,看了很多当代美国社会评论家的著作。他在一个镇上多勾留几天的话,就找机会去访图书馆。他很羡慕美国大众可随意翻阅各种参考工具,如百科全书、索引、地图、统计表、年表、族谱……，在中国这些都是很难看到的。中国没有这些工具，要提高知识水准，必定困难重重。洪业特地访问了《读者文摘期刊指导》的创办人，去研究怎样组织这类的刊物，也到美国国会图书馆去考察该处中文书如何编目。

一九二一年华盛顿海军裁军会议开始时，纽约的中国社安排了一些在美国居领导地位的中国人谒见哈丁总统（Warren Harding），洪业与哈丁总统握了手。他心里觉得很矛盾，因为他为了山东半岛的事到处游说反对他私底下很钦佩的威尔逊连任，结果洪业公开拥护但私底下顶讨厌的政客哈丁当选了。洪业对威尔逊及哈丁的矛盾心理与他以后对美国政治的倾向是一致的。他因为不愿意看到传统的价值思想被人不经考虑便遗弃，所以常向保守派看齐；但他从来不赞同保守派以私人钱财为神圣不可侵犯那种想法。世界各地有钱人挥霍无度，穷人饥寒交迫，洪业认为这不是天经地义的事，觉得应该革命。而美国保守的共和党一向是比民主党支持中国，洪业对美国政治的观点更加错综复杂了。

一九二二年，洪业接到刘廷芳自北京写来的信，刘君在一所刚创立不久的基督教大学任教。他兴奋地告诉洪业，该校的校长——刘君多年的良师益友——司徒雷登（John Leighton Stuart），将到美国来一趟，并要亲自去访问洪业，聘他做该校教员。刘廷芳劝洪业回中国与他同心齐力把这所大学搞好。不久司徒雷登果然来到，他和洪业一见如故，两人对基督教、对教育、对中国的看法都不谋而合。洪业便被聘为燕京大学教会历史学助理教授，但他同时答应在美国多留一年，帮助燕京大学副校长路思义（Henry Winter Luce）为学校募款。

燕京大学的成立原本出自贝赐福主教的一个理想。当时北京附近有好几家传教士办的学校与书院，贝赐福主教深感北京应该有所完备的大学，培育新一代的中国精英基督徒为基督教、为中国服务。一九一一年，他召集了美国与英国各宗派的教会代表，说服他们原则上决定把现有的学校与书院合并成一所基督教大学。他那天在日记上写道：

> 我们从历史的教训以及自身的经验上都明了宗派各自为家是内耗极大而贻害无穷的。我经过祈祷及深思后，决定靠着信心进行，在三月二十五日这一天，在……各教会代表参与的会上，我提出合并各教会学校成为一个联合基督教大学的议案顺利通过。我们今天这一举不知是掀开了历史光荣的一页，还是在历史书上涂了个污点。

合并的原则虽通过，协议的过程却是冗长的，各宗派都不甘示弱，到了一九一九年一月，贝赐福主教死前几个月，合并的程序才完全解决。这新建立的大学在纽约要成立一个理事会，会员包括各宗派的代表、慈善家、巨商，人事的调动及学校经费都得经此理事会批准，在北京则另有董事会监督校政。

司徒雷登新上任做燕京大学校长时，学校的设备简陋、师资及学生的程度都很差，经费短绌，而理事会各理事只顾着自己宗派的权益。司徒雷登着手找地方盖新校舍,而且请一位有募款经验的传教士路思义来做副校长。

路思义原先得到一个叫世界宗派联合运动的基督教团体应诺以巨款支持。但这个团体不久就垮了。洪业在一九七八年回顾说:

> 我昨天晚上正在想这个问题,为什么这团体突然垮了呢?无论怎样,美国的大教堂是靠资本家的财力撑住的。资本家也许也有很单纯的基督徒动机,但不能不顾自己权益。那时候钢铁工人有很长一段时间罢工,劳资双方的关系闹得很恶劣,我想大概是因为资本家见教会人士同情钢铁工人,便把世界宗派联合运动的财政支持撤回,那团体便垮了。(洪业指的是一九一九年美国三十五万钢铁工人罢工,政府与资方强力镇压,十八人丧亡一事。作者注。)

于是路思义便得另觅款项,带了洪业到处募捐。每到一处,洪业便先演说,讲中国文化、中国语言、中国在历史上的地位等等。他讲完了,路思义便要求听众捐钱资助北京这新设的基督教大学。洪业笑说:

> 换句话说,我是在街头演戏的猴子,路思义是拉着手风琴,等猴子演完戏向观众要钱的乞丐。

他又说:

路思义是怎样的一个人呢？《圣经》里有个故事，关于一个叫纳撒尼尔（Nathaniel）的人。有一天纳撒尼尔来找耶稣，耶稣看到他就说："来了一个完全无诡计的真正以色列人。"我每逢读圣经看到这里，就想到路思义。他长得很高，比我高一点，端正的脸上总是和蔼地微笑着。他那么认真，那么虔诚，又那么天真，有时看过去像个老孩童。我演讲完了，他便站起来说："我代表一个在国际人士管理下的优秀大学，这所大学设在全世界最新的共和国，也是人数最多的国家的首都里。你们若捐钱给这大学，便在这大学有股份。"听众相信他的话，因为他很显然是个诚实的人。

在我们的旅途中，他为了替燕大省钱，总是在旅馆只订一个房间，我们分睡两张床。我一定带了一大堆书，看半个小时书才睡觉；路思义则早睡，他用我不看的书筑成个小墙挡住我的灯光入睡。他一早就醒了，因怕吵醒我所以不起床。从床边纸盒子里拿出一些五寸长三寸宽的卡片慢慢整理。那些卡片是可能捐款人的档案，他把这些叫"我亲爱的老太太们"（因为捐款人大多是老太太）。他把卡片分成一堆一堆，这一堆是匹兹堡的，那一堆是费城的；今天要见这些人，明天见那些人。他每天早晨都费一个半小时的光景静悄悄地整理这些卡片。

我说我是猴子，我年轻时真是像猴子，淘气得很，喜欢逗他玩。我提议我们去看场电影，他为了让我高兴，答应陪我去。吃晚饭时，他看了菜单，总是找最便宜的吃，这往往是一盘炒蛋。点完了就问我要什么？我也不好意思叫贵的吃，只好也要盘炒蛋。我们一边吃他便一边看表："该走了吧？"我就说："路思义博士，等一会儿，我们还没喝咖啡，跟着还有点心。"我就故意拖延着，进到电影院电影已经开演五分多钟了。他就会看得摸不着边际。问："这个人跟那个人的关系如何呢？"我就有机会卖弄小聪明了，向他解释这个人大概是女孩子的哥哥，而那个人是爸爸，我往往猜对，他就称赞我脑筋快，我就开心极了。路这个人有条有理，像个时钟一样，我年纪轻，占便宜。

可是他很爱我，又喜欢把他儿子写给他的信读给我听。那时候他的儿子和耶鲁大学两个同学正要办一份周刊。他们的主意是既然自己不够资本，请不起通讯员，便把各日报的新闻改写了，不会被控告剽窃就行了。而在改写中他们又加上一些大学生的俏皮幽默，让人看了觉得有趣。我对路说："你的儿子发现金矿了。"他就写信给儿子，说我年轻的朋友威廉洪如此这般说。后来小鲁斯成了大出版家。我到纽约洛克菲勒中心时代生活杂志大楼去找他，他总是说："威廉你快过来，那些日子你对我的支持真得力。"

路思义与洪业向人要求捐献一件活的礼物,即一家基督教大学给中国。一年半之间募得两百万美元左右,作燕大建筑校舍之用。底特律市第一美以美教堂的一位教友见到像洪业这样的人才愿意回中国教书,很受感动,捐出七千美元特为洪家在校园里盖一间舒适的房子用。

一九二三年八月的一天,距洪业第一次离开福州渡洋刚好八年零一日。他携着妻女上船重渡太平洋回中国。他与洪夫人这次回中国是带着几分忧惧的。洪夫人虽然生在广东,但自幼在夏威夷长大,只会讲几句客家话,国语完全不懂。洪业在美国八年了,成年后可说大半生活在美国,习惯了美国的生活与思想方式,对中国反而有点陌生起来;何况他在中国只住过福建山东等偏远的省份,他离开后中国又历经几度剧变,现在神州是土匪流窜、军阀横行的地方,他有时候甚至觉得自己在美国社会比在中国社会更安心自在。

当他们乘的轮船驶入日本神户海港时,见到的是一幅很恐怖的画面:一九二三年日本的大地震数日前刚发生,港口上的汽油槽都着了火在滚滚沸腾地燃烧着,海面上漂浮着无数小船,每只船满载着惊惶无措的人,他们都趋向轮船求救。轮船的水手援救了一千四百多人上船。这触目惊心的镜头对洪业来说好像象征着挣扎求援的亚洲民众,而他与人同乘的西式轮船容量实在太小了,救不了太多的人。

10 归国学人

大多数与洪业同时回国的欧美留学生,回国后便把在外国形成的态度及习惯,像一件不合时尚的外套一样,遗弃在后了。

洪业初到北京时,燕京大学还没有建造在西郊的新校舍。课堂分布在城里盔甲厂的几栋旧楼里,全校有三百三十六个男生,九十四个女生,教员中五十二个是外国传教士,其余二十八个是中国人。

洪家第一个月暂住在校长司徒雷登与他的母亲住的房子里。其后三年与两家美国传教士分住一个老式四合院,门牌是毛家湾五号。四合院里有块空地,洪业马上把它铺成了水泥网球场。

当时中国社会正在激变中,游离在空气中的各式各样的理论、价值、心态、思想实在太多了。与其他的中国知识分子一样,他必须在其间加以选择,找到自我人格结晶的核心。大多数与他同时回国的欧美留学生,回国后便把在外国形成的态度及习惯,像一件不合时尚的外套一样,遗弃在身后了。国内排洋之风相当猛烈,这大概是最方便的方法;但洪业有意识地决意不否定他在美国形成的价值观、习惯及思考方式。而且他在生活上也强调这个抉择,建筑网球场就是个例子。他坚持燕京大学付他与外国教员同等的薪水,这薪水不多,但比一般中国教员高。他加入共济会及北京扶轮社,他成为美国大学会的会长,他来往最密的朋友都是欧美人士或其他留学生。

对在美国长大的洪夫人,适应二十年代的中国社会可不容易。政局之动荡让她焦虑不安,一般人民的贫困窘迫与富人的挥霍无度,都让她惊骇不已。刚刚学普通话的她,每天就得与无知的佣人及精明的商人打交道,讨价还价。她凡事只尽量以最合理的方式解决。

在一封一九二三年十二月一号写给克劳福德家的信上,洪夫人对她在北京的生活有下面的描述:

> 在中国的生活比在美国复杂多了,几天前煨莲与我跟两个朋友一齐在城墙上散步,这是在北京散步的好地方。我们到了哈德门(即崇文门)的时候,两位朋友都被禁止前进,因为他们穿的是中式服装,从哈德门至前门之间的一段,只要是外国人,不论好坏,与穿西装的中国人都可以走,但穿中式服装的人就不准进。一个法国醉汉可做出很丑的事而只有法国政府代表可处罚他。我们看到一个外国人猛力捆一个苦力,苦力用手抚摸他受伤的脸静静地溜走了。在中国的西洋人对中国人的虐待是在美国闻所未闻的。

> 上礼拜我们被邀去吃晚饭，那菜肴的丰盛讲究，在美国只有大富豪才能请得起。光是葡萄酒就有五种，可见在此的外国人及高级华人生活不简单。一些我们以为生活应该简朴的人请吃下午茶时，也不惜所费。
>
> 我们在这里的生活却是比以前更简单了。逆流而上是不容易的，但我的方法试了几次看样子可行得通：有外国人来吃饭的时候，我就预备几款实惠的中菜用西餐吃法，不把菜放在中间让客人任意拣，而是把菜盘绕桌子让客人轮流拿取。人少的话煨莲与我就把菜逐一放在客人的盘子上，末了来个精致的中国点心。有中国人来吃饭就吃西餐，五道菜加上咖啡。中国人吃得很高兴而忘了只有几道菜，而不是十六道或二十七道，刘廷芳不明白我们怎敢请要人吃那么简单的菜。

洪业在燕京教了几门历史与宗教的课，他也是历史系代理主任。他对他在燕京的第一年有下面的一段回忆：

> 燕京最美好的一面就是大多数的传教士及一些中国教授对学校的前途比对自己的名利重视。我到达之前，历史系主任也是系里唯一的教授是菲利普·德·瓦尔加斯（Philippe de Vargas），是个瑞士博士。他的中国名字叫王克私。但我还未到校之前，他已建议把我升为副教授而且要我当系主任。我们两人中应教中国历史的自然是我，但我觉得自己不够资格，便取得司徒雷登与行

政委员会的支持,支付一笔款来聘请一个真正的中国历史教授——王桐龄,可是他不肯来燕大,却推荐了一个学生,常乃惠。常乃惠来了,但我对他印象不好,他像个干瘪了的书生,头发乱七八糟,脸也不刮,长年穿一件破烂的蓝布大褂。因为他刚毕业,便聘为讲师,在宿舍分配了房间给他住。他在里面整理讲义,很少出来,我也很少理会他。我太太和我常请其他教员来吃饭,可是我不记得有没有请过他。教了一年,他大概也觉得没受到赏识,就辞职了。我也没费力气留他,心里想走了就算了。结果这是我一生中最大的遗憾之一。这个人后来成为青年党的台柱,是宪法运动中很重要的人物,又建立了新的历史学派,他是个很了不起的人,而我却错过了他!

我教一门任何学生都可选的历史课,是大家觉得好玩的课,我跟学生说:"你们在我班上可以随意睡觉,但我包你睡不着。因为:第一,我的题目很有意思;第二,我讲话很大声,你睡也睡不着。考试的时候,我不问什么人、何处、何时的问题,我要问的是如何与为什么。读历史得知道时代趋势、社会制度。如何与为什么这是汁浆,其他都是渣滓。"然后我在全班一百多个学生中,挑出几个,鼓励他们念历史方法课程。

在历史方法班上,我先要灌注他们一种历史感。第一,要他们在一周内缴出一篇作文,题目是"我是谁?"，内容包括姓什么名什么，有没有别的名字？何地人？父母在不在？干哪一行业？祖先中有没有杰出的人物？家族渊源如何？有没有族谱？在哪里保存着？第二，要他写一篇出生地的历史：何镇何市、住宅的由来如何？有没有看过地契？房子建立多久了？在家中多少年？这对文献的处理是很好的训练。往往使得学生的父母对此也有兴趣。因为很多事情是他们也不清楚的。

洪业在宗教学院教了一门欧洲宗教史，却出了件怪事。有一天上课，洪业讲耶稣去世后，门徒们的思想主要有两派，一派是以彼得为领袖，主张基督教规矩一切应按照犹太人的宗教；还有一派以保罗为领袖，要强调耶稣之后神与人新的约法，两派之间有点摩擦。第二天，洪业继续讲这个题目，可是发现学生不肯静下来听课，有些在咳嗽，有的在地上擦脚，有的在偷笑，他就生气了，告诉学生说他们的态度不良，像小孩子一样，叫他很难堪。学生中年长的一个叫吕振中的就站起来对洪业说，有个燕大过去的毕业生陈牧师教他们怎样与死人交谈，灵验得很，他们昨天晚上和彼得、保罗谈了，结果知道两人间并没有争执，洪业听了很吃惊，便请全班到他家里吃下午茶示范。二十个人就来了，他们绕着桌子围坐，桌子一条腿底下垫上破瓦，桌子就不稳了，大家先祈祷，闭上眼睛，手按在桌上，以吕振中做主，他紧张得很，汗流浃背，请陈牧师的丈母娘王太太来。洪业就问："我父亲死了多年，死的时候多少岁，能不能调查出来?"桌子就颠了，颠了四十七下，果然对。洪业问他弟弟生日哪一天，又答对了，可是洪业问明年四月一号星期几，答案查万年日历却不对，把铜板放在盒子里，问铜板正面往上的有几个，也不对。洪业便对学生讲，鬼有没有另当别论，但他相信这是心电感应。人都有潜意识，而刚才吕振中的潜意识与大家的潜意识相通，如果其中有人知道答案，这答案就得传给了吕振中，可是如果没有一个人知道答案的话，那也就只好瞎猜，所以这证明有潜意识，而不能证明有鬼。

后来吕振中把圣经重译为中文，很有成就。

除了教书外，洪业在一九二三年还致力于改进燕大图书馆，因为图书馆的中文书，除四书五经外什么都没有，英文书则差不多只限于圣经评注，很少有学术方面的书。他要知道燕大学生还有什么参考书可读，也到了当时北京唯一的公共图书馆，即京师图书馆去看，发现那里书虽多，但没有编排制度，而且馆楼破旧，由几个垂垂老矣的老头子管，好处是不要钱，而且准抄写，至少比洪业小时在济南的图书馆略胜一筹。

在北京当时找书最好的地方是琉璃厂的旧书店，那些伙计都非常客气，让客人随意观览。洪业深感燕大需要那么多基本参考书而没钱买，便想起他的阔朋友红毛公，写信提议他捐钱建立一个"索恩伯格母亲图书馆专款"，纪念他的母亲；红毛公寄了一千美元来，洪业收到乐极了，马上到琉璃厂去带了一车子的书回来。受到此鼓舞，洪业再向他其他在美国的朋友募捐，当燕大女院与燕大联合成一体的时候，洪业说服女院的院长费慕礼（Alice Frame）把两万五千美元拨出买中文书。其后，当燕大得到美国铝土矿电分离发明人霍尔遗产的一部分以后，图书馆就更有能力大量买书了。燕大图书馆后来成为中国最好的图书馆之一。

洪业星期六最喜欢叫黄包车去看燕大的新校址。校址在北京西直门外五英里，从城墙到西山的半路中，接近清华大学。地是司徒雷登选的，先在一九二〇年买到六十英亩，后来或买或租扩大至两百英亩。看过去像是个被遗弃的花园，因为这一带以前全是清朝贵族庭园的所在，满人没落了，只好把园地逐渐卖出。清华大学就建在圆明园外一个王公的花园上。洪业喜欢在假山、池塘、松树丛之间散步，他沿着水道找水源，拿了纸笔做图案，把这一带在建筑之前的风景记录下来。

他开始搜集关于这一带地方的书籍、手稿、诗词、绘画。洪业一九二八年第一篇考证的文章便是关于两块在燕大校址出土的明朝墓志铭——《明吕乾斋吕宇衡祖孙二墓志铭考》，他不但对墓志铭有所诠释，而且还查出明代其他文件提及这两人的事迹。

燕大校址的一部分原是明朝米万钟画过的勺园，洪业买到这幅画而且把画及关于勺园的文件收集在一起出版了；校址另一角落，后来用以建教员单身宿舍的地方，原来是清朝亲王奕譞的"蔚秀园"所在地，洪业对此也有文章考证。可是校园的绝大部分，是以前清朝的贪官和珅（一七五〇——一七九九）的淑春园，洪业对和珅的一生很有研究，中英文都有介绍。在这些历史气味浓厚的废墟中，崛立起崭新的宫殿式建筑物，外面是传统的青瓦檐、红栋梁、花格窗，里面却有最新式的暖气及卫生设备。很多原先的山水花草都恢复了原状。水塔巧妙地隐藏在一座优美的宝塔里。行政楼命名为贝公楼，就是纪念替洪业施洗礼的那位贝赐福主教。他也就是说服美国各教会联办燕大的人；另有栋大楼叫鲁斯楼，纪念为燕大募款的路思义，这些名字对洪业个人来说是非常亲切的。校园南边一角有栋砖砌的是洪业自己设计的洋房，园子里有亭子，客厅里有壁炉，这是专为洪家兴建的。

当洪业在旧书店、古董店流连忘返之际，常碰见教育部管文物的裘善元先生，历史博物馆在他手下，充满极有意义的物件，包括一个用来考针灸医师的铜人，铜像有无数的小洞，涂上腊，里面可注满液体，考生扎中小洞，液体便流出来。可是教育部是政府最穷的部门，这博物馆缺乏经费，没钱把它打开让公众观赏。洪业与司徒雷登相谈后得获霍尔遗产六千美元，买了玻璃柜，装修博物馆。洪业写信给埃里克·诺斯说博物馆开放头四个礼拜有十八万五千人参观，人数等于北京五分之一的市民。以后的入门费足够维持博物馆经费，而洪业与司徒雷登都成为荣誉馆员。洪业从裘善元处学到很多对古物鉴定的知识。裘善元后来向洪业推荐北京大学一位毕业生容庚到燕大执教，容庚成为一位古金石的权威，洪业一九二七年创办《燕京学报》时，便请容庚做总编辑。

一九二四年夏，洪业第一次回福州，他虽离开福州不到十年，却似乎对城里的变化不敢置信。城墙全拆下来了，高一级低一级的街道碾平了,到处都是黄包车、脚踏车,轿子变得非常罕见。他被邀到处演讲。发现各校学生都会讲国语,使他非常诧异,仅仅十年之前,他还是全校师生中唯一会讲官话的人。

他家里也经历了大变动,外祖父在洪业留美时已去世,外祖母还在,洪业带了几百个银元给她。那老宅在他外祖抱来的舅舅手中也大不如昔了。洪业探望了胖阿姨,阿姨炒米粉给他吃,那米粉令他五十年后在美国剑桥尚津津乐道不已。但单就吃的一项看,洪业的少年时代已逝不可追了。因为他那年暑假肠胃有问题,医生只准他吃牛奶吐司,所以他没回外祖母处去住,而住在一位外国朋友家中。而且当时他三弟在美国念书,四弟在燕京,五弟住在福州协和大学宿舍里,福州其实已没有家了。

从福州回北京后那一段剩余的暑假,洪业蛰居于一个朋友在北京近郊山顶的别墅里,趁着难得的闲暇,他深思怎样把中国经几千年来累积的学问挤入大学课程的框架里。他觉得把它笼统归入一个"国学系"太难令人满意了。他相信应把先人知识分为语文、数学、科学、人文四类;人文下中国文学应自成一门;而中国的考古、艺术、历史、哲学、宗教等科目都该与西方的这些科目相互结合,一起教。开学后洪业做燕大文理科主任,便有机会慢慢把这些理想付诸实施。

他在这暑假期间还思考另一个问题,就是应怎样把中国先人累积的知识组合起来,让未来的科学家、历史家及其他学者可轻易索取,中国急需一些像索引(Index)、"堪靠灯"(Concordances)的工具,而且翻检法得先改进。中国的文字不靠字母而且不遵照一定的逻辑形成，用两百一十四个部首检字甚为牵强而不方便；用音韵检字的问题是中国字同音的太多，找起来费事，而且有很多字的读音根本没法确定。洪业在美国国会图书馆看到林语堂的一本书，把中国字形分为十九类，另外也知道图书馆员很多都用"永字法"，把笔画分为九种（横、竖、左至右、右至左等），他便采用各种检字方法，玩摩几千个卡片，创立了他自己的方法，名之为"中国字庋撷法"。"庋撷"是两个古字：放进、抽出之意。洪业的方法是每一个字指定它六个数字位数，头个位数看那字形属哪一类，是"中"类，或"国"类，或"字"类，或"庋"类，或"撷"类，或"法"类。第二到第五个位数相近于王云五的四角号码，第六位数则表示这字里有几个框框。譬如"中"字就有两个框框。这方法的优点是易学易找，而且学会以后看到六个号码，就马上可想象出原字是什么形状。

同年，上海商务印书馆出版了"四角号码"字典，方法是把笔画分为十类，每类指定零至九当中的一个数字，每个字指定四个号码，就代表字形四个角落的笔画。这个方法与洪业六个位数中的四个相近，因为同是根据"永字法"演变的。王云五的四角号码虽然缺点不少，最大的缺点是同一个号码下往往有很多字，但很受大众欢迎。大量字典、辞典、参考书都用此法。王云五身任全国第一出版公司——商务印书馆——编译所所长的要职，自然也有利于推行他的检字法。然而洪业在四角号码风行后，还是坚持用自己的"中国字庋撷法"，所以燕京大学差不多所有的出版物索引都用此法，包括很多极重要的基本参考书在内；因为只有燕大使用此法，很少人学会使用，外人使用燕大出版的参考书时便很不方便。先按部首或英文拼音找到庋撷法的六个号码，才能把字查到。洪业若把庋撷法稍微修改，把六个位数中的四位改为通用的王云五四角号码，相信学者要学的话就容易多了，但洪业并没有做任何妥协，这反映出洪业性格中固执的一面。

此外，洪业把他的新检字法用两个稀见的古字命名，这两个字除非是很有学问的人否则念都念不出声，不合于一个美国归国学人的务实作风。洪业这一举，也许反映他另一种内心的矛盾，他在一般人眼中虽是个十足率直而对老法子不耐烦的摩登分子，但骨子里却充满着对旧文化依依不舍之恋情。

11 燕大教务长

洪业做教务长虽以严厉闻名,但在业务百忙之中,仍不忘从事他一生最热衷的一种活动——人才的发掘与培育。

我们今天徘徊在山水衬托有致的燕京大学校园旧址，即现在的北京大学校园时，不免为这一度曾辉煌灿烂的学府感叹不已。燕大创办人抱着美好的理想，要培养一群在中西社会都能怡然自得的精英基督徒。他们的成绩是相当可观的。燕京大学虽然在一九五二年就被关闭，燕京校友人数并不多，但对中国近代的政治、教育、学术都有很大的影响。共产党在中国取得胜利后几十年以来，大陆与台湾海峡两岸的高级外交人员中燕京校友所占比例不少；包括中国前外交部长黄华。而国际各大学里最受人尊敬的中国学者，特别是人文学科方面的，燕京校友也特别多。

三十岁的洪业做燕大文理科科长（又称教务长）时，燕大组织仍未定型，是个鲜为人知的教会学校，有三个学院：文理学院、也称为男院，归洪业管；女院，归费慕礼管；还有宗教学院，归刘廷芳管；只有宗教学院有研究生，在上则有司徒雷登掌校长大权。

因为当时女生与男生不在一起上课,而女校又离盔甲厂的总校址两英里之遥,所以一九二三年到一九二六年燕大主要是由司徒、刘、洪三人主持。刘廷芳未出国前在浙江便和司徒雷登称兄道弟,司徒雷登后来资助他到美国受高等教育;而刘廷芳与洪业是多年挚友,洪听了刘的话到纽约去上研究院,经刘的推荐到燕京任教;洪成为文理科科长,也得力于刘的援引;他们两人都敬司徒雷登如圣人,但刘、洪之间却常有摩擦;刘廷芳虽对洪业恩情重重,但洪业总觉得自己没办法对刘廷芳毫无保留地献出忠诚。

刘廷芳是个感情容易激动的人,他有他一套漫无边际包罗万象的新中国梦想。洪业到紧要关头虽然也能戏剧性地大刀阔斧地干,但他习性上是个看一步走一步、就事论事的人。洪夫人极不喜欢刘廷芳,也是使他们有隔阂的原因。刘廷芳身材短矮,留长头发,鼻喉敏感、经年咳嗽,洪夫人处处都看不顺眼,而且觉得刘廷芳老是找机会抬捧自己。

> 有一次我们私下讲话,安真就说:"廷芳像个老鼠一样,到处窜,以后我们叫他耗子好了。"于是我们私底下就谑称他为耗子。有一天廷芳来找我们,我们大女儿霭莲那时才四岁,就大叫:"妈妈,耗子来了!"我们羞惭得无地可容。

洪业和刘廷芳争执的事是有一致性的,他们第一次公开争辩的原因是刘廷芳提议他们的兄弟会"十字架与宝剑"与成立较久的"大卫和约拿单"结合，洪业怕结合后兄弟会成为会员升官晋爵的门径而反对他；在燕京，刘廷芳在教员会议提议燕大颁发荣誉学位，洪业极其反对，秘密投票结果，洪业胜利。刘廷芳气得跺脚走出去，把门砰的一声关上。一九二五年孙中山死后，刘廷芳东奔西走游说让他以基督教礼仪下葬，洪业觉得孙中山年轻时虽是基督徒，但后来发妻还在就另娶表示他已不遵守教义了，何必多此一举？刘廷芳善于塑造形象，多方设法把中国基督教会拴在政治势力的快马上，是洪业不敢也不屑为的。刘廷芳于一九三〇年代离开燕京大学到南京政府当立法委员去了。

话虽如此，洪刘两人对很多事物基本上有默契，经他们的坚持，燕京不再强迫学生上崇拜会，他们举的理由是宗教信仰是活的，各种活物不自由便不能成长。有刘做后盾，洪业便放心用快刀斩乱麻的手段提高燕大的学术水准。他在很短的时期内把预科取消，替文理科创办了研究院。他深知燕京大学要在国内大学间立足，非把中文系办好不可，便把教中文的几个懵懂教师一块儿辞掉，重新聘请资历高深的教授。他定了规矩，学生成绩平均不够乙等的话，就得退学；实施第一年四百多个学生中有九十三个被迫退学。以后学生数目维持在八百人左右，入学竞争非常激烈。

> 我定了规矩说平均成绩不够乙等的话就得退学，便有许多人来替子女求情，我总是说一个人没受大学教育

的话，还可从商做生意，受了大学教育，他就觉得从商是降低自己的身份，如果成绩不好的学生留在学校继续读书的话，以后会成个对自己对社会都无用的人。

洪业与一般和他同时受西方教育的学者一样，没有完全摆脱儒家反对士人从商的禁忌，他理想的新中国里并没有受高深教育、明大理、有地位的商人阶级，这根深蒂固的禁忌也许是他们所建的教育制度的偏差之一。

徐兆镛在一九七三年《燕京校友通讯》一篇以英文写的文章里，描绘申请入燕京而经洪业亲自口试是怎么一回事：

> ……最难过的是洪博士那一关，你进他办公室后便战战兢兢地站在他书桌前呈上你的申请表。他小心审查你的卡片，把你从头到脚扫视一遍，然后问你几个难题。他对学生从不讲中国话，而用洪亮的声音讲英语。英语不好的学生吓得直发抖、淌汗，结结巴巴地回答他。如果千幸万幸得到洪博士在卡片上签了名的话，才能松口气走出他的办公室。

他不是个广得学生爱戴的教务长，很多人对他不满。

> 他们说我是冒牌华人，在我背后说我行的是打分主义，又叫大粪主义。幸好我有陈在新在业务上帮我忙，陈在新是早年汇文大学的毕业生，汇文大学是燕京大学的前身之一；他在哥伦比亚大学又得了数学博士。平时

不爱讲话，比我们年长些，做事很公平；他的性格和刘廷芳完全相反，常把神学院笑称为鬼学院，然后赶紧对我道歉："对不起，对不起，你也是那边的。"他是副教务长。我开始做教务长的时候，燕大还有预科，预科的学生正入青春期，喜欢捣乱，很难应付。我就请他管这些孩子。他其实宁愿静静地做学问、下棋——他有一副很精巧的象牙棋——但他出于爱心，替我去管他们，而这些孩子也都服他。有一桩事，我到现在都还不知道做得对不对。我们学生中有个傅泾波，是个很英俊、聪明伶俐的人。他的爱国心是无可置疑的，他祖上在朝廷内务府里掌管事务，耳濡目染，做人方面学得非常圆滑，处处让人服帖。他一进校马上就赢得司徒雷登的信任，后来司徒雷登与傅泾波便形影不离了。司徒雷登做美国驻华大使后，傅泾波是大使馆里唯一的中国机要秘书。司徒雷登晚年残废了，便与傅家同住，他一家人照顾司徒雷登无微不至。傅泾波有个特殊的本领，无论在任何政治局势下的重要人物，他都有办法接近。有时候是通过这要人的儿女，有时候通过姨太太，他总之有办法。他成为司徒雷登的左右手，与政府当局人员打交道尤其更缺不了他。

傅泾波对我很尊敬，但他作为学生却荒废了学业。我想大概是他二年级的时候成绩骤降，司徒雷登便来说情，对我说："你知道他脑筋是好的，让他留下吧！"我说:"好,我这次例外相容,他可得知道好歹,赶快把成绩搞好,明年他要是又不够格的话,我开除他你就没话说了。"司徒雷登说好,可是第二年他还是没搞好,我就叫他走。司徒雷登没有说什么,但我相信他为这件事而怏怏不乐。

还有不少学生被洪业以种种原因开除。洪业记得有个姓张的四年级生,家里是北京的望族,他在宿舍里叫校工烧水泡茶,校工慢了一点,等到把热水拿来时,他把整壶热水往校工身上泼去,校工受了很重的烫伤,全校哗然。洪业到医院去慰问校工,告诉他医药费全由张家负责,而且道歉说:"这学生的行为表示我们的教育有缺点。"校工说教务长来道歉固然好,但该道歉的人是姓张的学生。姓张的学生不肯去道歉,洪业便把他开除了。

洪业在燕大做教务长用以维护校誉的时间绝不比主持事务少。在二十世纪初期,基督教在中国被视为社会前进的新生力之一,有志人士趋之若鹜;然而到了一九二五年左右,反西方帝国主义、反宗教的运动如火如荼地到处掀起。基督教在中国知识分子心中已今非昔比;有好几次谣言纷飞,说激进分子马上就要来把燕京大学付之一炬,洪业与其他教授便日夜拿着木棍在校园巡逻。

"五卅惨案"发生时,燕京又遭受抨击,这时洪业可把平日不愿加入政治漩涡的习性摆在一边,挺身而出了。

一九二五年上海租界是归外国管辖的,以英国代表为主。五月三十日那天，有一群工人、学生及商人为抗议日本在上海棉织厂虐待中国工人而游行，英国巡警向游行队伍开枪杀了十一个中国人；接着，在汉口的英国与日本卫兵杀死十四个游行示威的中国人，英法军队在广东杀了五十二个中国人。全中国众愤腾腾，到处示威抗议，反基督教的运动亦跟着蔓延。在北京燕大学生也参加游行，而燕大教授发表宣言，谴责英方视人命如草芥，违反基督教义。

在燕大执教的一对美国夫妇乔治·巴伯（George Barbour）与多萝西·巴伯（Dorothy Barbour）后来把他们在中国写的书信及日记出版成书。巴伯夫人说那年六月校内学生对外国人非常怨恨，巴伯先生描述一个学生会议说：

> 他们讲到中国人被"屠杀"，激动极了……全体学生都流下眼泪来，洪教务长私下对我说，这情景像书上形容十八世纪美国的宗教奋兴会一样，他以前是难以置信的。有些学生站起来歇斯底里地大声哭，有些大喊要把燕大烧毁报仇，但洪教务长提议他们先请上海的学生代表写篇报告，讲述事情发生的经过，署上名，他将交人把它翻译成各国文字，以公之于世。但学生情绪高昂，到凌晨两点半还通过一项表决要暑假里全留在北京。洪教务长就指出他们家乡的人不知道中国发生了这些事情，有赖他们回去宣传，全场才镇静下来。

洪业回忆说：

那时候北京主要有四种报纸，中文有《晨报》和《京报》；英文早就有美国人编的《北京领袖》，有个英国人名伦诺克斯·辛普森（Lenox Simpson），替不少军阀做外国顾问，也刚办一份报纸，叫《东方日报》，听说是张作霖资助的。辛普森很聪明，他从外国进口一辆漂亮的汽车，摆在他办事处临街玻璃橱窗里，宣布有谁能替《东方日报》招到最多的订户便可赢得此汽车。在一九二五年北京汽车很稀贵，很多人便一口气订几千份帮忙这个侄儿或那个表弟，希望赢得这漂亮的汽车。所以在几个月之间，《东方日报》的销路已超过《北京领袖》。

《东方日报》每天只出版一张报纸，一面是英文的，一面是中文的，《燕京大学全体教授宣言》寄到全国报馆去，《东方日报》把它中英文的都登了。它在中文版对这宣言不表意见，在英文社论却连日大骂燕京大学，说燕大的教授把宗教与政治混淆不清，邀宠于中国暴徒。《东方日报》的读者很少中英文都懂，但燕京学生却中英文都看，便开会议要到《东方日报》办事处动武，我就和学生说："你们觉得愤怒是应该的，但何必动武呢？我有个办法比动武更有效。"

"你说说看。"

"你们如果肯等两三天的话，我将做件事情，包君满意，不过我事先不能跟你们讲，一定要突击，若非出其不意，恐怕就无效了。如果行不通，下星期《东方日报》还是对燕大不客气，那我就跟你们一起游行示威去。"

我心里有个很简单的计划，我有个《东方日报》存档，便把旧报纸拿出来，赶快把它对五卅惨案的英文社论译成中文，又把它的中文报道译成英文，并排起来，中文冠之以"异哉东方日报！"英文题为"诡诈的新闻报道"，我写了封信给《东方日报》的总编辑，要求他把中文、英文份都在适当的地方刊登出来，还在信上说："我考虑过把这两篇文章寄往《北京领袖》，但为遵照新闻界的沿习，先寄给贵报，让贵报有反驳的机会，但贵报若不愿刊登的话，我只好另谋他法。"

我马上便得到了回复："对不起，我们不能刊登你的文章，您若能来敝办公处晤谈，必有所获。"

我于是把我英文的那份送到《北京领袖》去，把中文的那份送到《京报》出版，两者都按语说《东方日报》不肯把它刊出来。后来《北京领袖》的编辑跟我说这对他们无疑是飞来之福，他把文章在头版登出，并说"燕京大学教务长洪业先把此文寄往我们的新闻同业者，但他们不肯刊出，我们有责任把它公开。"第一次把文章刊登时还故意漏了无关紧要的一句，第二天把错误指出，又把全文再刊登一次。《京报》把中文那份刊印出来了，并在社论里呼吁《东方日报》的中国员工辞职抗议。不久，中国员工都走了，外国商行觉得受骗，也不在他们报纸登广告，于是报馆便垮了。

这件事很令燕大学生鼓舞，他们发现这"冒牌华人"居然能写一手梁启超体的文言文，便开始觉得我洪煨莲也不错。

政治局势每况愈下，北京的学生呼应五卅惨案游行，结果四十七人被杀，燕大有个女生被刺刀刺死。中国共产党自一九二一年在上海成立后便扩散到全国各大城市。孙中山在世时还能在共产党与国民党间调协，他死后两方便进行严酷的斗争，并为控制青年人的思想苦战。洪业做燕大教务长，花在保释学生出狱上的时间愈来愈多。

洪业做教务长虽以严厉闻名，但在业务百忙之中，仍不忘从事他一生最热衷的一种活动——人才的发掘与培育。中国人有所谓"爱才"之说，热衷此道的人着迷的程度不逊于"爱财"的人；像个珠宝鉴赏家，发现了一枚旷世的宝石，便乐得废寝忘食，千方百计以最优良的手艺把它磨琢成功，以公之于世——洪业不时留意发掘卓越的学生，不遗余力地培育他们，又帮他们得到应有的公认地位。在他做教务长期间，碰到两个值得这样全力栽培的学生。

第一个是李崇惠，是个北京城长老会牧师的儿子。人瘦瘦的。一九二五年他是燕大学生会会长，那年第四院宿舍学生常丢东西，钱、钢笔、手表等常常不翼而飞；姓傅的舍监便来跟洪业谈，提议校方拨点钱请警察总署派两个人来。于是警察来了，李崇惠却去找洪业说："这事情不是外贼，恐怕是同学干的，如果同学间有这种事情被警察抓去，对学校名誉不好，最好把警察退除，让我们学生究查，我想不久也就水落石出了。"洪业觉得他讲得有理，便照办了，一两个星期之后，果然没有人再丢东西了。洪业就把李崇惠叫来，李就说查出来了，是个同学偷的，而赃物都归还原主了。洪业便问偷窃的学生是谁，李不肯告诉洪业，只说这个人的名字只有两三个同学知道，他一定悔改了。洪业很欣赏李崇惠的作风，解决了问题而不动声色。

第二年李毕业了，继续在校做研究生，但开学几星期后就不来了。洪业打听到他肺病很重，他住在北城，离学校相当远。洪业坐洋车到李家，那天天冷，李崇惠躺在一个小屋子里，生了火炉，煤气很重，而窗户都是纸糊的。李拼命在床上咳嗽，后来他父母也出来了，看到洪教务长来看学生很受感动，说看的是个中国大夫，大夫说崇惠营养不好，现在吃点药盼望会好。洪业想起一个西医曾对他说，中国人住的地方空气不流通，最容易传染肺病，其实不用吃药，只要不工作，吃好的、呼吸新鲜空气，把心胸打开，自然就会好，便求李家把李崇惠交给他，他将想办法让李崇惠在北京城外西山静养几个月，李家自然愿意。洪业马上打电报给他在美国的朋友红毛公，告诉他有这样值得栽培的学生，问他肯不肯帮忙？红毛公来了回电，又寄一千美元来，洪业于是叫个山轿把李崇惠和他的铺盖一起抬上西山的一个庙里，雇个人替他打扫烧饭，半年后果然完全复原了。

此后洪业与红毛公通信中常提起李崇惠的近况，红毛公又来信说他认识芝加哥一位历史教授，红毛公与他谈起李崇惠，那教授就说何不叫他来念研究院呢？可以免他的学费，又可住在他家里，因为他母亲爱中国人。洪业与李崇惠商量，李很高兴地到美国去了。他在芝加哥大学历史研究院很得教授的赞赏，但"九·一八事变"在中国发生后，他到处演讲，操劳过度，肺病复发逝世了。

第二个洪业全力栽培的学生，有相当富戏剧性的一生，他名为张文理，又叫张延哲。洪业做教务长最后一年，张文理要从福州的协和大学转学到燕京三年级，他的成绩非常之好，但入学申请表没有附带推荐书。洪打听到福州协和大学要留他，所以没有教授肯替他写推荐书。张文理告诉洪业说他要转学的原因是在福州做学生会会长，太忙了，以致不能静下来读书。洪业收他入燕大，但燕大的学生也早已知道张文理这个人，一进校便被选为燕大学生会会长。学生会本来入不敷出，张文理得到校方的准许把校内信件的传递及饭厅伙食让学生会包揽下来，非常成功，学生会经费便足了。校内人人知道张文理，校警本来在燕大全体师生中只向校长司徒雷登行礼，现在也对张文理行礼了。

洪业问张文理他毕业后计划如何，他说要回福建平和县办中学。他说："我父亲是个穷牧师，每月薪水才三十五元，我小学毕业后，县里的农人集合捐钱送我上中学，我坦白告诉你，中国的农民最受压迫了，我们需要革命，我读完书有责任回去。"

洪业问他书是不是读够了呢？他回答说不，他希望有一天能到哈佛大学去跟农业经济家托马斯·卡弗（Thomas Carver）念书，可是暂时太穷了做不到。洪业当场做了个决定，他吐露自己正在与哈佛协商，很可能第二年便到哈佛教书，问张如果他负责张的费用的话，张愿不愿意与他一道去？结果洪业除自己掏腰包外，还向司徒雷登、傅晨光（Lucius Porter）等其他燕大教授募捐，筹一笔钱，足够张文理去美国住一年，再绕道欧洲回中国的旅费。

洪业一九二七年辞去文理科科长的职位，他说：

> 我在一九二七年突然悟到，中国的教育机关正面临着极大的变动，我很多最聪明的学生加入了共产党。虽然不少人对我的努力很感激，但有股强大的暗流反对我。我那几年苦于没有时间思考，没时间看书，燕大有很多杰出的教授和学生我都没时间去接触他们，办校务对我来说牺牲太大了。我深信不搞校务我对燕京反而更有贡献，自己也比较能有成就；于是便请司徒雷登把我放走，但答应继续参与图书馆与学校规格的两种委员会。司徒雷登当然要留我，但我猜疑他心中一面也为我辞职而松了一口气，因为他有几次对我说："煨莲，这是你的决定，但我相信你这种美国办法行不通。"他觉得在中国我太美国化了，在中国办事得变通一点。

洪业最后的这句话，可从司徒雷登一九二六年三月八号写给埃里克·诺斯的信里得到印证。这信现存在亚洲基督教高等教育委员会的文档里。(诺斯早年到福州演讲,洪业曾替他口译,后来洪业又在俄亥俄州卫斯良大学选过他的课,再后来诺斯在教会里担任要职,对洪业很有帮助。)

信上是这样写的:

> 你对洪业很关心,我得让你知道这几个礼拜来有些煽动者以示威游行为威胁,要迫他下台。他为提高学校的水平而严厉执行校规,激怒很多学生。而且他自视甚高,有人便借故说他没有中国人应有的风度,是个美国化、机械化、专讲效率的霸主。洪业以前的教务长办事甚松懈随和,所以洪业不得不加倍严谨,不巧碰上中国民族主义抬头,共产党鼓动,他正首当其冲。当前的导火线,是一些跟他合不来的旧式国文老师,挑拨对洪业不满的学生,再有外边人火上加油;此地的中文报纸屡次暗示燕大这数月来表面虽异常平静,不久就会有事爆发。

司徒雷登也许对洪业的功劳不完全了解。在他的自传里他只提过洪业一次,那是关于洪业的一篇演讲。燕京大学在洪业为教务长期间,从一间默默无闻的教会学校,摇身而为全国知名的学府,成为中国知识界举足轻重的一个机构,洪业的贡献是不可磨灭的。一九五四年司徒雷登写成自传,请胡适替他作序;洪业任教务长的时候,胡适正在北京大学任教。胡适一九二二年任北大教务长,从一九三一年到一九三七年又任北大的文学院院长,亦

司行政管理之责,所以对洪业的功劳相当明了,他在为司徒雷登的自传所作的序里,对此事有所补充:

> 我在北京大学既与燕京大学为邻,对它的成长一向非常开心,我相信司徒雷登领导燕大成绩那么可观,主要有两个原因。第一,因他与同人建立这伟大的学府,一切有机会从头做起,包括校舍的设计建筑,让这中国十三个基督教大学中规模最大的学府,享有世界上最美丽的校园。第二,因燕大成为一个中国本色的大学,哈佛燕京学社成立后,燕大的本国学术表现尤其优越,这是在基督教大学中很特别的。
>
> 我趁此向燕京的中国学人致敬,特别要向洪业博士致敬;他建立燕京的中文图书馆,出版《燕京学报》,而且创办一项有用的哈佛燕京引得丛书,功劳特别大。

一九三〇年春,洪业自燕大休假一年,在美国教书,燕大教授通过决议请洪业重当教务长,洪业谢绝了。

12 哈佛燕京学社的成立

"王近仁,站起来,你不会是卖国贼,卖国贼是达官贵人才能做的,你是学生没资格卖国,你一定把自己估错了。"

燕京大学如何获得霍尔遗产的巨款，哈佛燕京学社又如何成立，是个饶有兴味的故事。

美国人查尔斯·马丁·霍尔（Charles Martin Hall）因发明用电分离铝土矿石而致富，一九一四年逝世时仍是单身汉一个，遗嘱中指定他的遗产三分之一将捐献给在亚洲或东欧巴尔干半岛英美人办的教育机构。到一九二九年，这笔钱最后分发时，市值是一千四百万美金左右。霍尔指定两人为他的遗嘱执行人，一个是美国铝业公司的总裁戴维斯，一个是该公司的律师长约翰逊。一九二一年，路思义为燕大募捐时，从霍尔遗产得到五万美元。他打听到遗产中还有好几百万得在一九二九年底以前分发，便安排司徒雷登与戴维斯会晤，他觉得自己已赢得约翰逊的信任，希望司徒雷登能说服戴维斯，再多拨一点钱给燕大。

根据洪业说，司徒雷登事后告诉他会晤的经过如下：

他们一起吃完午餐,都还没有讲到钱,等到咖啡也喝了,点心送上来的时候,戴维斯才说:"我现在只有五分钟,请你陈述实情。"司徒雷登紧张得满头大汗,赶快解释燕京为什么需要钱;话还没说一半,戴维斯截断了他说:"就告诉我你需要多少吧!"司徒雷登迟疑地提议一百万。戴维斯便说:"好吧。"司徒雷登听了十分后悔没有多要些。

同一时期,哈佛商学院院长多纳姆(Wallace Donham)跟约翰逊很熟悉,也正设法让哈佛分到这份巨款;一九二四年,戴维斯吩咐多纳姆跟司徒雷登合作,两人草拟一个合乎霍尔遗嘱规定,而又使哈佛燕京都受益的方案。哈佛福格博物馆(Fogg Museum)有个教日本与中国艺术的馆员,便主张建立一个哈佛东方学社,在北京设立实地侦察所。这位叫华纳的馆员在日本念过艺术,也曾到过中国旅行几趟。但他对中国的爱好只限于中国的艺术,他很蔑视中国人。计划中的哈佛东方学社的工作主要是从事考探古代艺术。

一九二五年一个深夜里,洪夫人及两个女儿都已上床睡觉,洪业接到一个电话,是他学生王近仁打来的,说:"我有要紧事得马上见你。"

为了不吵醒门房,洪业到四合院大门去等他,把他带入客厅,一进门,王近仁便在洪业跟前跪下,说:"洪科长,我是卖国贼,你得救救我。"

洪业对着他发愣,迟迟才说:"王近仁,站起来,你不会是卖国贼，卖国贼是达官贵人才能做的，你是学生没资格卖国，你一定把自己估错了。"

王近仁流着眼泪跟洪业说，他前一年向燕京请假，替一个来自哈佛叫华纳的人当翻译员，又替他安排到西北探险。到了敦煌，他们在窑洞附近一个庙里住下，华纳说他要研究洞里的佛教古物。一天晚上王半夜起来，发现华纳不在，去找他，原来他在一个窑洞里，用布把一片壁画盖上，不知道在干什么，华纳看见王进来，吃了一惊，便要王替他守密，说这些壁画是很有历史与艺术价值的，但中国人对此类文物没兴趣，美国的诸大学却很想研究它，所以他正用甘油渗透了的棉纱布试验，看能不能把一些壁画搬回美国去。他说试验成功的话，就再回中国来，到时候又有差事给王近仁做。王近仁那时便猜疑这件事是不合法的，现在华纳果然又来了，还携了一大堆美国人来。他们带了一罐一罐的甘油，无数巨卷棉纱布，王近仁深信他们要把敦煌壁画都偷走。

洪业听了不寒而栗，华纳的计划成功的话，中国最重要的历史遗址之一就全会被掠劫了。

敦煌在中国西域的丝绸之路上，自古以来中国与欧洲间的骆驼队络绎不绝。公元四世纪到十世纪之间，一些佛教信徒在甘肃敦煌兴建庙宇，而在庙后的窑洞里雕刻成千的佛像，又绘了数不清的壁画。十一世纪西藏的部族横行于这沙漠绿洲上，那些佛教徒忙着逃命，不但遗留下壁画、雕像，还有无数的锦绣、画卷、手稿，在被封闭的窑洞里完美地保存着。这些古物中包括全世界最早，于公元八六八年印刷的书，那是《金刚经》；还有唐宋刊印的经书，以后成为经书校勘很重要的工具；还有不少早期的白话文学，以后促进了学者对中国文学与社会历史的了解；更有无数用梵文、突厥文及不少已失传的语言写的文稿。

一九〇七年，在英国殖民地政府服务的一个奥地利人，名叫奥莱尔·斯坦因（Aurel Stein），他从印度数次到中国西北探险，到了敦煌听说这一带有一宝库，充满着令人不可思议的古代绘画及文稿。斯坦因找到一个山边破佛庙，碰见一位姓王的道士，便冒充为玄奘的膜拜人，远道而来，请王道士带他去看宝藏。他进窟洞一看，不得了，里面那些价值连城的古物让他不能相信自己的眼睛。重重地犒赏王道士之后，斯坦因就把九千多卷绘画文稿静悄悄地依原路驮回印度去了，以后捐献给英国博物馆而得了个爵士头衔。

后来，法国著名汉学家伯希和（Paul Pelliot）读到斯坦因的报道，也到敦煌去了。伯希和本来在北京法国大使馆做事，讲得一口流利的中国话，跟中国学人来往频繁，他又把几千卷驮走。但他未把文卷画卷运回法国之前，让中国学者王国维、罗振玉先浏览。王、罗两人看了很震骇，也请别的学者来看，伯希和说等他将这些古物编类后，将影印一份让中国学者研究，他说敦煌窟洞里还有，政府得设法把它收来，不然卖古董的人会把它偷光了。

一九一一年，清朝即将被推翻之前，崩溃中的清政府终于派了一名官员去敦煌收集剩余的八千多卷文画。那官员在回北京的路上，碰到商人用重金贿赂他，把一些文画卖出。因为那官员已向北京报告有八千余卷，只好把一些剪一半卖给商人。洪业的同事容庚有一天在旧书店看到一幅敦煌佛经残卷，是用汉隶写的，差不多十三尺长，卖价一块钱一尺，容庚便和几个同事分了，洪业也买了一尺。

现在洪业面临保护敦煌壁画的重大责任，他吩咐王近仁装着没泄密，仍跟华纳到敦煌去，第二天自己雇了洋车去见教育部副部长秦汾（号景阳）。秦汾也是北京大学数学教授，他马上采取行动，打电报到每一个由北京到敦煌途中的省长、县长、警察长，说不久有一个美国很重要的机构派人来西北考古，请各地官员客气地对待他们，并加以武装保护，可是得防备他们损害任何文物。

两三天之后，华纳到燕大拜访司徒雷登，司徒雷登早已得到燕大在美国的托管人通知，知道哈佛要派华纳来北京，因为哈佛与燕京正在协商合作办学社。司徒雷登听闻华纳在北京秘密跟政府办的北京大学联系，非常恼怒，华纳显然深感如果哈佛要跟一个中国机构合作才能得到霍尔这份钱的话，他宁可这机构是大名鼎鼎的北京大学，而不愿跟这小教会学校的传教士打交道。司徒雷登虽然心里不悦，也按照礼仪请华纳与哈佛同人吃顿晚饭，洪业和其他教授在座做陪客。饭吃完了还互相敬酒。华纳就表示他对中国传统艺术无限仰慕。洪业也发言，欢迎国外来帮助中国研究古文物的朋友，他说因中国历年来政局经济不稳，国人没机会好好地研究出土的古物，但他认为中国人可胜任研究的古物应留在中国，若中国没有专家可以研究某些古物，而古物被运到国外去，一定得归还中国。席上各位酒酣饭饱，对洪业的话也没有特别留心。

结果哈佛那一批人每到一个地方，就有政府代表欢迎他们，到了敦煌，每个外国人都被两个警卫彬彬有礼地挟护着，动弹不得。华纳本来要雇几十只骆驼把赃物驮到印度，壁画既偷不到手，只好回北京，路过兰州把大量的甘油及棉纱布捐献给一个小教会医院。华纳私下告诉王近仁说一定是队伍中的北京大学代表陈万里作梗，因为每到一个地方，陈万里便去拜见地方官，地方官便坚持保护他们。后来华纳写了本书，叫《中国长涉》，书写得相当好，只是字里行间处处流露他对中国人轻蔑的态度。书的主要内容是描述他第一次到敦煌去的经过，至于第二次旅程，他仅说：

> 我没有预料到在短短的七个月里，中国就会在酣睡中蠢动，打哈欠的动作那么唬人，让我们这些外国人都奔忙撤退回大使馆去了。当时，在两个省份之外，春季仍然留连未去。我走在那飞沙走石的路上，怎么也没想到重返此地是在炎热的夏日里，而且跋涉到敦煌的大门，居然会被摒弃在外。

北京大学的陈万里不懂英文，他也出版了一本书，叫《西行日记》，其中说他相信有人早知道这些美国人企图不良。

华纳这趟中国行大受损失后，哈佛燕京间的筹划便没有他的份了。司徒雷登与多纳姆继续协商。一九二八年正月一日，洪业

12 哈佛燕京学社的成立

写给克劳福德家的信说：

> 两年多前哈佛与燕京联合筹备，结果得到一百万美元，可用以促进对中国文化的研究，现在看来这专款会增多……将以哈佛燕京学社为名……
>
> ……在燕京方面我从开始便参与筹划。

哈佛燕京学社于该月便在美国麻州立案，托管会的成员有三位哈佛大学的代表，三位燕京大学的代表，三位外人。行政中心将设在哈佛，但主要活动则在燕京。一九二八年一月五日所立的章程表明学社的目标如下：

> 进行及提供关于中国文化，以及（或者）亚洲别处，日本，以及（或者）土耳其与欧洲的巴尔干半岛的文化之研究、讲习、出版活动……聘请有适当学术水准的中国人或西方人，从事相当于文理学院研究所水平的探讨与教育工作，必要时为帮助学者进入此学社作适当的学术准备，资助中国别的高等学府；探讨、发掘、收集及保存文化及古代文物；或资助博物馆从事此类工作。

此一章程语意含糊，颇露妥协的凿痕，但大体来说对司徒雷登则是个重大的胜利。他与同人正设法建立一间一流学府，因此燕京一举摇身竟成为一个国际汉学中心。哈佛燕京学社拨款让燕京发展研究院，以训练其他大学的研究生，包括从哈佛送来研究中国文史的学生。此外燕京毕业生要去哈佛深造也因此开了方便之门。燕京除分享到霍尔遗产里拨给哈佛燕京学社的四百五十万美元之外,还负责管理另外一项一百八十万元的专款,用以资助其他美国人(即基督教会)在中国办的大学,这自然助长了燕京的势力,燕京把握了这个机会大放光明。以后的几十年中,由哈佛燕京学社训练出来的学人,得该学社的资助而做研究或出版书籍刊物的学人,或因种种原因与燕京有联系的学人,形成汉学研究界一张很显赫的名单。

哈佛燕京学社新成立时,邀请了几位杰出的汉学家到剑桥担任咨询的工作。伯希和为其中之一,司徒雷登派洪业及燕大美国教授博晨光(Lucius Chapin Porter)为代表。可是经过这灿烂的开端后,哈佛方面的活动不多,直到俄国人叶理绥(Serge Elisséeff)做社长后才略具规模。叶理绥祖上是俄国大族,是第一个东京大学毕业的西方人,后来移民到法国,投在伯希和门下;他视界辽阔、长袖善舞,社长一直做到一九五六年。他的继任者是曾为美国驻日大使的赖世和(Edwin O. Reischauer),在他手下哈佛燕京学社加入了日本研究。在叶理绥主政时期,哈佛建立了东亚语言系,在美国大学中算是首创的。

中国共产党一九四九年取得政权后,于一九五二年解散了燕京大学,而哈佛燕京学社便把很多活动移到台湾、香港、日本、韩国,至今还资助不少教育机构与研究组织;又资助个别人文与社会科学的研究生,每年还挑选十多个亚洲学人、安排旅费与一年的生活费,让他们安心在哈佛做研究。它继续维持在剑桥的哈佛燕京图书馆,此图书馆是公认的亚洲以外最完备的亚洲资料图书馆之一，不少人认为它是独一无二的。

我们回顾过去八十多年，也许可以说司徒雷登和多纳姆为得霍尔遗产巨款而形成的计划，与霍尔遗嘱的本意有出入。我们可想象当霍尔昐咐要把三分之一的财产留给"国外教育用途，包括日本、亚洲大陆、土耳其、欧洲的巴尔干半岛"的时候，他心中想的绝不是一个以研究中国古文物为重心的机构。我们差不多可以肯定地说他希望他的钱可在东欧、中东、远东提倡现代科技。哈佛燕京学社现在比较广泛的活动，相信比较接近这位善人的意愿。至于该学社现在是否如最初几十年那么有成绩，影响那么深远，就得拭目以待了。

13　一九二〇年代的哈佛

洪业在美国的活动不限于哈佛校园内,他在美国是个知名的演说家,他也乐意有机会为国家出力。

当汉福德·克劳福德知悉洪业将来美国哈佛任教时,他非常高兴,寄了两千美元给洪业,让他带家眷从容地绕道欧洲旅行至剑桥。他们游玩了罗马、巴黎和伦敦这些洪业在书本上早已熟悉的胜地。

洪业在哈佛的名义是讲师,每学期教几门课,三十五岁的他,涉足于西方的所谓"汉学"可说为时甚晚,那时研究"汉学"的人以美国传教士及欧洲贵族怪杰居多。也来哈佛参加咨询的钢和泰男爵(Baron A. von Stael-Holstein)便是个例子。他对洪业说,他一九二六年到北京是为追寻个梵文不定式动词。这些西方人研究中国文物,一般要雇个中国人教他们中国话,利用中国人"提供资料",但认为中国学者缺乏批评与辨识的能力。洪业熟读的中国经典史籍当然比西方汉学家多,他在中国社会长大,本身就是中国传统的一部分。但他一来没有博士学位,二来没有西方学报式的学术著作,以表现他能驾御西方学者所重视的理论模式与治学方法,所以在欧洲探望知名汉学家时,屡受冷眼。在牛津会见苏慧廉(William E. Soothill)教授时,那教授特意给他几个质难问题,见洪业应付裕如后,才对他平等相待。洪业到了哈佛后,觉得气氛融洽,松了一口气。

他到了剑桥,第一件事便是去拜望哈佛校长洛厄尔(Abbott Lowell)。校长不在家。几天后,洛厄尔先生夫人便爬了三层楼梯到洪家回拜。洪业以后才知作为哈佛的讲师若无事擅自到校长家做客是很冒昧的。

可是那时哈佛还保留着一些小学校的风气,教员的薪水虽不高,但都付得起钱请佣人,大家来往甚频。此外,还有一种会社让不同学系的教授定期相聚,各人宣读报告自己研究范围内有趣的问题。历史系里还有个周四午餐,由系主任主持。洪业因午餐与一位历史教授罗伯特·布莱克(Robert Blake)相熟。布莱克也是哈佛燕京学社的托管人之一,一九三〇年洪业建议该学社拨出经费主办引得丛书,有系统地替中国古代主要典籍编索引,让现代学者易于查检,布莱克马上明了这工程的重要性,而予以全力支持。

洪业教一门大学本部人数很多的课,叫"一七九三年以来的远东历史",哈佛开这门课已经多年。一七九三年马戛尔尼爵士(Lord Macartney)代表英王乔治三世到中国觐见乾隆皇帝,要求两国直接通商并建立正式外交关系。乾隆皇帝答复中国物产丰盛,不需要外国的东西。近来历史家都责怪乾隆愚昧高傲,坐失了让中国趁早与欧美各国平等并立的机会。洪业教这门课时,却能够介绍一些重要的中文资料,包括清朝最末的皇帝溥仪逊位后公开的清廷文档资料,从而对清政府的反应有点解释。原来英王乔治给乾隆皇帝的函件是用拉丁文写的,寄往意大利那不勒斯一个天主教学校翻译成中文。这个学校的宗旨是训练意国及葡萄牙到中国的传教士的;天主教会不希望英国这外交团成功,助长与它水火不容之新教的势力,所以那些神父虽然把信翻译成中文,但另外抄了一份加上附言先呈上清廷,说这些英国人居心不良,不可信赖。英国人说世界各地的殖民地广受它的福泽,其实它最大的殖民地即美国,刚造反成功而独立了。那就怪不得清廷对英国人派来的外交使团态度冷漠了。洪业又对学生讲当爵士要见中国皇帝那天,他蓄意肃容整装,神气十足地率队上朝,想不到半途狭路上突然跑来一群猪猡,正被赶到屠房待宰,他们被搞得狼狈不堪,学生哄然大笑。

　　洪业在哈佛的办公室是在怀德纳总图书馆四楼,那时图书馆不如现在严格,出入处都设岗位搜查包裹;洪业那时领了把钥匙,日夜都可入馆浏览,图书馆每天派员到教授的办公室去拾取看完的书。洪业为此图书馆藏书之丰盛完备欣喜欲狂——其中有不少是关于中国近代外交史的新资料,譬如第一次世界大战后,在协约国搜得的德国外交史料,共产党在苏共上台后公开的俄国沙皇档案,日本新公开的德川时期史料,西方人对太平天国的第一手叙述等等。洪业赶快写信告诉他在中国研究近代史的友人,如蒋廷黻、简又文等。他自己也把一篇未经发表的太平天国的诏书出版了。但所有的书中他最感兴趣的是一本一八八七年出版的德文书《蚀经》，计算出上自公元前一二〇八年，下及公元二一六一年，三千多年八十个日蚀的日期，以表列出；并细计每蚀的始终，在地球何处可见得到，用图绘表现出来。当时中国的学者都疑惑于中国古书的记载究竟正不正确，洪业马上领会到这本书对解决这些历史大问题是很有用的工具。

洪业对历史年月日的研究让他有机会在法国汉学家伯希和面前大展身手。他去旁听伯希和的课，伯希和谈到中国历史上第一个可用科学方法证实的年代为公元前七七六年，因为诗经有一首诗说幽王六年十月辛卯日蚀。洪业不在课堂上纠正伯希和，而在下课后上去跟他说话，请他到洪家吃中国饭。饭后洪业告诉伯希和那首诗说到十月辛卯日蚀，但没有说是幽王六年。最初说是幽王六年的人是唐朝僧一行，按照德文《蚀经》所说，幽王六年十月辛卯确有个日蚀，但只能在太平洋中央才看得到。伯希和听了觉得有理，两人便成了好朋友。一九三七年洪业荣获法兰西文学院儒莲奖（Prix Stanislas Julien），是经伯希和推荐的。

伯希和在汉学家中以治学精细而行文尖刻著名，他在哈佛只逗留了一个学期，走后洪业接替他教中国史料研究方法，堂上只有四个学生。洪业讲析古文尚书，伯希和对古文尚书的真假问题也有著述。洪业指出伯希和今文尚书及古文尚书的章节对照表上有个错误。学生中的一个詹姆斯·韦尔（James Ware，后取中文名魏鲁男）便站起来说："伯希和从来不会弄错的。"

洪业驳他说："我会弄错，你会弄错，伯希和也会弄错。"

13　一九二〇年代的哈佛

　　第二年韦尔要到法国去深造，走前来找洪业，问可否允许他去问伯希和是否真弄错了？这学生到了巴黎写信给洪业，说伯希和果然弄错了。

　　洪业与敦煌文物的头一个掠夺者斯坦因也碰过头，但彼此不太愉快。斯坦因爵士得到哈佛燕京托管人许可，拨出十万美元让他再一度组织采征队到中国去搜集古物，司徒雷登听说后极力反对，并且叫洪业去见斯坦因，劝他不要进行。洪业到斯坦因在剑桥下榻的旅馆去，和他谈了很久，那时斯坦因已成为一个枯槁的老人了，他振振有词地对洪业说："洪先生，你年轻不懂，我很早便到中国去了，而且去了多少次，那些中国官员对这些根本不管，我知道怎样应付他们。"

　　斯坦因到了中国后，发现一九二九年中国政府官员很多像洪业一样，是受过西方教育的，的确今非昔比，便改计划到阿富汗去了。

　　洪业在一九二九年第一次用英文出版学术著作，是篇书评，评的是赖德烈（Kenneth Scott Latourette）的《基督教在华传教史》。洪业说该书立论中肯，但没有充分使用中文有关资料，也忽略了一些法国材料，他后来觉得书评的语调可能太嚣张了一点，让作者一生耿耿于怀。

　　洪业本来打算只在剑桥住一年，但洪夫人有孕不便旅行，而且洪业第一年过得很惬意，便申请延期一年回国。孩子出生后，洪业到医院看见洪夫人在哭，又是一个女儿，非常失望，但霭兰后来成为洪业夫妇最疼爱的女儿。

他们在剑桥那两年,很多以前纽约的朋友都去看他们。红毛公是好几家公司的大股东,在百忙之中也跑了几次剑桥。有一天有个稀客乘了大轿车来,他原来是福州的一个木匠,叫阮传哲,一九二一年在一艘汽轮上当木匠,经菲律宾来到纽约海港,偷渡上陆到加拿大去,又被逮回纽约。美国移民官找不到和他语言相通的人,因曾听过洪业演讲,便打电话给洪业。福州话洪业当然会讲,便去替他传译,移民官听了他怎样来美国,很受感动,而且知道他有一技之长,便说如果洪业替他找到担保人的话,便让他住下。洪业替他在纽约州北部找到一个退休美国教员做担保人。他现在来剑桥探望恩人,对洪业说他自别后做了几年制造家具的木匠,后来到缅因州立大学攻读造纸化学,现在在麻州西部一家纸厂做化学主任负责研究工作。他从报纸上知悉洪业在剑桥,特意驱车来拜访。

洪业在美国的活动不限于哈佛校园内,他在美国是个知名的演说家,他也乐意有机会为国家出力。一九二九年他曾与余日章等学者在纽约外交政策研究社讨论国民政府的得失;他曾几次与日本宣传员在会议上辩论,并压倒对方。除使用逻辑、口才之外,他还很懂得以笑话博取听众的共鸣。美国扶轮社全国大会请他演讲后,便把他的照片登在国际扶轮社杂志的封面上。

他也被邀到宾州的匹兹堡去演说,洪业在那儿跟他的美国姐姐璐得相聚。他到了圣路易市去探望克劳福德夫妇,见了他们甚为难过。一九二九年美国股票市场崩溃,他们的家产骤然之间几乎荡然无存,克劳福德先生染上重病,痛楚只有在弹奏钢琴时可暂时忘却。他对洪业说他曾对福州协和大学保证了两百五十元美金，现在周转不来，心里很不安。洪业便叫他不要担忧，他将用克劳福德的名义寄去。一九三〇年一月，克劳福德先生逝世了，克劳福德夫人从此打不起精神，年尾也辞世了。

洪家回中国取道夏威夷，洪夫人是在夏威夷长大的，而洪业早一年曾接到夏威夷大学的聘书，他虽谢绝了，但对此地也特别留恋。过境时移民局要他们每人，包括三个女儿，填一份表格，上有"你是共产主义信徒吗？""你是无政府主义者吗？"此类问题；在小霭兰的表上，洪业在这两个问题后都答是，移民官质问他时，他说这婴儿是共产主义信徒，因为她不承认财产权；她也是无政府主义者，因为她不承认任何政府的权力。

洪业这次回国，心情可说是甚为顺畅的，国民党内战胜利了，当家的人多半受过新式教育。他很多成志社的弟兄成了大官，对建设一个民主人道的政府寄予厚望。他相信中国的大众农民是任劳任怨、很有耐心的，他们能在艰苦的环境下，在政治局势动荡中保持一股信心，相信老天是公平的。这种信心将容许中国慢慢向前进展。洪业一九三〇年用英文写了一篇文章，介绍中国民间几百年来很流行的一种木刻版画，这版画描了一个人，左手拿着碗，右手拿着筷子，样子很得意地在吃饭，他全身靠在一个"天"的大字上。这版画叫"靠天吃饭"。"天"英文可翻译成上天、自然或神灵。而在中国大众的脑筋里，"天"包含了上面所有的意义。天也是在大自然、在人类社会里平整调和的一股力量。这篇文章里,洪业说这种在民间代代相传的版画,恐怕不久就会被鼓吹生意的广告牌、迷人的电影明星玉照以及富煽动性的政治传单所取代。但至此为止,它仍是有碗饭吃、吃得饱便觉得满足的中国民众的一个很有力的标志。

14 新交与旧好

洪业一向就反对国学研究这种观念。他觉得学问应没有国界，所谓的国学，不能孤芳自赏，而应按学科归纳到各院校。

洪业一九三〇年从美国回去，燕京两年间有很大变动。那时北京已改名北平，学校从城里东坍西塌的校舍迁到西郊风光明媚的校园。燕大在建都于南京的国民政府立了案，并按照政府规定，把文理学院分为文、理、法学院。依教育部规定，校长该是中国人。校董会推选老翰林——吴雷川做校长，但实权还是把握在名为"校务长"的司徒雷登手里。

洪业回到燕大后不久，便与刘廷芳展开他们友谊史上最后的一场争斗。刘廷芳这几年也马不停蹄，一九二六年到一九二八年间，他在美国与欧洲各大学演讲。一九二八年回到燕京时被聘为哈佛燕京学社的执行干事。刘廷芳便着手利用该学社的经费，模仿清华与北大，在燕大亦建立了一个国学研究所，并聘请了一些老派学者来做研究工作。洪业一向就反对国学研究这种观念。他觉得学问应没有国界，所谓的国学，不能孤芳自赏，而应按学科归纳到各院校。正如不能把欧洲的科学、文学、历史等等笼统归入"欧洲学"一样。而且,洪业深信中国的学问应该让有现代训练,有世界常识的人来研究。当洪业在剑桥时,他的得意门生聂崇岐曾写信征求他的意见,问他应否申请入此国学研究所,洪业觉得他做中学教员是大材小用,便鼓励他申请,不料聂崇岐并没有被录取,而资格不如他的人反被录取了。洪业为这件事很生气,回到燕京后,请聂崇岐到哈佛燕京学社引得编纂处做编辑,而且立意解散国学研究所;刘廷芳这时已卷入政治旋涡,在这件事上斗不过洪业,不久便辞了哈佛燕京学社执行干事的职位,一九三六年离开燕京去南京当立法委员去了。

洪业与司徒雷登倒保持了密切的友谊,两人常步行到西山,回程时便在温泉歇下,花点小钱,租个私人房在两尺多深的硫磺水里泡,水潺潺从一边流进来,再从另一边流出去。他们各自口衔烟斗,面对面在温泉里泡着,背靠着粗糙的水泥墙轻轻刮着,在硫黄蒸气和烟雾里评人说事。

洪业这次回燕京,就一直到一九四六年才离开,连日据那几年再算进去一共十六年,本打算死心塌地,做到鞠躬尽瘁了。他的职位是历史学教授,研究院文科主任和导师,哈佛燕京学社引得编纂处处长;一九四〇年也兼任哈佛燕京学社执行干事。也就是那年日军便占据了校园,解散了燕大;一九四五年燕大复校后又继任原职,第二年离国时辞职。

洪业继续当燕京图书馆委员会委员长,不但对燕京图书馆藏书出力甚多,对哈佛大学的东亚藏书也很有贡献。他请负责哈佛大学东亚藏书的裘开明到燕大整顿图书馆。以后替燕大图书馆买中文、日文或韩文的书时，也替哈佛买一份。碰上善本书，因为哈佛钱比较多，便替哈佛买了，而影印一份给燕大收藏。有研究价值而市上买不到的书，他则千方百计借来影印，一份给燕大，一份给哈佛。洪业说他不是"爱书人"，因为如果善本书有便宜的复制本的话，他一定买复制本。

正当洪业许多朋友在国民政府官禄高升、青云直上时，他却远离了他们。他有一次到南京去看他三弟洪绅，有个朋友对他说当财政部长的孔祥熙怪他到南京不去看孔。洪业说："我不去看他对他是有好处的，我如果去看他，他办公室外面一定坐满了人。他先见了老朋友，对他不利，对我也不利。人家看见我去看他那么有势力的人物，就会请我写信求这个、求那个，麻烦极了。我的信来了，他也没办法，不回嘛，怕见怪；回嘛，荐几百个人之中也许能用一两个，别的你怎么办？"

洪业这时期来往最频的朋友反而是个不肯在二十世纪落根的人——邓之诚（字文如）。他有个姨太太，谣传还抽鸦片烟。他虽早年参加推翻清政府的革命运动，但在意识形态上非常保守。他博学多闻，记忆力惊人，对时事的年、月、日，如数家珍；谈到经书，往往记得这段是在某卷某页。后来著有《中华二千年史》。邓在北京大学教书多年，二十年代后期因北大经费短绌，教职员薪水一欠就是几个月，燕京大学趁机会拉拢到不少北大教授，邓之诚也到燕大来了。他很瞧不起留学生，说他们中国的灵魂没有了。他最讨厌胡适，在课堂上问学生："喂，有个从美国回来叫胡适的,你们知不知道?"接着大大摇头叹息说:"这人要不得,要不得!"可是他这态度也许不全是当真的,有人问他洪煨莲也是留学生,你怎么总跟他在一起。邓之诚答说他是"例外"。

每个星期五早上,邓之诚便乘自备包车到洪寓。他身穿长袍,手携着拐杖,觉得自己是读书人身份,虽家离洪寓才五分钟路程,也不屑走路来。在洪家吃过午饭后,又与洪业谈到吃晚饭前才走。他生长在云南,喜欢吃法国烟卷,整天咳嗽,走后留下一大盘臭烟粪。洪业长女霭莲很厌恶他,跟女佣人学了个迷信法子,说客人来了要他走就把扫帚倒放,却不灵。洪业与他交谈吸收了不少宝贵的学问。邓之诚一九六〇年死后,洪业写了一首"哭邓之诚文如",有这几句:

> 昔贤未轻许,时流更自憎。
> 素厌留学生,顾我为例外。

洪家在燕南园五十四号的住宅是洪业自己设计的,他的书房另设门户,以便来访的学生不必经过客厅。客、饭厅之间有活动壁,请客时拿下来可摆坐得下二三十人的餐桌。外面园子里有一个亭子,亭前栽了两棵藤萝,每年五月藤萝花盛开时,洪业与邓之诚请了些喜欢吟诗赋句的老先生来一起开藤萝花会,饮酒做诗,延续着中国读书人自古以来爱好的雅事。

一九三一年洪业在几个月内收到好几份包裹,上面没有寄信人地址,打开里面全是俄文书籍。一个秋夜,洪业一个人在书房里工作，听到有人敲击玻璃窗，抬头见有张脸贴在窗上，洪业吃了一惊，再仔细看看，原来是他的学生张文理，便开门让他进来。

当年洪业到哈佛时果然带了张文理去，让他如愿以偿跟托马斯·卡弗教授念书，卡弗告诉洪业张文理是他在哈佛教书多年最有天分的学生。他在哈佛一年后，卡弗推荐他到美国农业部做咨询专家，让他有机会到美国各处搜集农业资料，比较各种耕种方法。张文理一九三〇年初夏先到剑桥去和洪业告别，才到欧洲去。他计划到大英博物馆看马克思《资本论》的手稿，然后到丹麦去考察那里的农村合作社，以后洪业就没有他的消息了。

现在张文理告诉洪业他在丹麦时有个苏联特务员来找他，因为苏俄政府知道张文理熟悉美国南方栽植棉花的方法，要邀他到苏联帮忙栽棉花。张文理在苏联各地化验土壤数月之久，政府派了个翻译员给他使用，并酬以厚金；张文理因薪水花不完，便买了很多书籍寄回北京的洪寓。他在乌克兰找到了生长棉花的适当气候及土壤，苏联政府又请他组织棉花农场。待农场成功在望了，政府调了个很漂亮的女人来教他俄文。张文理看情况知道苏联政府想留他，在去往西伯利亚的旅程上偷偷溜走，白日躲匿，晚上步行，千辛万苦回到中国，到达北平时钱已用完，东西也卖尽了。

洪业让张文理吃顿饱饭，梳洗过了歇下，才问他有什么打算？张文理说他还是坚信中国农村应该革命，但他想在北平先逗留一个时期，在自己脑子里搞清楚这革命应该如何进行，才回福建去。

张文理在洪寓住了四个月,他把自己的理想整理为若干政治、经济、教育的原则,称之为"生产主义",糅合了孟子、耶稣、林肯、列宁及东欧保加利亚农民革命家亚历山大·斯坦姆鲍利斯基(Aleksandr Stambolisky,一八七九——九二三)的思想。他相信要使混乱的中国成为世界强国,需要的是社会主义的专制政府,可是这政府不要建立在马克思的思想上,而是建立于人道主义上。"生产主义"经洪业略修饰后,匿名印刷成小册子,流传于北平学术界他们的小圈子里。有些人看了这小册子对洪业说这东西太枯燥了,要引起广泛反应的话,最好把它写成乌托邦小说。洪业笑答他要是流落在沙漠上,远离人群书籍,必定写这么一本书来消磨时间。洪业命数里没有流落沙漠的机缘,后来却被日军关在牢里五个多月,洪业在牢里便展开想象,构思这么一本小说,使得自己在那段艰难的日子中没有疯掉。那时张文理早已南下,抱着他的理想去与残酷的政治现实奋斗。

一九三〇年代的世界经济恐慌对中国当时还相当封闭的社会影响并不大。对洪业个人来说,哈佛燕京学社引得编纂处因美方经费萎缩而大幅削减了。同时美国股票市场崩溃,企业利润受损,他的朋友红毛公也因而来中国玩了一趟。

洪业于一九三三年收到红毛公打来的一通电报,说他那年夏季来华,请洪业替他安排节目。洪业正诧异红毛公哪来那么多空闲,红毛公四月就不声不响到了北京。他说他所有的生意都停顿了,手中多半的股票一文不值,而被若干合伙人起诉,若失讼可能要赔两千多万元,他的律师叫他暂时离国,所以他打算在中国住六个多月。这使洪业很为难,要他做红毛公的导游,他自然十二分乐意,但学年还有两个月才结束,这期间对这充满活力、坐立不安的友人如何安排呢？他突发奇想,告诉红毛公既来了中国,何不趁机吸收些中国瓷器的学问,开始收藏瓷器,红毛公说这主意好,便叫洪业从图书馆借书来看,他英文、法文、德文都懂,很快便决意收集有碎裂花纹的瓷器,那时这类瓷器还没受到很多人的赏识,价钱不高。

于是洪夫人带红毛公去北平各古董店溜达,但她不久便发觉红毛公不需要她服务,他对讨价还价的艺术精通得很。他个子矮胖、容貌慈祥,活像个菩萨,又有些令人发噱的把戏,商人们一看到他先就眉开眼笑。洪夫人告诉洪业说,一天和红毛公在路上走时,有个女乞丐把篮子推到这和蔼的外国人脸前,红毛公忙说:"不要,不要,我用不着这些钱,谢谢你。"那女乞丐硬是缠着,红毛公便装着他推却不了,从篮子里拿起几个铜钱,十分夸张地向那个乞丐道谢,引得围着看热闹的一些人哄笑起来。他把在美国大企业董事会里锻炼出来的协议手段在北平使用到买古董上,用两千美元就搜集到一批很可观的古瓷器,跟寄回美国的运费差不了多少。

学年结束后,洪业便带着红毛公还有七个学生到山西、陕西、河南、山东做了次很有趣的旅行。他们背着铺盖,沿途在老式的旅馆或人家的牛棚里过夜。中国内地有很多地方在这近一百年内受动乱波及得很轻微。新娘子还是乘着红轿子到婆家,只是以前宣布新郎是生员的牌子现在改说他是某县立小学的毕业生。一般村落的居民对外面世界都很好奇,他们问的问题显示他们与外界的隔离。有个人问洪业美国人皮肤比中国人白皙,原因是不是美国人喝牛奶,中国人喝茶?有一次他们到了个地方想买报纸,有人便去找了些报纸来,有英文的,有法文的,都是好几年前的旧报纸。

在山西的一个晚上,他们八点多钟才走到一个村落,夏季里天还没黑,全村人都已上床了,但话传开说有一队人从北京来,内有一个教授及一个外国人,大家都赶忙起来举着火把围着这些人。问有什么可吃的,都答没有。洪业就问:

"有没有鸡蛋呢?"

"啊,你们也吃鸡蛋呀?鸡蛋当然有。"

洪业拿出一块钱,在北京可买一百二十个鸡蛋的。过了几分钟,两人就肩挑着一大篮鸡蛋来,放在洪业跟前。洪业看了吃了一惊,问:

"里头有多少鸡蛋呀?"

一共有四百个!那一晚全村人就围着看他们吃鸡蛋。

他们在山西没到达太谷以前,经过百万村,村里有很多规模雄伟的大住宅。这是自明朝起便很有势力的山西钱庄商人的老宅,这些年来钱庄被西式银行排挤了,这些老宅多半也都破烂失修。洪业在旧书摊上捡到一本元朝棋谱;在太谷城隍庙里,洪业看到一个石碑,这碑上说太谷知县陈履和带领百万村主户到城隍庙宣誓,不抽鸦片,也不让子弟抽鸦片。这比鸦片战争早许多年,可见那地方的人有先见之明。那时洪业正整理崔述的一些遗稿出版,这陈履和就是倾一生之财力为崔述刻书出版著作的人,洪业在太谷见到他的名字,感觉上像碰见老朋友一样。

他们到了山西省会太原,因交通不方便,去谒见山西省主席阎锡山借大客车。阎锡山自清末便在山西做小皇帝,人称他是不倒翁。他的衙门戒备森严,他们一伙人走过六七道门,每个门口都立着手提机关枪的卫兵。见到阎锡山,省主席为他们摆了酒席而且喜欢红毛公,问他中国名字是什么?洪业说是唐恩伯,阎锡山就叫秘书写了聘书,当场聘红毛公为山西省义务顾问,并把大客车借给他们用。

这期间中国战事频频,国民政府算是镇压了军阀,随即与共产党展开一场生死斗,日本人则在北方趁中国没有强大的中央政府时,拼命吞噬中国领土。他们在一九三一年已控制了东北,一九三五年国民政府为争取时间,与日本订了秘密条约,把军队撤出华北。华北成了"自治区",变为"缓冲地带"。北平的学生知道政府不打日本人而打共产党都非常愤怒,要示威抗议。这时洪业已经不参与校政,但深为他的朋友陆志韦难过。

陆志韦从一九三四年到一九三七年做代理校长,他是芝加哥大学的心理学博士,是个敢说敢为的才子。洪业在一九七六年提到陆志韦,说他:"嫉恶如仇,没有妥协的余地,这样的人承负了很大的重担;共产主义作风磊落,对他很有魅力,就是这原因,他后来受那么多苦,这也是个原因。"

一九三五年十二月九日,学生游行示威时,在燕京的组织者是陈絜（矩孙），他是溥仪皇帝的老师陈宝琛的孙子，也叫陈胖子、陈腐败。因为他不穿洋服，身上常年是丝绸，脚上是缎子鞋，包了个人力车，在学校里以人力车代步；但他也是共产党员。十二月八日那天，陈絜去看陆志韦，向学校借大客车，陆志韦就说学校财产是美国人的，美国中立，大客车不能在游行时用。那天下午学生大会里，王汝梅（黄华）说现在燕京校长也算汉奸，这样的人该杀，陆志韦听到就说："杀就杀吧，这样死是很荣耀的事。"但陆夫人吓坏了，打电话给洪业商量，洪业把陈絜找来，陈絜对洪业说："你叫她不要慌，我们这样不过要吓唬他而已。"

那天晚上，学生就到每家去要大手巾，准备第二天流血。第二天天气寒冷，才十度，学生步行到西直门城墙，被警察截住了，不让他们和城里的人汇集。此后燕京和清华的学生罢课罢了两个月。那时平津卫戍司令是宋哲元，学生以为他跟日本人合作，骂他反对他很厉害，他不敢对燕京大学动手，却派了三千士兵包围清华大学，在里面抓共产党。学生中的共产党员哪里抓得到？比跳蚤还厉害，一跳就跳走了。清华工学院院长是顾毓琇，年轻漂亮，虽是麻省理工学院的博士，念工程的，但却会作诗填词；兵来了，他很生气，夏天穿了白法兰绒西装去跟士兵讲理。中国有句老话"秀才遇见兵，有理说不清。"正是这样，军官以为他是学生，不

14 新交与旧好

知道他是院长，一看到他就啪地打了两巴掌，令全学界哗然。

宋哲元虽是武人，但很好名，而且器重学者，这件事闹开了，心中很难过。有一天下午我在楼上睡觉，霭梅跑上来，拿了一个大片子，上面有宋哲元三个字，我赶快下楼。他微服出访，穿着很粗的蓝布大褂来，头一句就问："洪先生，我知道你是个明白事理的人，你看我这个人，是不是一个汉奸？"

我说："你怎么会做汉奸？外面学生乱骂，你不要为这事情介意，他们是年轻人，你们大兵不该这么做。大家不骂大兵，因为不知道他们姓什么名什么，当然骂你，我知道你是忠心耿耿的。"

"你怎么知道？"

我说："摆着看，你是不得已的，你在这地方，不干的话，汉奸很多，随便叫一个来都可以。"

他说："没想到你老先生还是我的知己。"

他又说现在真要打起来，没办法的，要保存实力，准备以后算账。他一出去，我看到外面巡警在巷子两边排大队。

宋哲元说了一句话，后来成了名言。和日本打起来时他说："我虽然姓'宋'，可是绝不肯把国家'送'给别人。"哈哈——我平生就见过他这一面。

洪业不赞同学生们正面冲突的政治手段，他理想中的模范爱国者是捷克共和国的创立人托马斯·马萨里克（Thomas Masaryk，一八五〇——一九三七）。洪业经克劳福德夫妇介绍与马萨里克的儿子曾有一面之缘；洪业钦佩马萨里克在热烈地为他国家的自由而奋斗时，从不忘真理，从不扭曲是非。洪业深信马萨里克所以能成功，是因为他透彻地了解政治局势。洪业鼓励学生们学习马萨里克，不意气用事，而靠理智策划取胜。

正在这时候，洪业在福州教中学的四弟洪绶突然食物中毒去世，洪夫人南下帮忙治丧。洪绶留下了太太、一个女儿，还有个遗腹子。洪夫人帮忙他太太进入师范大学，以便日后她能有谋生之道。孩子生下来后，她写信给洪业求大伯取名，洪业提议叫这孩子"慰"，希望这侄儿成为弟妇的安慰。

洪绶过世后，洪业更觉得光阴易逝，兄弟之情可贵，五弟洪绂从法国留学回国后就一直在清华教书，但三弟洪绅留美后在南京替国民政府做工程师，生活相当清苦。洪业劝他请半年假，安排他到清华教书。那几个月间三兄弟在一块儿，可说是洪业一生中最愉快的一段。

一九三六年十二月十二日，张学良，即一九二八年被日本人暗杀的军阀张作霖的儿子，在西安把蒋介石掳了，要他和共产党合作，一同抵抗日本。洪业那天和他三弟洪绅在琉璃厂逛了一天搜寻砚台。洪业收藏了好些砚台，准备退休时把砚台分送给学生，就像和尚传钵一样。吃完饭后，洪绅拿了个新买的砚台，举起来靠灯细看，电话响了，洪业去接电话——

14 新交与旧好

"什么？蒋介石被抓了？张学良怎么这样闹事？"

洪绅听了一半，没听另一半，在惊愕中松了手，砚台掉到地上，破了一角。他们第二天找了个匠工把砚台粘好，但裂痕还是很明显。洪绅说把这东西扔了吧，但洪业提议他们把砚台留下做纪念，请个刻字先生在砚台后刻"惊坠砚"三字，加上日期及惊坠的缘故，作为纪念。

15　全身投入学术

洪业再回国后全力投注于学术工作，可以说是响应梁启超与胡适"整理国故"的呼吁。他加入了顾颉刚、钱穆、傅斯年等人的行列。

洪业从美国回去并自学校行政退下来后的那短短十年中，学术著作的分量相当惊人。一九六三年《哈佛亚洲学报》刊登了他的著作表，这著作表虽不全，也列了这时期完成的四十一种著作。其中大半用中文写，也有英文的。此外，他创办的哈佛燕京学社引得编纂处出版的一系列参考书，可说是二十世纪上半叶研究中国文化最重要的参考书之一。这个系列把中国最主要的经书史籍有系统地重新校刊，用现代眼光加以诂评，并编以引得（索引）。如果我们说这些引得在中国研究古籍的学术上创立了新纪元，可能也不算夸大其词，因为有了这些引得，讨论中国人物、典章、制度，不能再含含糊糊，必须指明其出处。有了这些相互参照的工具，无数历史上的字义、日期、地点，都得以澄清，扫除了多少千百年来的腐迁垢秽，提高了"历史真理"的标准。

关于引得编纂处的创立经过、处理古籍的方法，洪业另有著作叙述。曾参与此工程的王锺翰、聂崇岐、容媛，都有专文介绍。在此之前，也有人替中国古籍编过索引，但零零星星，良莠不齐，不像引得编纂处做得那么有系统且严谨。

引得编纂处整理了十三经中的十二经，独没有《尚书》，顾颉刚的《尚书通检》另由燕大出版。因为顾虽赞同编纂处的宗旨，但不愿意用洪业"引得"这两个字，也不喜欢洪业的"中国庋撷检字法"，但他用的是引得编纂处的人，体例也按照引得编纂处的惯例。十三经中《仪礼》、《礼记》及《春秋经传》的引得序都是由洪业亲自写的；《论语》及《孟子》的引得序则由聂崇岐写。

引得编纂处也整理了二十四史里的四史：《史记》、《汉书》、《后汉书》、《三国志》，概括了中国远古到公元两百五十年的历史。另外还出版了二十四史综合艺文志（书目）及食货志（经济）的引得。

先秦诸子中则编引了《庄子》、《墨子》、《荀子》三子。《庄子引得》印好后日军即占据燕大校园，这一版全毁了。幸好碰上有人把一本先带走，得以保存，于一九四七年重印。

引得中有十五种是关乎人名、字号、传记的。中国古代读书人有名、有字、有号；通常这些字、号还有好几个，同名同姓的人也不少，查起来很麻烦，很容易张冠李戴，有了这些综合引得，再与前四史的人名引得合起来，可说把自古到清末所有名见经传的人差不多都囊括了。

关于书目，引得编纂处除《艺文志二十种综合引得》外，还有《四库全书总目及未收书目引得》、《明代敕书考附引得》、《藏书纪事诗引得》及各经书所引的书的引得，根据这些工具书，古代书籍什么朝代出现，什么朝代佚失，便有线索可寻。编纂处还出版了《佛藏子目引得》和《道藏子目引得》，以收佛老书目。

其他还有《世说新语》、《太平广记》、《水经注》、《太平御览》、《白虎通》、《杜诗》等等引得，一共六十四种八十一册。《韩非子》、《晋书》、《清史稿》、《宋人文集篇目综合引得》，都已开始进行，可惜没有完成。

这一系列参考书不但为学者研究古籍大开了方便之门，还提供了可靠、正确而有标点符号的版本给读者使用。引得序中对古籍本身的价值、传递的历史及各版本的好坏往往有精辟的创见。对受新式教育的现代中国读书人来说，因为对经史的认识不深，这些引得序指引便极有帮助。

总括来说，引得编纂处从一九三〇年秋至一九五〇年有二十多年历史，但因中国内忧外患，只有头十年是在理想的环境下进行，动员不过十人左右。头两年的经费为六千美元，后来美国经济萎缩，引得编纂处的经费也被削减至四千美元。如果给予更多的时间和财力的话，引得编纂处应该还有什么计划呢？一九七九年笔者向洪业提出这问题时，他说他后悔没有编一部历代政府机关及官职的综合引得，以帮助学者明了各朝代制度及官职的演变；也后悔没编一部综合地名引得，用以研究各地方历史的名称、范围的伸缩，以及地理的变迁。我们相信要是时间充裕的话，二十四史及《清史稿》的引得，一定会全部出版。王锺翰在

《洪煨莲先生与引得编纂处》(《学林漫录》八集)一文中说,一九四八年他离美国回燕大兼代编纂处副主任时,洪业对他说,《清史稿》、《清实录》及《东华录》应参照合编成一部综合引得。

洪业把引得编纂处的成绩,大半归功于他两位学生,编纂方面由聂崇岐负责。聂为人耿直,博闻强识,办事说一不二,有"铁面御史"之称;事务方面由李书春负责,李长袖善舞,很能开源节流,他特地到一家印刷公司去学习一年,以效率最高的方法来经营管理引得编纂处的排印事宜。在他组织的制度下,排印工人可直接从卡片排字成书,不必经过抄写,省却了许多金钱时间,还减少了许多发生错误的可能。引得处除正规员工外,不时也有学生自愿加入工作,因为编纂处的工作是很好的学术经验。

洪业在课堂上随时留意可栽培做历史工作的学生。他要求学生头脑清楚,而且有作学术探讨所需的独立精神。发现这样的学生他便刻意加以奖励,教他们怎样抓住学术问题的要点,不受细节的困惑,大胆地作假设,再试试看假设经不经得起考验;并怎样有条理地、有说服力地提供结论。洪业严格要求他的学生用第一手材料,出处必须一一备注。对特别可造就的学生,洪业则鼓励他们学习外语,帮助他们出国深造。他的目标是培养一群具世界观的中国历史家,寄望这新一代的学者能对庞大的中国文化遗产有所发现,把该保存的东西保存下来。

据刘子健《洪业先生:少为人知的史家和教育家》(《历史月刊》第十七期)回忆,他培养历史人才是很有计划的,主要是断代史。他鼓励学生中郑德坤研究考古,齐思和研究春秋战国,瞿同祖研究汉代，周一良研究魏晋六朝，杜洽研究唐代，冯家升研究辽代，聂崇岐研究宋代，翁独健研究元代，王伊同研究南北朝，房兆楹、杜联喆夫妇和王锺翰研究清代。此外，他还栽培了治佛教史的陈观胜，治方志的朱士嘉，治海上交通史的张天泽，研究各种制度的邓嗣禹，这些学生后来对重估中国文化都很有贡献。

翁独健是洪业发掘出的学生之一。翁是福建人，福州英华书院毕业，洪业的母校鹤龄英华书院即此校的前身。翁孩提时因小儿麻痹症成了跛子，走路一跷一拐的。他学会了讲日文、英文，还会读蒙古文、法文、德文、俄文和满文。他很崇拜洪业，也学了洪业抽烟斗，所以同学们笑他是"洪煨莲第二"。洪业叫他看他以前哈佛学生韦尔（魏鲁男）写的一篇文稿，翁加以修正，洪业看他改的地方改得很好，便派他整理《道藏子目引得》，并且暗暗地写信到哈佛燕京学社推荐他到哈佛深造。那时韦尔已在哈佛执教，他也请韦尔帮忙说几句话。当哈佛来电接受翁时，洪业笑着把电报交给翁，翁不敢置信：

"你为这件事奔走怎么一点都没让我知道呢？"

"我恐怕事不成。"洪业大笑说，他看着翁惊喜欲狂的神态，深深回味起自己年轻时突然得知要到美国留学的欣喜心情。

洪业训练未来历史学家最主要的工具是他的"历史方法"课，他请了一个图书馆小职员每星期天到市场去买废纸，这些废纸中有日历、药方、黄色读物、符咒等等，由不识字的贩子一大包一大包地卖给商人包东西。洪业把这些废纸包和别处捡来的纸堆存在图书馆天花板及顶盖之间的空隙里,这些烂纸后来多了,连附近化学大楼及生物地理大楼天花板上的空间也占据了。每星期三下午,洪业带了为数不超过十人的学生,在纸堆里掘宝,并备了个脸盆洗手。他们一张一张看,这纸上写的是什么,是何时何地来的?看到有历史价值的东西,洪业便鼓励学生在《大公报史地周刊》发表。每次从下午三点钟做到六点钟。做完了洪业不是带他们回家吃饭,就是带他们在校园外"长三"吃,兴致来时,吃完了再回图书馆捡破烂。

《大公报史地周刊》由燕大和清华的师生轮流负责,《大公报》主编那时是张季鸾,根据洪业的记忆,每期拨给史地周刊经费一百元,而投稿人稿酬每千字大概分得五元,年尾结账后剩了钱,清华燕京义务编周刊的人便一起出去把它吃掉。有一年到厚德福去,主要是吃熊掌。熊掌是很贵的东西,因得浸泡一段时间,才能烹调,所以要一星期前预订。他们要了两张大圆桌,各坐了十来个人。没想到碰巧张季鸾也带了员工从天津来在隔壁房间宴会,张便过来和洪业聊天,谈了一阵子洪业问:

"熊掌怎么还没来呢?"

同桌的人说:"你吃过了还不知道呀!"

洪业懊悔得很,一生第一次有机会吃这东西,顾着讲话居然食不知味。张便对他说其实味道跟一般肉食无二,并叫跑堂拿盆熊掌给洪业看,丑极了,洪业心想要是先看了恐怕就吃不下去了。

他们在破纸堆里找到不少有价值的东西,有一次发现一些清朝档案，交回政府了。另有一次看到一张用小楷写的长信，竟然是革命党人刘师培（一八八四——一九一九）早年写给清官端方的信，他自告奋勇要为清廷侦察革命党活动，洪业把此信也在《大公报》发表了，结果引得国民党派人来说话，叫洪业以后不要发表这种东西。

洪业在旧纸堆里还找到一部诗集——《知非集》——是崔述（一七四〇——一八一六）的遗稿。崔述是清朝一个很有学问的人，他带着怀疑的态度读书，只相信可证实的历史资料，于是揭发了许多历史伪件。可惜他一生贫苦，与其他学者接触很少，所以他许多发现不被人知。只有太谷知县陈履和，与他萍水相逢，有过一面之缘，看了崔的著作知其不凡，于是倾家荡产，费了毕生精力为崔述的作品锓版成书。崔述写完了一篇文稿，托朋友远途交给陈后，往往又追信来有所增改，让刻这些书的工程难上加难。陈履和在崔述去世后十年也死了。死时崔述的作品才刻了大半，其余的分散了。以后崔述在中国寂寂无闻，有些作品却在日本流传着，胡适偶然看见了，写了本《科学的古史家崔述》，才引起学界对崔述的注意。

一九三一年三月，洪业把这《知非集》做了跋，影印了；也在《史学年报》发表了一篇《崔东壁书版本表》。该年四月，洪业与顾颉刚、容庚、郑德坤等到河北大名崔述故里访问，原因是有人把发现的崔述夫人成静兰诗集《二余集》寄给了顾颉刚，他们要去看崔东壁还有没有后人，有没有旧稿子在大名。到了大名，见了崔述目不识丁做粗工的孙子，又去看了崔述替他弟弟写的墓志铭，笔迹果然与洪业发现的手稿一样。

洪业这段时期的著作以考证居多，他做这种历史侦探工作的功夫是很惊人的。以《考利玛窦的世界地图》一文为例，长达数万言，引用了无数中文、拉丁文、意大利文、法文、英文、日文的零残史料，利玛窦万历年间的八幅地图，疑其刻者李保罗就是李应试，刻时在万历三十年与三十四年之间。洪业发表此文后第二年，日人鲇泽信太郎在韩国得见一地图，印证刻者果为李应试。在此文中，洪业还探讨利玛窦（一五五二——六一〇）在中国出版这些世界地图后，闭关自守的中国人的世界观曾否受其影响而稍微地扩大，他的结论是不幸没有。

洪业写的《礼记引得序》赢得法兰西文学院的赞赏，荣获一九三七年度的儒莲奖金。但很多学者却认为洪业《春秋经传引得序》一文更优异。此文讨论《春秋》、《公羊》、《谷梁》、《左传》的可靠性、出现的日期、作者、各版本的关系；一九三七年七月，日本飞机轰炸北平西郊军营时，洪业正要结束此文，那几天炮声隆隆，洪家的房子整日震颤着，玻璃窗不断破裂。但洪业决意不理这些干扰，专心著作，证实《春秋》的确是当时的史录，不是凭空伪撰的，因为《春秋》提到三十七个日蚀中，有三十个根据现代天文学家算出来是正确的，其他七个中有三个若不改年日改月，也可得印证；有四个若改年，或改日也可得印证。可见《春秋》因传抄时也许有讹误，但大体来说所记录的事情都是史实。一些清末民初的学者说它是东汉人伪造的，全错了。洪曦若还在的话，一定会为他的长子替传统儒家学说打了这场胜战喝彩。

哈佛燕京学社引得编纂处出版的唯一纯文艺的作品是《杜诗引得》，这显然与洪业自己的爱好有关。洪业十四岁时，他的父亲给他一本《杜诗镜铨》，告诉他："不但杜甫如何作诗是可学的，而且杜甫如何做人也是可学的。"

洪业当时虽依照他父亲的意思，把杜甫一千四百多首诗和三十多篇文，逐句读完，但始终觉得难懂，不如李白、白居易有趣。他父亲就对他说："读李诗、白诗，好比吃荔枝、吃香蕉，谁都会马上欣赏其香味。读杜诗好像吃橄榄，嚼槟榔，时间愈长愈好，愈咀嚼愈有味。"

洪业三十出头渡过洋回国教书时，觉得自己对人世的酸甜苦辣尝得多了，对杜诗有新的领会，购买图书时，渐渐收罗杜集，也从此发现有不少版本与文字的问题，一般杜诗编排的先后也有问题，诗句的注解更有不少问题。

《杜诗引得》的长序是洪业自己写的，解决了许多上述的问题。他认为自己研究杜甫这时候"火候"够了。第一，得力于钱谦益等前人的努力；第二，他掌握了引得图表等工具；第三，他参阅过日法英美德意学者的翻译讨论，这些外国学人虽然因语言的隔阂常犯可笑的错误，但因为不受中国传统思想的拘束，常有新的启发。

洪业不断研究杜诗，后来写了一本"中国最伟大的诗人杜甫"，在美国出版，书评都说他不但学术态度严谨，而且把杜甫写活了。

洪业再回国后全力投注于学术工作，可以说是响应梁启超与胡适"整理国故"的呼吁。他加入了顾颉刚、钱穆、傅斯年等人的行列，把中国几千年来累积的知识，暴露于二十世纪刺目的理性光芒之下。当时不少人抨击他们，国家快要亡了，而且民不聊生，饿殍满地，他们还闭门在旧东西上花心思，简直是逃避现实。他们在那种情况下应否埋头做那些事，姑且别论，但却做得很及时。毕竟二十世纪二〇年代到三〇年代初期在中国近代史上还算是相当平静的时期，不久中国就与日本展开生死搏斗，接着的是让人民疲于奔命的内战，以及一连串很伤元气的政治运动，再平静点下来时，一整代的知识分子死的死了，幸存的工作能力也大为削减。

暴风骤雨来临之前，洪业这一代的学人完成的工作是很可观的。他们既受过传统的教育，又经过现代的科学训练，可说是前无古人，后无来者。他们的重大贡献之一是把主要的古籍都加了标点符号。没有标点符号，今天的读者对密密麻麻一页页白纸黑字，断句都会有困难。没有洪业一代学人整理出一些如引得一类的参考书，中国很多历史文化的遗产我们今天就无从下手了。随着时间的流逝，洪业这一代学人耳详目熟的传统中国社会一天比一天更远离我们，而他们对自古以来一切文献实物的见解就愈为宝贵，将来世世代代都更得依赖他们建筑的这些学术桥梁。

16　出入敌区

他们两人被摩肩擦踵、欢呼高叫的人海带着前进,脚几乎不能踏地地涌过几条大街。这种身不由己的奇异感觉在洪业脑中留下了很深的印象,人生何尝不是这样?

一九三七年七月二十八日，日军占据了北平，他们不久便在华北华中各设立了傀儡政府。在中国北部日军势力范围之外，共产党到处组织了有纪律的游击队；国民政府则在南部继续抗战。这种情况由一九三七年到一九四五年持续了八年之久。

头四年，珍珠港事变之前，燕京大学在这环境下有个令人羡慕的特殊地位。华北别的大学跟国民政府撤退到西南内地去，成千上万的教授与学生背着书、实验仪器、铺盖，一起翻山越岭去了。而燕京却升起了美国旗，因日本暂时不想触犯美国，日军便对燕大裹足不前（除燕大外，北平还有三家大学：辅仁、中法与中国大学以其特殊的政治地位得以苟全）。司徒雷登公开领导燕京，对日军采敬而远之的态度，日军非在特别安排下不准进校园。当日军要求燕大收日本学生时，司徒雷登则表示日本学生在入学考试上成绩不够好，倒聘请了一个日本教授，中日学人都很钦佩的考古学家鸟居龙藏来教书。然而要保持燕京在政治军事旋涡之外是不容易的。燕大多数的教授学生都参与反日活动,司徒雷登劝他们活动不要在校内进行,同时鼓励不听从的员生到后方去。他与日军交涉中,很得力于洪业推荐的一位台湾来的学生。这人叫萧正谊,讲得一口流利的日本语,而且深懂日本礼仪的细节;司徒雷登先是聘他为日文讲师及校长室秘书,后来升他为燕大的秘书长。

我们从洪夫人在这时期写给洪业"美国姐姐"的几封信里,可窥见当时北平情形的一斑。

> 我写了好几封信给你,你可能都没收到,因为日军往往检查了信件之后,便把它们毁了。我刚好有朋友半小时内要离此回美国,请她带这封信。我们这附近惨受轰炸,校园房子震颤得很厉害,校外巷战猛烈……战事起头的两个星期,校园成了难民营,我们家里就住了三伙很惊恐的人,只好强作镇静帮助他们……学年开始,有五百多个学生报到。全体员生外表像很镇静,其实心里焦急极了。我们不能聚会,不能表示政治意见,不能摆出不高兴的样子。进城出城都要在城门接受检查。满街都是日本军人、卡车、坦克车。庄严美丽的公共建筑物、学校都变为军营,让人触目惊心。中国很不愿意打仗,但被人侵略了只好打。这里最大的问题是难民、病人,千万人失业了,没收入。我们有半薪算幸运了……

16　出入敌区

（一九三七年十月十五日）

　　轰炸机与搜查飞机的隆隆响声、炸弹声、枪炮声……这已是日据区，但血战还继续着……大多在黑夜的掩盖下进行，可是大白天里眼见的也不少……天津与北平的人民被逼把钞票换成无用的钱币；日本人搜查了各银行，把法币全拿走，而且得获大存款户的名单……很多有钱人被绑架了，要拿大笔钱赎身。这些日子里贫穷倒是个护身符。……城里常听到拐少女为娼的事件，让作为三个女儿母亲的我很不安……（一九三九年六月二十二日）

　　今年冬天一般人生活更辛苦了……饿死冻死的人更多；自杀、谋杀案骤升；学生们情绪低落，也有几个人自杀未遂。霭梅和霭莲元旦那天整天陪伴着一个朋友，防止她吞药自尽。她后来回家了又尝试了一次，现在正在急救中。我们尽量鼓励学生参加康乐活动，尽可能过正常的生活。（一九四一年一月八日）

　　到一九四一年，洪业与洪夫人觉得北平的环境对他们孩子身心发展有非常不良的影响，便托朋友把两个大女儿送到美国去，只留霭兰在家。

　　日据下北平人民的窘困洪业也很清楚，他说佣人放假回乡去两三个星期，回来时就面黄肌瘦，可见乡下实在没得吃。洪业自己则只有比以前更忙，每天到他家和办公室的客人川流不息，除了朋友学生外，还有找事的人、募捐的人和愈来愈多的外国人。三教九流的外国人一窝蜂到中国去，那里一点点外币就可以兑换无限的享受；也有特来战地求精神刺激的；还有白俄、欧洲犹太人来中国求个安身之所。洪业尽量在百忙之中见他们，给他们一点父老式的忠告，让他们进一步了解中国的处境。

有了萧正谊做桥梁，洪业与鸟居一家人成了好朋友。七十多岁的鸟居龙藏热爱中国。他研究考古学有三个好助手：他的太太会讲蒙古话；大女儿曾留学巴黎，会讲法语；二女儿留学美国，会讲英语。像很多日本学者一样，他自己会看中文，但不会讲中国话。

> 在鸟居一家人中，我与鸟居夫人交谈最少，而与二女儿绿子交谈最多，她是我和鸟居先生间的翻译员。我很喜欢她姐姐，名字我忘了，那么优美文雅，而且很会烧法国菜。她与一个日本人结过婚，但分离了，带着小女孩跟父母住。有一天早晨我太太无缘无故跟我生气，我问她为什么，她说她梦见鸟居大小姐坐在我的膝盖上，我听了大笑，她才觉悟自己荒唐可笑。
>
> 后来绿子与我的学生张雁深相爱，两人都向我倾吐心意，他们结婚时便叫我做主持人。

洪业未老头发就先变灰白了，在写给他美国姐姐的一封信上说自己是"一个四十八岁的倦怠的人"。一九四〇年他有机会到麻州剑桥一趟时,便乐得有一段时间可离开北平。那时燕大买到一块与校园相连接的地,洪业提议用来盖十间平房,给在燕大做研究的外国学者住。司徒雷登正致力要使燕大成为国际学府,洪业这主意正可能配合他的计划。燕大不但已经与哈佛建立了关系,还和美国的普林斯顿、英国的牛津、若干法国、德国、意大利的学府攀上关系。司徒雷登便叫洪业到剑桥去说服哈佛燕京学社的托管人拨款盖这些平房。

当鸟居龙藏知道洪业要取道韩国、日本去美国时,坚持要陪他到日本,不让他被日军骚扰。第二天绿子来了,问她能不能跟着去服侍她父亲,于是洪业在两个陪从护送下浩浩荡荡地从北京坐火车到釜山,再由釜山乘轮船到横滨。

洪业到了东京,要去静嘉堂文库的岩崎图书馆,这图书馆建筑在岩崎弥之助的墓上,收他的藏书。中国最早的一本关于怎样写历史的书是《史通》,洪业自一九二三年便开始研究这本书,但他所见过最早的版本是元朝的,听说岩崎图书馆藏有宋本,鸟居龙藏写了封介绍信给该图书馆主任,后来以作《大汉和辞典》享盛名的诸桥辙次。根据洪业说:诸桥辙次穿了隆重的和服接待洪业,并端上茶来,但他们很快使用中国话交谈。不久诸桥从书架后拿出第一册和第四册来给洪业,这是图书馆员的惯例,不把整部书拿出来,提防人家把善本书拐走了。洪业见他疑心那么多有点气,他把第一册打开来一看就知道不是宋本,马上盖上送还诸桥。诸桥看了很诧异,说:

"您的问题解决了?"

"是的。"

"请问您要找的是什么呢？"

洪业说这本书本来是十九世纪中国藏书家陆心源所藏，陆心源说他的本子是影刻宋刻本的。洪业来岩崎图书馆就是为了看看是不是。诸桥有点不服气，问：

"洪教授，我知道您学问很渊博，但您只不过瞥了一下，很多中国和日本学者都看过这书，难道他们都错了？"

洪业告诉他证据不是在这两册，而是在另两册里。这时诸桥有点怒容了，木屐走得相当响，到书架后把另两册和包书的锦缎一起拿出来。洪业打开第二册，把第七章最后一行指给他看，上面有一条是十六世纪学人陆深写的，表明该书不是宋本。诸桥被洪业说服了，有点窘。

洪业乘了总统轮船公司的船过太平洋时，船上大家热烈谈论的是欧洲与中国的战事，还有美国总统大选。洪业买的是二等票，他到三等舱去逛时，那里的船客异口同声都说罗斯福总统应该第三次连任，头等舱的船客则都严厉地批评罗斯福，希望温德尔·威尔基（Wendell Willkie）选上。洪业是倾向罗斯福的，但他决意不在这题目上张口说话，因为他的美国朋友多是共和党员，他们都憎恨罗斯福。

他一九四〇年九月先到匹兹堡看他的美国姐姐，再乘夜车到纽约，他预备到了纽约火车站从容用过早餐后慢慢打电话给红毛公。他等火车上的乘客走完了才下车；怎知一下车便看到一小队人带着花，还有个小乐队吹吹打打向他走来，他们向他招手，洪业有点诧异，也回敬了一下，那些人走近了，他才发现他们的眼光焦点在他后面，他转身一看，是总统候选人温德尔·威尔基。

红毛公的诉讼问题及财政问题那时早就解决了，在纽约离他的橡胶产品公司不远盖了一栋新房子，他的太太是名广播家洛厄尔·托马斯（Lowell Thomas）的妹妹，他们两人都在美国的抵制日货运动中十分活跃。红毛公很高兴有机会介绍他太太与洪业认识。又带了洪业观看他们的房子，有一个房间放满了玻璃壁橱，展览他在中国买来的裂纹陶器。他们第二天晚上在托马斯家用膳，饭后红毛公带他去看纽约州长，要洪业向州长讲日本在中国的丑行。

纽约州州长托马斯·杜威（Thomas Dewey）很谦和，他头一句话就说："我必须先告诉你我对中国多么无知。现在大家都谈论重庆的政府，我在地图上找不到重庆。"

他们坐定后洪业便对他们说他对亚洲战事的看法。他说日本人不是坏人，但受德国军国主义影响，觉得若不占领中国，就无从完成他们的民族使命。洪业预言日本终归要垮下去的。它像条蛇吞噬了一头大牛，一定消化不良。杜威州长打断了洪业的话，跑上楼把儿子们叫醒，带那两个小男孩穿着睡衣裤来客厅，让他们听这中国绅士讲话。杜威州长后来也曾竞选总统。

洪业离开纽约州之前，红毛公又介绍他认识小说家辛克莱·刘易斯（Sinclair Lewis）的太太多萝西·汤普森（Dorothy Thompson），她本身是纽约新闻界名人，大家都叫她米西（Missy）。

数星期后，洪业在哈佛教员俱乐部接到红毛公的电话说："威廉，你大放光芒的机会来了，米西十分为你倾倒，要你在她报社组织的时事讨论会上做主讲人之一，另一个主讲人是罗斯福总统。"

洪业知道这是很高的荣誉，但顾虑到数月内就要回到日据的北平，不便公开发言，提议他们请胡适大使演讲，而且答允帮忙胡适准备讲词。

洪业回忆到这段往事说：

> 我未到华盛顿见胡适之前，心里有点保留，因为在哈佛碰见数学家伯克霍夫（George Birkhoff），他也认识胡适，他对我说胡适做了大使后学了一套假笑。学者是不能假笑的，可是一做大使就一定要假笑。胡适这人没有一点俗气，他当大使跟我说话时，我也不觉得他有俗气，伯克霍夫却说好几次看见他假笑。我想大概是大会的时候，跟那些没关系的人说话，才摆出一副假殷勤，这是做外交的人所难免的。伯克霍夫跟我说这话时，我才想起坐船经过夏威夷歇了一天，看见夏威夷大学校友刊里有一帧校长与胡适握手的照片，他的面孔实在是在假殷勤地笑，俗气得厉害。做大使对胡适是很大的牺牲！国民政府有胡适这样的人做大使是很幸运的，但偏有小人不要胡适做大使，后来"回部调用"。听说蒋介石过意不去，胡适离职时有三万美金要给他，胡适

虽穷却谢绝了。我几次想拐弯抹角问胡适这大使是怎么丢的。但他是顶聪明的人，几次都轻巧地避开话题。

我在华盛顿有好几次去看他，他要我搬进大使馆，以方便讲话，而且说有个厨子可做我喜欢吃的菜，结果我下榻于附近的旅馆，在大使馆吃饭。有一天我们在吃晚饭，胡适接电话老半天才回来，蹙着眉头说："这很讨厌，是宋子文，他要搬进来。"

我就帮胡适准备了十分钟的讲词，他在镜前练习了一遍，我提议他裁掉两分钟，以留足够的时间让听众鼓掌。

洪业感恩节在他美国姐姐家度过，这位美国姐姐住在匹兹堡，替匹兹堡大学计划并募捐建造成所谓的"学问大教堂"，这雄伟瑰丽的建筑物真像个大教堂，里面第一层楼每个教室的陈设旨在发扬各国文化。洪业一九三〇年在美国时帮她筹备"中国室"，并推荐艺术家滕圭替他们设计装潢。洪业很高兴又有机会见到匹兹堡大学校长约翰·鲍曼（John G. Bowman）。鲍曼曾请洪业写了《大学》"修身"一章，附英译，挂在他办公室里。过了许多年之后，匹兹堡大学要开中国课，他又请洪业帮他策划，洪业去世后匹兹堡大学开了个追悼会。

洪业与美国姐姐到附近的海恩斯教堂做感恩礼拜，洪业回忆说：

> 那天是个叫克尔的牧师讲道，他的讲题是"失败

者"，说耶稣、孔子、苏格拉底生时都被人认为是失败者，但他们的生命转变了历史的方向。他在台上讲，璐得便拧我的手臂，讲到最后，克尔牧师说："我们为成功而感恩，也为失败而感恩。失败有时也是好的，我告诉你们这不是我自己想出来的。一星期以前，我去看匹兹堡大学校长，他走出办公室几分钟，我在他办公室里看到一本关于失败的小册子，是个中国思想家写的，他的名字我忘了。"礼拜做完后，璐得带我去见收师，对他说："我要介绍你认识我的中国弟弟洪煨莲，他就是那小册子的作者。"

除夕那晚，洪业与他的美国姐姐到纽约时报广场凑热闹，群众的情绪高昂，罗斯福总统以高票连任。美国经济已开始复原，那时又还没有卷入战争，他们两人被摩肩擦踵、欢呼高叫的人海带着前进，脚几乎不能踏地地涌过几条大街。这种身不由己的奇异感觉在洪业脑中留下了很深的印象——人生何尝不是这样？

洪业把燕大的任务完成了，还到了母校俄亥俄卫斯良接受荣誉博士学位。因他到美国去的旅程那么顺利，洪业回国时放胆乘了一艘日本船，一九四一年一月平安无事地回到中国。

17　被押入狱

用武力来占领别的国家，把别国人民当奴隶，镇压别国人民的意志，只能暂时收效，因为一定会有反应的，而最后一定得报应，报应来时，压迫者有时比受害者更惨。

日军在一九四一年十二月七日轰炸美国夏威夷珍珠港，因而使美国也卷入第二次世界大战。因时差的关系，在中国已是十二月八日了。洪业清晨接到燕大哲学教授张东荪的电话，告诉他美国与日本已开战。洪业把洪夫人及霭兰叫醒，佣人说日军已在燕大校门持枪站岗。

事出仓促，日军不知要怎样处理燕大才好，可是他们急着要把林迈可（Michael Lindsay）抓来。林迈可是英国贵族，从一九三七年就在燕大教书，洪业与他晚上常一起坐在壁炉边抽烟斗，看书、聊天，直到两人中有一个起来，告辞上床。他的同事不知道他这几年不断暗运大批军火、医药及收音机零件给西山那一边的共产党游击队。那年夏天他和帮助他的燕大女生，一位国民政府将军的女儿李效黎刚结了婚。珍珠港事件的消息传来，美国已不是中立国了，日军便马上进入燕大校园到林迈可家找他。但林氏夫妇消息灵通,几个小时之前已驾了司徒雷登的车到西山那边去了。此后四年中,林氏夫妇替游击队建造了完备的无线电通讯系统。

司徒雷登恰好在天津,日本宪兵跑进他的办公室翻抄档案,后来才抓到他关进牢里。

该晚,日军围捕了十二个教授和十一个学生,把他们关在行政大楼过夜,第二天派大卡车来把他们载走了。卡车经过校门时,鸟居龙藏教授穿了隆重的日本和服向卡车上的囚人鞠躬。

那年圣诞节燕大没有照惯例庆祝,有个在日军部队里地位相当高的有末精三少将,被派向燕大教职员游说,让燕大在日本指挥下改组,但教职员自然不听从。过了数星期后,日军决定解散燕大,把校园改为日军医院。学生中有的回乡去了,有的上西山参加游击队,有的到后方国民政府旗下的区域去,一些教授在四川成都组织了流亡的燕京大学,继续上课。

圣诞节过后三天,邓之诚正在洪寓吃早饭,日本宪兵进来把洪业和邓之诚带到司徒雷登办公室里。他们在等候时,邓用手指在他的裤管上描了个"囚"字,洪业无言点头。宪兵回来时,带了燕大的总务长蔡一谔同来,把他们三人一起领到北京大学文学院行政大楼,即当时日本宪兵司令部。宪兵替他们盖了手印,把他们口袋的东西都搜出来,东西一一检查了记下,分别放进信封里,然后把他们关在地牢里,在那儿前后一个半月。

洪业眼睛适应了那地方微弱的光线后,看到木板地上铺了些小席子,牢房一角有个木便桶。牢房里还有另外一个人,个子很

17 被押入狱

大,留了长髯;穿皮靴的宪兵踏着沉重的脚步走远后,他便挪身过来低声问:"你是燕大的洪煨莲教授,是不是?"这人叫杜超杰,据说是苏联间谍。数日后,他听说邓之诚也被关在里面,便大笑说:"日本这场仗一定会打输,尽是些愚蠢的大兵,把学生抓来干嘛?现在竟然连你和邓先生两个老古董也关起来了,真是笑话!"

每个囚犯分配得一条被,一张席子,一张用来揩大便的纸,但他们都把纸存起来写字。宪兵每天早上来搜身,看有没有铅笔、火柴、利器及其他违规的物品,其实他们都有这些东西,分藏在牢房的隙缝里,因为那时还准他们的家人每天送饭菜和干净衣服来,不时暗夹了些小剪刀、铅笔、香烟等,而且囚人获准每天去外面倒一次便桶。他们虽用绳子连绑着,但总有办法互相交换物品。那时最珍贵的物品是水果,有助通便。最宝贵的消息是日本人审问什么问题。有些人经过审问后便放走了。有些被打得血肉模糊,呻吟着被抬回牢房。

洪业被关了一个星期左右,有个韩国人来把洪业领上楼去,进入一个研究班讨论室,现在用来审囚犯了,面积大概七英尺宽九英尺长,一头有个小窗,另一头是黑板,中间是张椭圆形桌子,桌上有一叠文件,一个戴着军帽的日本军官坐那儿读文件。他见洪业进来便挺直腰坐正,那韩国人走到他身边一张小凳子上坐下,对洪业用中国话说:

"请向太君鞠躬。"

洪业觉得他快要五十岁的人要向一个二十多岁的大兵行礼是

个耻辱,便说:"我对武力鞠躬。"

那军官叫韩国人拿张椅子给洪业,洪业便与军官面对面地坐下去。军官问洪业他的姓名、岁数、出生地、学历、为什么到美国读书,到过日本几次,在日本有没有朋友等等;有时拿了纸来叫洪业把人名地名写下来,这样一问一答半个钟点光景,突然间问题的性质改变了。

"你是不是抗日分子?"

"我是。"(洪业后来才知道,囚犯抗日如不明说,就会挨打。)

"你为什么抗日?"

洪业说:"这问题我有两个回答的方式。概括地说,我不得不如此,但你要我细说的话,请你给我二十分钟,不要打岔。"

军官说他可以有二十分钟。

洪业正在等待这机会,他脑子里已预备了一篇讲演,内容也有随机应变加上去的,他说:

> 我是研究历史的,小时候在中国读中国史,后来到外国读世界史,远东主要是日本史和韩国史。我得到了一个结论,就是用武力来占领别的国家,把别国人民当奴隶,镇压别国人民的意志,只能暂时收效,因为一定会有反应的,而最后一定得报应,报应来时,压迫者有时比受害者更惨。

洪业便举了好几个例子,西方从亚历山大讲到第一次世界大

17 被押入狱

战的德国皇帝威廉二世。洪业说蒙古人满洲人占领中国,都被推翻了,"你看看满洲人,现在多可怜!"又继续说:

> 我不仇视日本人民,其实我很钦佩日本人民,但我反对日本的军国主义,而太君是这机构的一部分,你们宣传说因为中国政府腐败,所以要占领中国。中国的军阀是很腐败的,但国民政府并不腐败,我不是国民党员,国民党有很多作风我都不赞同,但国民党在你们来之前已开始把中国工业化。
>
> 日本军队先侵略了满洲,然后占据了中国北部,现在居然要与世界各国开战了,什么时候终了,我不知道,但我知道有一天要终了。战事结束时,日本人民是要受苦的。
>
> 我可怜日本人民,因为他们受军人哄骗了,当他们有一天觉醒时,便会发现所有的宣传都是假的。你们宣传说日本的目的是要亚洲各国共同繁荣,这完全是骗人的话,为什么知道是假的呢?看看韩国历史便知道,日本自一八八五年便对韩国有不良企图,因为韩国人不能保卫自己,中国便和日本打了一仗,那场战争日本打赢后,便并吞了韩国,现在韩国人不管愿不愿意都被征入日本军队里,做卑微的工作,你们要把中国变成第二个韩国。

洪业讲到韩国时,那韩国翻译员热泪盈眶,日本军官脸色发白，不等翻译完就叫韩国人把洪业带走，说是午饭钟点到了。

韩国人领洪业下楼时，暗地对他说："你讲得好，希望鼓足勇气再讲下去，我看太君也受感动了。"

洪业回到牢房情绪高昂得吃不下午饭，他低声告诉杜超杰他被审的经过时，杜说："好家伙，日本人吃硬不吃软，你这样他们会尊敬你的。"

下午两点，洪业准备又要继续演说，当韩国人叫他"对太君鞠躬"时，他又说："我对武力鞠躬。"没想到那军官沉默地凝视了他一会儿，便把军帽摘下，退到黑板那一头，用流畅的中国话说："我向一个不怕死敢说实话的人鞠躬。"

洪业回忆说：

> 我忘了我说什么了，大概说我不知太君会说中国话，他说他在大学学过中文。他只是执行责任，他以后再跟我交谈。

那天晚上，军官来叫洪业到他房里请他吸烟喝茶，他们聊天聊到深夜，他说他的名字是黑泽，是个少尉，他问洪业对蒋介石有何感想？洪业说他不崇拜蒋介石，但得承认蒋介石是个有道德观念的人，蒋介石以前是个好烟好酒好赌好嫖的帮派人，可是与宋美龄结婚成了基督徒后，那些都不做了，现在日本人把他制造成英雄，因为日本人费那么大力气都抓不到他，他便成了英雄。黑泽听了也表同意。

洪业受审的经过比较特别，其他燕大教授都被整得相当惨。

陆志韦牙齿差不多全被打掉,有的人则被灌水龙软管。囚犯被缚在地上,用水龙管的水往他脸上直灌。囚犯脸上眼睛鼻子嘴巴都不断注满着水,气管噎塞挣扎着呼吸,终于晕过去。

洪业在北大文学院行政大楼地牢里其后的一个多月内没什么事。有一次有几个日本人也被关了进来,他们没有家人送饭,得吃牢里难以下肚的食物,中国囚犯便分点饭菜给他们。洪业的学生刘子健也有一个短暂的时期被关到洪业和杜超杰的同一个牢房里,他在时自愿替洪业洗衣物。有段时间洪业病得很严重,一个早晨宪兵进来时,洪业站不起来,宪兵带了个军医来看他,并给了他一些阿斯匹林药丸。洪业穿了皮外衣躺下来,几天不吃东西,自己好了。

农历年元旦前几天,洪业被领到一个大厅里,看到另有十个燕大教授也在那儿。他们以为要获释了,但有个人拿了手铐来,把他们一对对扣上了,最后一个跟狱吏扣在一起。教授中除邓之诚、蔡一谔、张东荪、陆志韦外,还有宗教学院院长赵紫宸,新闻系主任刘豁轩,法学院院长陈其田;和三个年轻教授:林嘉通、侯仁之、赵承信。

洪业此刻以前一点都不恐惧,可是一看到手铐他便惧怕起来。他暗地祈祷:"神啊,我本来决意不害怕,现在非常羞耻,请你给我勇气。"

洪业与张东荪扣在一起。

张问洪:"这是什么意思呢?你怕不怕?"

"我刚才很怕,现在不怕了。"

"你不怕那我也不怕。"

洪业引用《论语》一句话说:"德不孤,必有邻。"

张咧开嘴笑。

宪兵把他们推上一辆卡车,卡车驶过俄国东正教堂进入一所日本军狱里。他们不知道到底到了哪里,但因每四小时可听到教堂钟响,估计是在北平东北角。他们又盖了手印,衣服全被剥了搜身后才准穿衣服,每人分派了个号码,从此只用号码不用姓名了,洪业的号码是五〇六。

头八天十一人全放在一个大狱房里,叫他们在席子上面壁而坐。在用粗糙的木头做成的格子门外有卫兵来回巡走着。狱房里没有便桶,只有个大臭坑在一角,每天有两次吃的,总是一小碗混着砂子和灰末的小米饭(砂子为的是帮助通便),一碗煮过日本人残羹剩菜的咸水汤和一杯热开水。食物是从格子间的空隙传递过来的。有时有筷子,有时没有,迫得他们用手吃,一天只有那两杯热开水,喝的刷洗的都是它,很宝贵。洪业喝了那汤只有更渴,常常把汤交换开水来洗手洗脸,不久他们身上都长满了虱子跳蚤,其痒难忍。

他们不准交谈,但大家一有机会便私语,不久又发明了两套英文密码互通消息。第一套是用身体各部分代表二十六个字母,大家从眼角可以看到旁边的人怎样抓痒,便可传达消息。那些卫兵看到他们老是抓痒,自己也乱抓起来。第二套密码靠声音传达,第一个英文字母是短短敲一下,第二个字母是长长地敲两下,如此这般,后来他们各被隔离了就全靠这密码的音响传达消息。他们互通信息时，发现陈其田都不参与，就怀疑他有心与日本人合作。

被关在走廊另一边的是日本军人，他们常被狱吏用乱棍打，但吃得很好，有炸肉、炸鱼等，香味飘过来，更让这边饿得要发疯，他们看见这些军人每星期都要称重，就知道大概这些小伙子犯了军规被关起来了，可是期满了还是要回战场去的。日本军队里纪律严厉，地位很低的军官都可随便打更低一级军人的耳光，下级被揍了还要深深地行礼道谢，中国教授看了惊叹不已。

他们到晚上八点才准躺下，睡时刺目的电灯泡整夜亮着。有一天十一个人中的一个病倒了，告诉卫兵，卫兵说他可以躺下。几天后，另一个卫兵经过看这人躺下，便用靴子踢他。第一个卫兵就说他病了。卫兵看到张东荪也躺在地上，便来踢他。张东荪很受冤枉地说："我也病了嘛。"引得洪业差不多忍不住笑了出来，那卫兵告诉张他没病，再踢他一两脚，命令他坐起来。

其后二十四天，他们每个人都被隔离在一个小牢房里，才知道人被隔绝起来比饥饿、口渴、寒冷、寄生虫都更可怕。张东荪是浙江钱塘一个世家里长大的，从来没有自己一个人睡过觉。他最受不了这样日以继夜的孤独。他原来是在日本留学的，但恨透了日本人，回中国以后就不说日本话，现在记起来了，用日本话叫卫兵，卫兵不管他，他又叫，卫兵就喝叫："你要这个要那个的，这是什么地方？这不是旅馆，是监狱，好家伙！"

张东荪便用日本话骂他们："马屁！驴子！"不但骂卫兵、骂日本政府，还骂天皇，卫兵不能不理他，跑进他牢房里打他一顿，他便像猪一样叫，卫兵走了他用头猛撞石灰墙要自杀，撞得头破血流。

洪业离张有八九个牢房之远，但听到了也心寒，他恐怕自己也要发疯了，他用双手把耳朵掩住不听，头倚在墙上默默祈祷，对自己说：

"洪煨莲，你多年来总是抱怨没有时间，你知不知道现在有的就是时间？要多少时间就有多少时间，你受了那么多教育，这时间总有办法打发吧？"

洪业每天用长指甲在墙上做记号以记年月，他想到耶稣在旷野四十天，穆罕默德也单独过一段时间，马丁·路德为了要沉思躲到一个小镇去住了一些日子，便决定要把身边一切摒弃于脑外，专心根据张文理的"生产主义"构想一部乌托邦小说。他把故事摆到一九六五年，推想对日抗战胜利后国共合作，以生产主义做根基重建中国，将是怎样个情形。在这乌托邦里，各政府机构利用代码系统有效地收集全国人口、就业、生产等资料，让中国经济有规则地发展。（我们以当前的眼光看，洪业想象中的代码系统，预示着电脑的发展，但正因电脑的突进与通信事业的发达，洪业想象中的那一套我们也用不着了。）他还设计出不少管理政治社会的网络，为了使这乌托邦小说更有趣味，他编织了一个神秘的爱情故事放进去。

一九四二年三月十四日，这小说的轮廓在洪业脑中已成形时，有一天他小狱室的门被打开，推进一个人来，竟是宗教学院院长赵紫宸。洪业与赵讨论他的故事，赵则在洪憧憬的新中国中加入宗教的理论基础。他们两人无事便暗中以诗词相和。诗的题材包括在地上吃饭,晚上做的梦,捉虱子,想念妻儿,狱里的阳光,小窗外的杨柳枝,闻钟声有感等等,后来赵紫宸出狱后把他在狱中作的一百七十首诗写下来,以《南冠集》为题出版,其中六十七首或是赠洪业的,或是和洪业的韵的。这些诗也刊登在一九七一年燕大美国校友会办的《燕大校刊》上。他们两人一起讨论乌托邦,吟诗填词,几乎忘记了肉体的苦楚。

赵紫宸与洪业相反,他不吃那与砂土灰尘混合的小米饭,而喝那咸水汤。有一天他在地上敲了几下,引起了洪业的注意,洪抬头看到赵嘻嘻笑着,原来他在汤里找到一小块猪肉。赵抓住肉皮上的毛举起给洪看,洪不禁又一阵心酸,赵太太是有名的厨师,善于做苏州的精致点心,而丈夫在此正为一块带毛的猪肉而洋洋得意。

和赵紫宸两人住了十七天后,洪业被从第二十九狱室领出来放进第三十四狱室去,里面已住了刘豁轩与林嘉通。天气变暖了,洪业每天更渴,他就干脆不吃,换取别人一部分的开水。他们饥肠辘辘,脑子老是往吃的方面转。刘豁轩说能吃到烤乳猪最好了,林嘉通则说他要一品锅,洪业说他要两碟生蚝,美国吃法,榨上柠檬汁,蘸番茄酱和辣椒末吃,吃完了再来个蜜瓜。他们其中一个说:

"我们现在吃的简直是猪食。"

洪业打趣说:"我们不是普通的猪,而是日本天皇的猪。"引得大家哈哈大笑。

两个卫士就跑进来问："谁讲话？"洪业说是他。

那岁数比较大的卫士说："讲话就要挨打。"

那年轻的卫士竟说："他老了不要打他，我替他受打好了。"

于是头一个卫士就轻轻地打了他两下，洪业看了很受感动。

有一阵子狱里闹荨麻疹伤寒，赵紫宸差点送了命。便有人到狱里到处喷一种绿药粉。洪业因敏感差点几天不能呼吸。但却也因为这样，他们有机会洗了两次澡，指甲也给剪了，头剃得光光的。

四月十四号那天，卫士进来用手铐把洪业铐上，用条绳子牵了他到狱外一英里外一个日本军事法庭受审。问他是不是视日本人为侵略者，为什么？洪业用他对黑泽同样的答案回答。又问他为什么不到重庆抗日？洪业说他太老，不能拿枪杆了。而且他相信消极反抗比积极反抗有效。问他爱美国吗？洪业说他中国美国都爱。他是不是相信日本将会失败？洪业说他相信战事不久就要结束，因为一般的日本人民不喜欢战争。他又解释他的政治社会理想。

第二天，他又被牵出去了，他不知道那天天气热，穿了皮外衣跟着走，审他的房间里有个火炉，火焰熊熊，洪业满身是汗，要求他们把他的绳子手铐暂时解开，让他好把大衣脱下来，审官说不必，一下就完了。室里还有个速记员，洪业避免接触他的眼光，因他觉得这人充满仇恨。这人却突然从桌子对面伸出手来，给洪业一小包日本清凉剂，洪业很感激地望过去，这人眼中洋溢的不是仇恨而是同情，在那一刹那，洪业突然感到他的祈祷就要应验，他要被释放了。

他们白天面壁而坐，消遣之一就是当卫兵不注意时转过头去看看对面墙上的蜘蛛丝是否改了样子。一天早上，洪业转过头去，看到那污秽石灰墙上的蜘蛛网形成了很复杂的图案。

> 有个热带森林，森林前面是一个男人的上身，他长了胡子，秃头，有阿拉伯人那种深邃的眼睛。他两条手臂左右两边伸展着，手背向前，我看到他后面有野兽，那人好像用手挡住不让野兽出来。我定一定神再看，这次看到这人头顶上有块木头，两手尽处也是木头，这岂不是耶稣在十字架上？我再看，竟看到有红血从那人的心部如细丝般流下来。我惊骇忘形，几乎晕了过去，恐怕自己真的疯了，发生幻觉；便决定去调查一下，站起来到狱室角落小便，在那墙壁前经过。近看那图案见不到了，但血倒是真的，有人在墙上挤死了一个臭虫，把血往下涂了。我坐下再看，图案又出现了。我假装咳嗽吸引刘豁轩的注意，他离我几尺之远。我问他从墙上看到什么东西？他摇摇头；十点钟卫士换岗时，我提议和他交换位置，他转过去一看，不寒而栗。
>
> "你看到了什么？"我问他。
>
> 他不回答我，只问我知不知道是什么日子。我说是星期五。
>
> 他说："是耶稣受难日（Good Friday）！"

我晚上常失眠，因为我习惯熄灯睡觉，而那里的电灯泡整夜照着我的眼睛。在五月十五号那天晚上，我看见电灯泡的灯丝形成个英文字母 C，便尽量想一些以 C 开头的愉快字眼。以前我做这个游戏总是想到不愉快的字。如污蔑 Calumny、抱怨 Complaint、咳嗽 Cough、麻木不仁 Callous 等，这晚上却想到十一个一连串有意义的字。审毕 Court Calls Completed、判无罪 Charge Cancelled、案了结 Case Concluded、不再继续 Cannot Continue、解放 Confinement Cut。

第二天早上，洪业、邓之诚和刘豁轩又出庭，那少将告诉他们：

"你们各位虽有抗日思想，但没妨碍大日本军队的行动，调查清楚了，没有罪名。我现在代表日本军队向你们道歉。今天开释回去，与家人团聚，休养好之后，我们还要你们回来，若肯跟我们合作，将派给你们好差事，接受与否，你们可以自由决定。"

接着把他们带回狱里，让他们把自己的东西带走，还把捉他们那天自口袋里取出的东西一一归还，要他们在信封上签字说没有遗失的。最后，还向他们道贺，与他们握手，问他们需不需要交通工具回家？邓之诚向他们要了黄包车，他们得到家里新地址才知道燕京校园的房子已不是他们的了。

看起来日本军觉得让这批教授死在他们手上没有什么好处。其他的教授一个月内也都陆续出狱了。洪业在狱里消瘦了三十磅，大家都要疗养一段时间。陆志韦是被抬出来的，赵承信到了家门口按铃，家人开门发现他已支持不住倒在地上。有趣的是，十一人里在狱中最苦的张东荪发现，他患了多年的慢性溃疡，竟然在狱中不治而愈了。

18 抗日胜利

洪业于一九四六年四月离北平,计划洪夫人夏季便到美国与他相晤,没想到他这一走便与故国永别了。

洪业从宪兵司令部移到军狱后，洪夫人就再也没有他的消息了，送去的包裹都被打了回来。她和其他十位太太常相聚，因为洪夫人会讲英文，便派她向外国人打听。那时英国人、美国人都回了国或入了集中营；德国人和意大利人被视为日本友邦人士，没抓起来。洪夫人在几个德国汉学家那儿奔走，也没有效果；有几次太太们带了干净衣服去见宪兵，宪兵对她们说那些教授被枪毙了。日军不久却又派人去见陆志韦太太数次，说太太们能够献铜的话，她们的丈夫就会受到优待。太太们商量的结果是铜是用来做子弹的，不能给。

洪业被释放后乘了黄包车到城里新开路的房子（是洪夫人早年替他买的，让他有地方躲避客人，可专心工作），发现有个医生冯应琨与他家人住在那儿。他们告诉他，洪夫人和霭兰住在北京协和医院的王锡炽医生家。打了电话去，果然在那儿，洪夫人煮了鸡汤，热泪盈眶地欢迎他回来。

很多朋友都来道贺，最特别的是收到福开森（John C. Ferguson）派人送来的包裹。福开森虽是美国人，但他曾做过几年中国政府的顾问，日军因他年迈名望高没把他关起来。福开森大量收买中国古籍，有时也来请洪业鉴定。早些年，一个书商拿了本一五七七年出版的《史通》给洪业看，是张之象刻本，现存《史通》版本中最好的，非常难得；书商开口要三百元，差不多达洪业一个月薪水，洪业正迟疑不决时，福开森把它买了。现在包裹打开居然是这本《史通》，还附了封道贺的信。

重获自由的欣喜过去之后，洪业逐渐了解到他入狱后洪夫人多么辛苦。因为一点收入都没有，她只好把家里的东西逐一拿去典卖，也因为这原因才把新开路的房子租出去，和女儿寄住在王家。王锡炽夫妇虽好客，也不能长住在王家，于是他们和冯医生商量后，便搬回新开路和冯家挤着住。为了吃饭，还得典卖家物：地毯，洪业的英文打字机、中文打字机，都相继抬出门了。洪夫人为了卖一套她生日时洪业送她的版画哭了一场。洪业最舍不得的是一部二十四史，他多年来在上头做了多少眉批，但也只有割爱。将要山穷水尽时，王医生为他们出了个主意，把新开路的房子抵押了，得一大笔钱，在中国老钱庄放高利贷，靠利息度日。

那时有个企业家，天津东亚毛织公司的老板宋棐卿，出了不少钱接济这些燕大教授。宋棐卿经营的公司员工的薪水及福利是出名的，他办了学校给工人子弟读书，还有奖学金让他们有机会深造。公司赚钱，工人有份，员工还有退休金。无论在中国在欧美，这种福利当时都是罕见的。宋有天半夜乘了黄包车来看洪业，带了一大卷一大卷钞票，叫洪业分给同事们。为了怕引起日军猜疑，他叫洪业对同事说宋棐卿要向他们收买古字画，教授们愿意的话，拿些赝品给他好了。洪业把钱分了十份。陈其田没有份，因为他搬回燕大校园住，有人看到他拿了公事包跟着日本军官走。

另外拥有煤矿的王子文常派人送煤来。在重庆的国民政府也拨了钱慰劳这些燕京教授，到底拨了多少不知道，据说数目相当大，但是款项经了几手后，教授们得到的只够买几斤肉。

洪业在家赋闲，便埋头把在狱中想好的乌托邦小说写下，他用英文写，让洪夫人看得懂，他也做些学术研究。

因为没事做，钱又紧，教授和他们妻子间就往往闹意见，大家就喜欢打麻将躲避家里的紧张气氛。一天晚上在王子文家打完牌，洪业与陆志韦对床而眠，一直谈到天明。陆志韦问洪业他希望有什么成就？洪业说他希望对宗教、教育、政治都有贡献；陆志韦说洪业的目标太分散了，说他自己则希望做几年中国的教育部长，他对教育政策有些理想，希望有机会可以办办看。

"燕京复校后，我还希望做校长，我觉得日本人没有来之前我做代理校长还做得不错。"

"是呀！"洪业说，"燕京复校后，校长候选人大概就是你跟我两个人，我一定全力支持你。那么从燕京校长跳到做教育部长，并不甚远。"

"可是我倒不想在国民党下做教育部长,照我看共产党会成功,我希望能在共产党下做教育部长。"

洪业和陆志韦对共产党的看法是很不同的。洪业对共产党很多思想赞同,尤其赞成共产党人人应该工作,不能因为祖上有钱便可享受终身这种思想。他觉得马克思用经济因素解释历史也有可取之处:因为一个历史运动需要少数的领导人和多数群众的支持,领导人往往为某些理想而奋斗,但群众的趋向与衣食住行问题是分不开的。然而,共产党的唯物辩证论与洪业所拥护的儒家与基督教人生观基本上背道而驰;他对共产党要把旧文化一概铲除的主张,也觉得太浪费了,人的知识文化是一点一滴累积来的,不吸收以往的教训,完全从头做起大可不必。共产党这种雷厉的作风却正合陆志韦的胃口。陆和同时代很多知识分子一样,觉得中国传统的一套太繁琐了,要理也理不清,不如从头做起。从一九四六年到一九五二年之间,陆志韦果然当上了燕京校长,但他在一九四九年之后的中国大陆受尽批判侮辱,含冤而死。

在这赋闲的时期里,洪业来往最频的朋友中,不少是学术圈外的人,东亚毛织厂的宋棐卿是一个,他学生刘子健的父亲刘石荪又是一位。刘石荪清末留日,本来是银行家,后来也参加政治。洪业过了五十头发就半白了,而刘和刘夫人六十多岁了头发还是乌黑的。他说他们是受打坐之赐,晚上在床上盘坐,不必躺下,背脊挺直,把思想排除,就想象有颗星在头顶上,那颗星进入头里,然后在身体里旋转。这是刘夫人小时念书,学校旁边庙里一个老道士教她的。刘夫妇教洪业打坐,但洪业没耐心,学不好。另外还有孙冰如,在天津有磨面厂,进北京来便在洪业书房过夜,他们两人常一起去看荷花喝酒,谈论书籍。孙常向洪讲些商场道理,洪说孙一点商人气味都没有,是"世隐"。还有王正黻和他夫人廖奉献,洪业留美时便熟悉的,王氏夫妇为人慷慨,他们家里那几年像摆了流水席一样,让失业的朋友有个去处。

抗日战争最后那几个月,看情势日本有可能失败了,和日本人合作的中国人便开始惊恐,到处赠厚礼给以后可以替他们讲话撑腰的人。大家知道洪业、陆志韦、蔡一谔这些人是不会接受礼物的,但张东荪看起来生活得蛮好,有人便说他收礼了。有人说邓之诚也收了礼。

洪业决定去看看他老朋友,寻根问底。那时他穷,没钱雇车,步行了一个钟点左右到了邓家,邓正在吃早饭,一大块窝窝头,高粱米做的,营养好,但是粗糙杂粮;还有一碟咸菜,一碟炒花生。洪业一看,就知道他必定没有收礼。两人谈起来了,洪说有某人送钱给他,送了邓先生没有?

邓答:"送来了。"

洪问:"邓先生,您留下没有?"

邓答:"如果留下,还吃这东西吗?"

洪问:"你不留怎么措辞?"

邓说:"煨莲先生你措辞起来也许为难,我措辞很容易,怎么说呢?我问他送了给煨莲先生没有?他说有。他留了没有?他说没有。我就说那我也不留。"

两个老朋友会心地笑了起来。

洪业第一次得到战事快要结束的确实消息，是罗文达传给他的。罗文达（Rudolf Loewenthal）是德国犹太人，家里相当有钱，他能讲流利的德、法、英、俄国语，是柏林大学的博士。希特勒上台后，他看情形不对，与他哥哥分了家产离开德国。他母亲提议他到美国去，但他说美国也歧视犹太人，却听说中国开封几百年来有犹太人住在那儿，不受歧视，于是买了船票到中国来了；他到了上海碰到一个在燕大教过书的英国人，提议他到燕大找洪业，也许可替他想办法。洪业与他谈得很投机，介绍他到法学院教经济学。可是学生对他不满，说他太严格，而且谈到革命就没耐心。洪业想到他既懂那么多语言，就安插他在图书馆外语采购组，他做得很好，说很多书不用花钱买，写了信去果然寄了不少来。还有些书报是他与别的大学出版社交换得来，又省了钱。罗文达决心做中国人，洪业便担保他入中国籍。洪业在牢狱时，他好几次来访洪夫人，问她需不需钱。因为他是个入了中国籍的德国犹太人，地位特殊，日军也不知要对他怎么办才好，他接触的层面便特别多，消息灵通。

一九四四年秋，日军在中美夹攻之下，在中国战场开始失利。一九四五年五月，德国纳粹投降，日军也知道战事已经不能久撑了。中华民国、美国、英国在七月六号于德国波茨坦联合发表公告，要求日本投降，罗文达得知这消息后马上告知洪业。过了几天，蔡一谔来和洪业道别，他家里会做豆腐，出了狱后，整天在家磨豆腐过生活，憋了几年，憋不住了，要到成都的燕大去，托洪业照应他留下的太太孩子。洪业便告诉他波茨坦的公告，劝他不要走，因为一走至少六个星期才能到达成都，走到半途日本投降了，燕大在北平要复校找不到总务长，而蔡走到半途又得转回来，那多窘啊？蔡半信半疑，结果没走。

不久北平满街都是原子弹轰炸广岛长崎的传闻。八月十四日那晚，罗文达又来看洪业，告诉洪业他听说日本已经投降了。他们走到街上张望，邻近日本人住的房子都熄了灯火。罗文达告辞之后，洪业夫妇与冯氏夫妇抱着期待的心情坐在院子里，突然有人打门，来人把脚踏车往院子里一扔，高声激动地喊叫着："坠航了！坠航了！"原来是刘子健的大哥，他们半晌才明白他说的是上海话"投降了！"那真可以好好庆祝了，冯医生进屋子里把所有的凉水及酒都拿出来，还把病人簿打开在洪业名字上涂上"出院"两个字。原来自洪业出狱后，冯医生为避免他被日军打扰，假托说洪业神经衰弱，正在医疗中，现在不必假装了。他们又吃又喝，高兴得不想睡觉。

天刚亮，又有人打门，是蔡一谔，他双手抱住洪业，在洪业面颊上亲了几下，说："哎呀！真要感谢你，不然我现在正在路上。我们可开始办事了，马上打听司徒雷登在哪里，开校务会议，跟日本人交涉。"

他们到街上，日本军民到处流泪跪在街上。

张东荪当时讲了句话，说得痛快淋漓："日本人坐在我们头上拉屎拉了五十年，我们终于把他们的屁股推走了。"

日本投降那天，燕京瑞士籍的历史教授瓦尔加斯（王克私）来报告说司徒雷登被释放了，因为司徒雷登的国际名望高，日人要保留他在需要时做协调人,没有把他打入集中营,把他与协和医院霍顿(Henry Houghton)院长等几个软禁在一个院子里。瑞士是个中立国,瓦尔加斯被瑞士政府任命为副领事。因欧美政府常有不少事托瑞士向日本人交涉,于是瓦尔加斯在日据时期常借机会进院子送东西给司徒雷登,所以先得消息。

燕大的人听说司徒雷登被释放了,便在三官庙召开复校会议,决定于十月十日国庆日复校。遵照一九三七年以前的规矩,推陆志韦为校长,司徒雷登为教务长,总务长为蔡一谔。诸银行知悉燕京要复校,都抢着来贷款。蔡一谔暂派洪业管钱,洪业第一张支票就开给鸟居龙藏,亲自送去,到了他家看见鸟居赤着脚在院子井里打水。这几年来他比中国教授更苦,中国人不理他,日本人也不理他,他全靠典卖东西过日子。

十月十日早晨十点钟举行复校典礼,主讲人是洪业,洪夫人请裁缝替他用黑缎子做了长袍。那天礼堂里挤满了人,大家的情绪都非常激动,失去的乐园,还可复得吗?

燕大校园被日军改用为医院,多年失修,到处是污垢,跳蚤很多。燕大的教职员很多都分散了,不少回了乡,有的还在后方,应不应该都请回来又是一个问题。大家都认为公开和日本人合作的如法学院院长陈其田不该请回来,虽然陈也有他的苦衷,为了一家大小的衣食也情非得已。但是如张东荪等大家觉得行动可疑的,怎么决定呢?除了正式开审外大概没法分辨,何况这种事情往往是暧昧的,不是黑白之间的选择,而是灰色的深浅。

洪业主张请张东荪回来,他说不论张有没有收下傀儡政客的礼金,他在日狱里受尽辛苦,日本人为怕他成为烈士不让他自杀。讨论之后洪以为决案了,不意司徒雷登第二天又提议他们不请张东荪回来,原来国民党不喜欢张东荪大胆发言的作风,向司徒雷登施加压力。洪业发火了,他说不请张回来,他洪业也不回来了,结果张被请回燕大。

洪业还替另外两个人力争,可没有效果,一个是图书馆馆长田洪都,洪业一九三〇年安排田洪都到哈佛去受专业训练。日据时期田继续主持图书馆。洪业替他辩说他为保护图书馆藏书,动机是正确的,但没法说服别的教授。第二个人是容庚,在日军控制下的北大教了书。洪业说容庚一向在抗日运动里很活跃,很多教授都在他办的爱国杂志《火把》里投过稿,他在北大教书只为求温饱,但容庚也被否决了。

洪业回到哈佛燕京引得编纂处巡看,印刷机都没了,究问之下知道卖了给汉奸支持的机构,洪业马上以这是美国人财产为根据索回,可是重庆派来的接收员却说应归国民政府,洪业一九四六年离开北平时双方还争执不下。

洪业未搬回燕南园之前,一天在新开路,来了个贵客,就是曾在中国西南与蒋介石对峙的李宗仁,李宗仁后来为爱国与蒋合作,在台儿庄一战把日本打得落花流水,抗日胜利后是国民政府"北平行营"的主管。他来访洪业,要聘洪业为秘书长,官阶是少将,大概是想用洪业与美国人办交涉。

"他穿军装,还有几个随员,个子不大,比我矮一点,相貌很土,脸黄黄的,但风度好,谈吐中可看得出他悟性好。"

洪业婉谢了聘书,可是应允有时替李宗仁论论人事,因而李宗仁几次设宴都邀请洪业。李宗仁在中南海怀仁堂招待美国魏德迈(Albert C. Wedemeyer)将军时,他与陆志韦是仅有的两个平民,洪业趁这机会又施展了他的私人外交。

吃完饭后,李宗仁站起来致词,代表政府欢迎美国人,有中国人替他翻译。魏德迈答谢时非常坦率,他说中国之所以未能成为强国,对世界的和平及繁荣有贡献,乃由于两个大敌人的阻碍:第一个敌人是日本,半个世纪以来,日本一直操纵中国政治,给中国带来各种问题,以致民不聊生,国家危在旦夕。现在美国人——中国的朋友——帮中国击败了日本,日本大概要等好一段日子才能给中国找麻烦了。

"可是,"他继续说,"如果我不把你们的第二号敌人指出来,就没有尽到做朋友的责任了。不幸的是,这第二号是你们的内奸,我们美国人爱莫能助。这内奸的名字是贪婪。你们若要享受真正的自由,要为人类的福利尽一份力量,非得把这内奸除去不可。"

替魏德迈翻译的布利斯(Bliss)将军中文好极了,但关于"内奸"这一节,他略掉了,因为座上都是中国将军,其中有不少腐败的。我忍不住站起来说:"李将军和诸位朋友，我以平民的身份要说几句话。"大家都很惊讶。

我说："我以一个平民和历史学家的身份，先向魏德迈将军致谢，他由衷而发的演讲讲得好极了。我也向布利斯将军致谢，他翻得很准确，但他为了给我们中国人留面子，讲词第二部分没有翻，我现在替他翻完。"我说完话后，全场肃静，鸦雀无声。

晚宴解散后，我把魏德迈将军拉到一旁，按着他坐上慈禧太后的宝座，告诉他应得最高的荣誉，因为他是中国人的真朋友。然后我对他说："将军，我对你有个要求，你现在有成千成万的美国青年军人在中国西南角，那是中国的后院子，风景虽好，文化落后，他们准备要回国了，但真正的中国还没看到，你能不能让那些愿意到北平看看的军人绕道来看看。"

魏德迈说可以的，我便组织了个委员会，让大学教授和学生们欢迎这些美国军人，而且为这件事宣传，在燕大做了次演讲。

洪业自一九四一年就没有他弟妹的消息，洪家搬回燕南园后，接到他三弟洪绅自纽约发的电报，说他希望不久就见到洪业。一天晚上他在城里一个朋友家吃晚饭，接到电话，洪绅刚到燕南园，因不能久留，要马上见他。洪业便使用他和李宗仁的关系，向行营借了一部车，并得允许重开该夜已关的西直门驶回家，两兄弟又得重聚。

抗战时，洪绅做湘桂铁路工务处处长，率员工轰炸桥梁，以缓迟日军的进展，所轰炸的桥梁中，包括自己费尽苦心设计建设、自视为可传诸不朽的湘江大桥；积劳而病，几次差点死去，上司为让他有机会休养，借故派他到美国，他在纽约疗养时，有很多以前伦塞勒理工学院的旧同学来探望他，他们在大企业里做到很高的地位，都留他在美国工作，但洪绅一生的志愿是看到中国铁路纵横络绎，毅然回国。抗战胜利后，政府即电召回部，他到达青岛有政府飞机来接，到上海接另一个人后，便要飞往重庆。但洪绅在上海机场看到几百步之外有架美国军机，他和驾驶员聊起来知悉那军机要到北平去，便连行李也不顾，搭了这军机溜去北平先看看他大哥。

过了几天政府找到洪绅，又派飞机把他接走了。原来那么紧急要洪绅回重庆，不为别的，是交通部要复员回南京，员工和家属交通的分配是个非常棘手的问题，因为洪绅清廉公正，众所周知，要他主持这份工作让大家没有怨言。

因为洪业接触的层面多，而且不吝于直言相告，各式各样的人都有事跟他商量。"成志社"一位老弟兄向哲浚率领中国代表团到东京去审判日本战犯，要求洪业替他找一位会讲英语和日语的有力助手。洪业便推荐刘子健，刘除了讲流利的英、日语外，还懂法语俄语，难得的是他虽被关到日军牢里受过苦，但并不仇恨日本人。有一些纸商来找洪业，说他们想向政府申请接收日军留下的纸厂,与政府合作管理,问洪业知不知道有受过西方造纸训练的中国人?洪业说有个阮传哲,正是理想人才,他不久到美国去便与他接洽。有一次洪业回家,在他书房坐着个大腹便便的燕大女生,原来她上了西山跟一个共产党同志同居,后来同志打游击失踪了。现在她无家可归,快要生产,跑到北平来举目无亲,只记得有个洪老师。洪业记得在北京饭店"三人会"(美国、国民党、共产党)开酒会见到王汝梅(黄华),便进城去找他,请他安置这女孩子,过一两天这女生便搬走了。

一九四五年十一月六日,洪业写了封信给他多年的师友,现任哈佛燕京学社托管委员的埃里克·诺斯,因为中美还没通邮,他托司徒雷登带去。

> 我们十月八号已迁回燕大校园,恰好离我被日本宪兵逮捕三年十个月后。我们房子虽已经略加修理,但情况还是很糟糕。天花板被熏黑,地板又脏又臭,所有的纱窗及遮帘都不见了,门锁也被挖走。暖气电炉及抽水马桶等等都受损坏;园子更不用说了。草坪被开成白菜园,花草都枯萎了,只有树木高大了些。我们现在虽住在自己房子里,还像行营似的,天天在清理。
>
> 我觉得自己与外界隔离了四年,对这四年内学术界有什么进展都不知道。很急于知悉哈佛燕京学社在美国和自由中国的汉学活动。我们在燕京正要把引得编纂处恢复,在寻找四年前在美国购买的好纸,若或多或少找

到一些，就可再继续出版引得和《燕京学报》。

我设想燕大托管委员会及联合基金会与司徒校长洽商后必展开为燕大募捐的活动。我对司徒校长说，若托管委员用得着我参与这种活动的话，我很愿意今年冬季或明年春季来美国一趟，司徒雷登觉得这个建议很好，已经呈报托管委员会。

我希望能在美国逗留几个月，而在一九四六年秋天开学前回北平继续我教书、研究和行政的工作。我想这一次带内人一起去，也许我们的旅费托管委员会可出一半，哈佛燕京学社可出另一半。燕大托管委员会的一半是因为我在美国大部分时间要为燕大募捐；哈佛燕京学社可能愿意出另一半，因为我为该社服务十五年间没有休假。

在这个"巴比伦放逐"的时期内，我们与外界完全断绝音讯，我前几天才收到二女儿霭梅的信说她已经结了婚，在珀杜大学无线电台做事，她的丈夫在该大学研究院攻读物理。她还说姐姐霭莲也结了婚，同儿子比利在加州阿罕布拉市住，丈夫陈杨（音）上士驻军在太平洋某处，我想带内人来美国的原因是希望她有机会看看两个女儿和外孙。

经过这苦难的战争，我们耗竭了所有的存款。我典卖了一部分藏书，我内人的结婚订婚戒指外的首饰，及家里的大半家具。我们的债务以现在的兑换率算有几百万元的本地钱，可幸的是大多是欠朋友的，还不至于被逼债太急，我也并不苦恼，跟在日本压迫下生活相比，经济上的损失不算什么。但我们现在财力短绌，所以不得已请燕大和哈佛燕京学社替内人出旅费。

我附上一张写给叶理绥的信的副本，我不知自己目前在哈佛燕京学社的地位到底如何，我假定叶理绥博士和学社诸托管委员对我讨论学社将来在中国活动该取什么方向会感兴趣。

洪业在此信中显露出一些与他平素自信乐观相反的沮丧自怜。在埃里克·诺斯与哈佛燕京学社主任叶理绥两人的援助下，哈佛大学发了聘书请洪业去讲学半年，他于一九四六年四月离北平，计划洪夫人夏季便到美国与他相晤，没想到他这一走便与故国永别了。

19 漫长的旅途

洪业不但在哈佛开杜甫课,在耶鲁大学、匹兹堡大学、夏威夷大学各大学演讲,也都讲杜甫的著作与为人。

旅途一开始就很不顺利。这是洪业第一次乘飞机。从北平到上海应该两个钟头就到，但他们在半空中时，驾驶员接到命令要寻找一架坠落了的飞机。那些飞机本来就不甚够格，加上驾驶员不一定熟练，而乘客载物又总是超重，所以常失事。经五个钟头的寻觅都找不到那坠落的飞机余骸，才飞往上海机场，到达时已是深夜了。

洪业的五弟洪绂在上海，洪业只有他办公室电话而没有他住家地址，便探问同机的一个美国军官他将在何处过宿，他答说美国军官被分配住在国际饭店，洪业不妨跟他去试试。洪业存着半侥幸的心理，向饭店里的接待员解释他的困境。那人听说洪业要到哈佛教书，很买他的账，把他安插在一个空房里。可是洪业一夜没睡，被电话闹个不停。每次电话响都是不同的娇滴滴的声音，招揽生意："甜心，你不寂寞吗？下楼来给我买杯酒好不好？"

第二天，洪业便打电话到联合国救济总会找他的五弟。洪绂已带着家眷跟国民政府从重庆回到上海，洪业准备在他处住，等护照签证办好就飞往美国。因他不在办公处，洪业又与他一位在商务印书馆的学生张天泽联络上了。张马上来看洪业，告诉他上海拥挤极了，洪业得趁早打消跟他弟弟住的念头，因为洪绂、他妻子、三个孩子、岳母、妻子的一个侄女，还有一个佣人，一共八个人全挤在一间租来的屋子里。燕京有个姓谭的校友，是做生意的，在上海有间楼房，常空着，曾请洪业到他那里，张天泽便劝洪业接纳他的好意在那儿下榻。

洪业在上海时颈项后长了个疽，张文理的妹妹张群霞听到了便天天来替他敷药。后来这个疽是用买自黑市的新神药盘尼西林治愈的。洪业自一九三三年后便没有见到过张文理，从张群霞口中知悉他在福建搞农村革命而卷入闽变事件，躲起来一个时期。中日战争触发后，很多所谓反抗分子"归顺"国民政府。张文理易名为张延哲，因他日文、英文、俄文都通而受重用，做了几年重庆市财政厅厅长，业绩彰显，并在重庆跟一位姓朱的下属结了婚。陈仪被派去接收台湾时，张文理亦受命为台湾省财政处处长。张群霞说他战后托了一位到北方的接收委员带了信和两万元（当时值一两百美元）给洪业，洪业说见过这人，可是钱和信都没见到。

洪业有一天到银行里碰见一个台湾人，便和他聊起来，问他台湾的情况时，那人便大篇议论国民政府怎样在台湾榨取民财，他说台湾人一定会反抗的。洪业写了封长信给张文理也石沉大海。

国民政府那时候还没完全从重庆搬回来，各机构杂乱无章，加上待解决的事情繁多，导致连最起码的程序也没办法维持，做什么事都得靠人际关系。洪业屡次申请护照不成后，便亲自去找孔祥熙。孔祥熙与宋子文这两个蒋介石的连襟兄弟，一个当权时另一个便失势。孔祥熙当时不甚得意，吃晚饭的时候，对洪业说燕京有人来探消息看他愿不愿意做校长，问洪业对这件事有什么想法？洪业难为了半天，结果决定讲心中话，他说孔祥熙多年为燕京董事长，战前也一度挂过校长的名，以应付当时政治的需要。但洪业相信他若真的做校长的话，不会认真的把它当一回事，陆志韦则多年渴望这个职位，有很多计划想予以实施，应让陆做校长才对。

洪业便对孔祥熙说："如果我是你的话，我不会要的，你有你政治的事务，我不相信你会有余力来理学校行政的琐事。可是你一坐上这位子，无数有理无理的要求便随之而至。有请你做主婚人的，有要你解决纠纷的，有像我一样求你帮忙取护照的，结果拖上了一身麻烦，何必呢？何况陆志韦现在搞得不错，应该给他个机会表现一下。"

孔祥熙马上说："你讲得对，你讲得对！"可是显然不悦。

洪业一九四六年五月到达美国后，他的大女儿霭莲发现他苍老多了，而且情绪低沉。经过漫长动乱的他，末了并没有驶入安全港，面临的又是茫茫一片的疑惑和彷徨。

战后的麻州剑桥市虽然不像上海寸金尺土,但也是一屋难求。洪业起头在哈佛燕京图书馆长裘开明先生客厅住了一段时间。洪太太与三女霭兰到达后,正逢洪业以前在哈佛的学生、现任助理教授加德纳一家往缅因州度暑假,腾了房子让洪家住。他们度假回来后,洪家则寄住在一位教授遗孀处。其后一位教士老朋友逝世了,他十五间屋子的大住宅正待售,其后人听说洪家没住处,便请他们暂住里面。洪业慷他人之慨,知道友人也没有地方住的都收容进来。当燕京英籍教授林迈可爵士与中国太太带了两个在共产党解放区出生的小女儿来到剑桥时,洪家也安置他们在那儿。

洪业在美国这段时期花了很多时间整理杜诗,在哈佛开了一门课教杜甫。因他在日本牢狱时,要求狱吏容许家人给他送本杜集来,他们不准,但杜诗日夜萦绕在他心头,杜甫在唐玄宗(七一二—七五六)安禄山之乱时哀国伤民的那些断肠语如"国破山河在,城春草木深"、"泱泱泥污人,猰猰国多狗"、"不眠忧战伐,无力正乾坤"、"谁能叫帝阍,胡行速如鬼",正切身地道出洪业此时此境的情怀。有一次他在洗澡池边与邓之诚相逢,邓问他有何感想,他慨然道:"今朝汉社稷,新数中兴年。"

洪业不但在哈佛开杜甫课,在耶鲁大学、匹兹堡大学、夏威夷大学各大学演讲,也都讲杜甫的著作与为人。

一九四六年秋,洪业被邀回他母校俄亥俄卫斯良大学做一年一度梅里克讲座的主讲人,洪业觉得荣幸无比,因为他记得自己做大学生的时候,怎样为此讲席的主讲人所慑住。一九四七年在他母校的校刊上有此记载：

> 执教于燕京大学及哈佛大学的洪业博士讲题为中国社会目前的剧变。他说他的祖国正迅速地从古老的传统步入现代，大家庭制度面临崩溃，而个人迫切地求自我表现；中国非得克服文盲问题不可，因为文盲存在一天，民主便一天无法在中国实施；另一个紧急的要务是农村改革，让长期受压迫的农民生活得予改善，可是他说中国的政治前景很暧昧不清，不知何日才得明朗……

一九四七年春，洪业应聘到夏威夷大学教书。他曾几度在夏威夷，一九二七年开第二次太平洋外交研究大会时，他曾在夏威夷与日本代表团热烈地辩论，由此而结识了一些很拥护他的当地华侨，他们不少人送了子女到燕京大学受教育。洪业本打算带家眷从夏威夷归国，可是中国传来的消息一天比一天坏。在日本没投降以前国军与共产党已开始相斗，一九四六年秋，美国杜鲁门总统任命司徒雷登为美国驻华大使，希望以他个人的声誉可在其间调停，而组织联合政府。一九四七年春，协调已显然无望，国共双方都不愿做任何让步，相持不下。而经济又急剧恶化，国币差不多每天都失去一成的价值。四月间，国币与美元的兑换率已达一万两千比一。国币差不多完全没用，人民易物而生。最苦的是拿定薪的政府官员及教师。他们为节省油米，几家人共伙，但还是饿肚子。中国窘迫的状况和洪业身处夏威夷的环境形成刺眼的对比。彼处饿殍满道，此处触目是半露肉体在热带花丛中尽求享乐的人群。这令洪业困恼极了,夏天他便搬回剑桥再做打算。

当年曾容纳洪家的大房子已经出售了,他们只好租短期房子,搬了好几次家。而洪业在极其不安的心情下狂热地活动,除教书写作外,又到处演讲了。他主张美国政府应全力支持国民政府,他说在共产政权下,不但他个人所珍重的儒家信念不会受容忍,他听众们所依皈的基督教与民主主义也必受摧毁。洪业屡次自费由剑桥到纽约、华盛顿,笼络像《时代》杂志的出版人(小)亨利·鲁斯(路思义之子)一类的人,要求美国国务院拨出国会已通过的援华款项。同时,洪业也介入一个提倡世界和平的宗教团体。

有一趟他正在纽约时,突然间记起他的老朋友刘廷芳在纽约居住多年。他没去看过他,便依地址找到了刘家。洪业在一九七九年回忆说:

> 刘廷芳脸色很苍白,咳嗽得很厉害,我看了很难过。他就唤他一向很疼爱的女儿过来叫洪伯伯。而刘太太嘛,就忙着弄各种的药给他吃。不久刘廷芳便去世了,但我第二年才知道。刘廷芳和我曾有一度来往那么密切,那么可爱的友谊,他比我大一些,所以我把他当哥哥一般敬爱他;但我们未能维持这珍贵的友谊,刘廷芳虽过世那么多年了,我每次想到他,心里总还是一阵波动。

一九四七年九月,燕京大学的财务已到枯竭的地步。洪业本来为燕大图书馆订了一些显微胶片的仪器，只好取消。洪业当时已离开燕大一年半，看见局势那么混乱，便决定在美国等等再说。他在一九四七年十月十一号写了一封信给亚洲基督教高等教育联合总会的助理财务长卡尔·埃文思（Carl A. Evans），总括了他本人过去二十五年间与燕大的契约关系：

> 我于一九四六至一九四七的学年全年不在燕大。学年上半我为哈佛燕京学社执行任务，所以薪水是由哈佛燕京学社剑桥方面出的。下半算是我休假……
>
> 一九四七至四八的学年，我向燕大请了假，所以没有支薪，我相信我若要维持退休金的话，是不是得自己补上年费？请您指教……
>
> 在此我也许应该提供一点我与燕大财务方面的关系史。当我一九二二年初加入燕大时，司徒雷登校长及学校董事同意我的待遇应和传教士同等。一九二二年到一九二九年都如此。但一九三〇年我自哈佛回去时发现学校政策改变了，中国教职员与外来的教职员待遇差别很大，外来的教职员薪水是以美元计的，而美元兑换率逐渐上升，差别愈刺眼，我因不愿意做在中国教员中唯一拿美元薪水的人，便告诉校方除非我另有通知，自愿降低待遇与其他中国教员同等，而余款捐献给燕大。为此我多年付不起以美元算的年费，以维持我的退休金……

一九四八年，福州协和大学要请洪业去做校长。与其他学府一样,当时学潮正闹得慌,校方希望能延聘到一位如洪业这么有声望而阅历深的人,可处理这危机。洪业接到聘书心乱如麻,觉得论责任,他是应该去的。也许可对培育他的福州有点报答,但他以前鹤龄英华书院的老师们,如高智夫妇,热爱中国的拉尔夫·沃德,都同声劝他不要去。他们说共产党之势如大海狂澜而来,不是任何一个人可抵挡得住的。

洪业在写给亚洲基督教高等教育联合总会秘书长的一封信上,解释他为何作此决定:

> 二十二年前,我也曾被聘为该校校长,我当时谢绝了,原因是我觉得自己能做到相当水平的学术研究及教学,远胜于插足校政事务。我对这种工作既没有充分的准备,又缺乏应有的耐心和圆滑的手腕,恐怕做了反而危害该学府的进展。这许多年过去了,我的弱点并没有随岁月而改进。
>
> 再者,我恐怕在一个共产政权下,我将没办法忍受他们的教育管制。我并不反对共产党的经济政策,我一向说如果共产党改变它三项立场的话,我也接受共产主义:我认为共产党反对宗教是因为它不承认人类基本的道德性及灵性;共产党对历史的唯物观是片面的,共产党主张以暴力为工具有悖于中国传统伦理而且是不必要的。可惜共产党,包括在中国的共产党,并无丝毫意愿改变它上述的几个立场。

洪业对政局灰心是他决定不去福州做校长的因素之一，但他决意不回中国是朝鲜战争发生后的事，这是一个令他内心很矛盾痛苦的抉择，因为不回中国就等于放弃他半生在燕大的工作，而且涉嫌逃避责任。但他刚在一个仇视他的日本政权下过了几年艰苦的生活，要他回去在另一个充满敌意的环境中挣扎的话，他觉得自己意志已耗竭。

他三弟洪绅为公事到美国半年，洪业与他相聚，也劝他在美国看看再说，洪绅却毅然回答说："我的处境与你不同，你一向是平民，而我吃了多年政府的饭，我有义务与政府同存亡。"两兄弟黯然相对。

一九四八年秋，经洪业一番周旋后，哈佛燕京学社延请聂崇岐来剑桥教中国目录学。这完成了洪业多年的宿愿，因聂是洪最得意的学生之一，哈佛燕京引得编纂处成立，洪业把所有的行政事务都交给他。校园被日军占据后，聂按循洪业秘密筹备的计划在中法大学的旗帜下继续做编纂的工作，出了《管子》、《曾子》等重要的引得。但洪业总是惋惜聂对欧美研究中国的情况不够了解，所以很希望他有机会到外国跑一趟。但聂是个忠诚的儒家信徒，有母在家不愿远游。他母亲逝世后他终于来到剑桥，但十二月共产党进入北京时，聂又匆匆回去了，说他哥哥病重得回去照顾哥哥。

一九四九年八月，国民政府连战失利，放弃了首都南京，做了三年美国驻华大使的司徒雷登，束手无策地眼看他寄望甚厚的国民政府一步步溃败。他留在南京等待新政府与他联络以建立外交关系，但所有的外交官员都收到通知说从此他们将被以平民身份对待，同时南京又掀起了恶毒的排外运动，司徒雷登狼狈不堪，最后得黄华之助才顺利离开中国。他曾到剑桥看洪业，对美国国务院公开他的机密信件感到愤怒，并且不满美国对尚有邦交的国民政府弃如敝屣。当年十一月，他中风了，此后一蹶不振，一九六二年终于逝世。

一九四九年十月一日，中华人民共和国在北京成立了，对洪业来说，这结束了他为祖国发言的生涯，他不能支持北京的政权，因为它执意要摧毁洪业最珍贵的文化信念，他也不能支持声称代表全中国的台湾。

20　侨居剑桥

在洪业的眼中,物质世界与精神世界是不脱节的,东方与西方之间没有鸿沟,古代与现代之间没有裂罅。

五十七岁的洪业，觉得这时候自己能在美国麻州剑桥定居，而且在哈佛挂个研究员的名，已是大幸了。很多与他处境相同的中国人到处流亡，生活失去了方向。他们在各地学校、医院、写字楼里谋生活，做与他们以前显赫地位很不相称的事。日常相往来的外国人，绝不能了解他们以前的雄谋大志。到最后，连他们心目中的世界也褪色了，更落得茫茫然不知所措。

　　在洪业的朋友中，卫挺生便是这类情形。他是洪业一九一六年专程到剑桥一瞻其风采的哈佛才子之一。卫挺生二十年代在南京替国民政府的财政机构奠基，曾经立过大功劳。可是抗战胜利后，他对政府的希望已完全幻灭，不肯跟政府迁退到台湾，却携了太太移居香港，过了几年又到东南亚去，最后终于决定搬到剑桥，在他母校附近定居。他本来以为有大学会聘他教书的，却只找到一份在出版社做索引的工作。可是上司嫌他动作迟钝，他便把事辞掉，有个时期曾替哈佛燕京图书馆馆长裘开明的孩子补习中文，也做得不长。幸好卫夫人是北平协和医学院毕业的，在波士顿一家医药公司里谋得一职，生活便无虞了。卫夫人劝他把精力专注到学术研究上，于是一连串的著作便从他翻腾澎湃的脑海冲出来了。因他没有受过史学训练，往往作令人惊讶的结论。他的所谓"学说"之一，即日本皇家是徐福的后裔。他不厌其烦地引经据典，用几国语言作注脚"证实"了这学说，并且去函到东京禀告日本天皇。卫先生的另外一种消遣就是给美国总统写信。艾森豪威尔做总统时，他每写一封信便收到一封很有礼貌的答复。卫先生便小心翼翼地把回函贴到一本集锦簿里，并下了注解，逢客人便得意洋洋地拿给人看，一心指望白宫会来函请他咨询。卫夫人看得不耐烦了，下令他停止写信。

洪先生说："肯尼迪总统上台后，卫先生也写信给他，得同样效果。最后卫太太不给他钱买邮票，他来跟我借钱，卫太太便把他的打字机锁到柜橱里。"

在北京那边，燕京一般的教授与学生为共产党的胜利而欢跃。周恩来亲自对燕京校长陆志韦保证，在新中国里，燕京大学是有其适当的地位的。接着是两年的"蜜月时期"，燕大的教授、学生、职工都组织成小组，研究燕大该怎么样为新中国出力。纽约的委员会也陆续汇美金来支持燕大。但美国加入朝鲜战争后，太平洋两岸爆发了冷战，燕大校园到处出现大字报，攻击与美国有任何关系的人。任何到过美国甚至计划过到美国，有美国朋友、有著作在美国刊物上发表的教授，都要公开检讨，如果自我批判不够彻底，便马上遭到革职。一向全心全意赞成共产革命，以共产党为中国救星的陆志韦，一向主张共产主义与基督教无基本冲突的他，起初坚持他不能够恨美国人，"因为我从来不恨任何人。"最终却在群众的压力下屈服了。他的同事、学生，甚至连他自己的女儿一个个都站起来指责他"毒害了年轻人的思想"。他的锐气被摧残了，他公开自认陷入了司徒雷登的帝国主义圈套，危害了学生，而且潜意识中希望美国人会回来，他可以把燕大奉送给美国人。一九五二年八月，中国政府实施高等教育改组，解散了燕京大学。北京大学便搬进那美国人捐钱建立的校园里。

中国大陆传出这些令人不安的消息，令洪业的态度日趋强硬。他感叹地说："一个知识分子被强迫说假话，就像一个女人被强奸一样。谢天谢地有美国这样一个地方，不然像我这样的人要到哪里去呀！"他发誓只要这政权存在一天，他就不回中国。

然而洪业也不是全盘反对共产政权。他极赞成当局阻止古董流出国外，他觉得把坟墓翻成田地，把田间的阡陌消除是对的，而共产党注重再教育的刑法制度也很合理。他原则上并不反对集体主义，但深信没有竞争将导致效率降低。他说最理想的制度是企业私有，但工人有权对管理人说话，而且法律保障他们分享一部分的盈利。但共产党对基督教与儒家传统的盲目摧毁，与一波又一波的清算斗争，令他愤愤不已。

一九五〇年，洪业决定不回中国后，便写信给聂崇岐，托他把自己多年搜集关于《史通》的书、手稿及其他资料寄到剑桥。聂崇岐回信说他把书寄来了。只是五十年前出版的书，因算是古籍不能出国。手稿则交给政府审查后才可寄出。不幸一九五二年美国与中国便断绝邮路，以后便完全没有聂崇岐的消息。一九六一年，一位在联合国纽约秘书处工作的燕大校友黄迪到中国去了一趟。洪业又托他打听能否把他关于《史通》的手稿带出来。政府回复说请洪先生回来做研究，会有与美国相当的退休金给他。洪业觉得这简直是勒索。

洪业很快就体悟到在这难民拥挤的一九五〇年代的美国，对有色人种还存歧视的地方，像他这样没有正式博士学位的人是不能找到与他才能相称的职位的。他用退休的一笔现款垫底，在剑桥灰街三十一号买了一栋老宅，离他心爱的哈佛燕京图书馆不远，十多分钟就可走到。洪家夫妇收了几位房客来贴补家用。那栋房子有古老可爱的阁楼，嵌着彩色玻璃的窗户。他们把克劳福德家麻州海边别墅里沉重的世纪初的家具搬了些来，安定地住下。新朋旧友来访，讲到中国大陆或台湾时大家便争论不休。除此之外，洪业在剑桥的生活是平静朴俭的：研究、写作，偶尔作点学术演讲，而且义务辅导学生。好几代哈佛研究中国文学历史的学生陆续发现剑桥有这位学问渊博的学者，像一座宝矿任他们挖掘。他虽没有正式地位审查考试，但无数的博士论文在他的指导下完成。

每周日下午三点钟，洪业与哈佛远东语言系的美国教授柯立夫（Francis Cleaves）茶叙。洪业三十年代便认识柯立夫，那时柯氏得到哈佛燕京学社奖学金在北京做学术研究，抗日战争胜利后柯氏以美国海军陆战队联络官的身份，在北京监视日本财产归还中国政府。现在这两个性情迥异的人成了莫逆之交，每周日相聚时，或讨论一个问题，或同读一篇经书史籍。柯氏是个美国老式绅士，不善于应付剑桥学术界的明争暗斗，最喜欢与他新罕布什尔州农场上的牛马群及当地农夫周旋。洪业则是个深懂人情世故、脚踏实地的儒者。他们两个能够相处很不容易，但他们在学问境界里找到了共同的园地。柯氏也是个学问渊博得令人惊讶的人。他看得懂十多种语言，包括西欧主要语系、拉丁文、希腊文、阿拉伯文、梵文、蒙、藏、满、汉、日文。对西方古代经典，中国边域历史、地理，以及元代历史尤其清楚。洪业有两篇文章是受了柯氏的激发而写的。一篇是《钱大昕咏元史诗三首译注》，另一篇是《蒙古秘史源流考》。后者的完成和出版某种意义上或许是不幸的。因为柯氏——真正的蒙古史权威——并不同意洪业的结论，但因为不愿破坏两人间的友谊，柯氏把自己研究蒙古秘史的成果搁在一边数十年，一直等到洪业逝世后五年才出版。

五十年代的哈佛远东系在那精力充沛的俄国人叶理绥手下，作风相当专制。他严令全系教职员在校园里不准脱短外衣，怕有碍观瞻，天气热时则派女秘书到各办公室巡视，看看有没有人违规。

叶理绥令洪业帮忙整理《哈佛燕京大字典》。这大字典一九三六年就开始筹备了，计划中要出版一本以历史原则组织的中文字典，每个字都追溯到古代，解释它的意思及应用怎样随时间演变，要媲美《牛津英文大字典》。最初的步骤是把十六本字典辞典解体了，用浆糊把每一个字每一条解释或例子小心地贴到小卡片上，安置在一排绿色的档案铁柜里。最初估计这工程需要两百个人年，所以理论上十个人二十年内应可以做完；可是十五个年头后，经过赵元任、李方桂、方志彤等语言大师的效劳，完工的日期还是遥遥无望。一九五〇年左右，大家都知道连哈佛燕京学社那么财力雄厚的团体也没办法独立完成这浩大的工作，如果另找不到资助金的话，这计划只好全盘作废了。叶理绥问洪业能不能把材料整理作出一两个字的"样品"来，让学术界有机会看看这字典如果做成功了对学者有多大裨益。洪业便费了一个暑假的工夫，把字典的头一个字"子"整理出来，一共有二十七页，一九五三年出版了。次年，字典的第二个与第三个字，"孑"与"孓"也相继出版，备受学界的赞扬，可是没有机构愿意出资赞助。当哈佛远东系迁址时，大家不知怎样处理这些装满卡片的绿色档案铁柜。柯立夫以悲天悯人之心，把它们搬到他的农场地窖里去了。

　　洪业一九五〇年代到一九六三年他退休这段时期内所写的文章里有好几篇是回忆性的。譬如他听到挚友邓之诚逝世了，写了一首诗《哭邓之诚》。在这期间他最得意的一篇是《破斧》，刘子健称赞这篇文章可作研究《诗经》方法的模范。

　　洪业虽然在国民政府溃败后便决意不公开作政治性的言论，

但他把黄遵宪一八八一年写的《罢美国留学生感慨》一诗翻译成英文时,却寄托了他对中美邦交的失望及憧憬。这首诗描写最初中国在美留学生的文化震惊,并批评中国清朝政府为怕留学生被美国社会"污染"而把他们撤回中国。洪业的立场是中西文化虽然很多地方格格不入,但中国的闭关自守终不是长远之计。

洪业把几年来关于杜甫的讲演及教学的材料整理成书,名之为《中国最伟大的诗人杜甫》,由哈佛于一九五二年出版。这本书成为一本权威性的著作,对杜甫的生平有很多新发现,对杜诗有很多新见解,对唐玄宗、肃宗、代宗这既辉煌灿烂又富悲剧性的时代(七一二—七八〇),亦做了细腻的分析。洪业在序里对读者抱歉自己英文不够好,但评者都说诗译得很传神。

洪业这时不但酷爱杜诗,而且视杜甫为"诗圣"。他在一九六二年的一篇长文《我怎样写杜甫》里说:"所谓诗圣,应指一个至人有至文以发表至情。"以后遇到古今中外任何人对杜甫的为人为政有所诟病时,他便忿忿不平。素来评论事极中肯的他,在这一点上似乎有失学者应有的客观态度。

洪业为什么总是那么激烈地维护杜甫呢?这是个饶富兴味的问题。杜甫无可否认是个极伟大的诗人,他具有高尚的情操也是无可疑议的。但他到底是个心态复杂的人,不是毫无瑕疵的。我们对洪业自己的生平有点认识之后,也许可做个大胆的推测:洪业可能潜意识中把杜甫与他父亲比照"认同"了!洪曦的人生观,对人对物的态度,可说与洪业笔下的杜甫是很相近的。两人都可说是典型的儒学者。杜甫比洪曦才高是不必说，洪曦大概比杜甫更切实际。洪曦的遭遇与杜甫也有相似之处：幼年失怙、试场失意；后来得了补官资格。有官做时便战战兢兢，任劳任怨；无官做时则颠沛流离，贫病交加。至于他们的理想与周围的政治环境，不时形成明显的对比，增加了他们心头的压力与不安，这则是历来为朝廷效忠的小官共同的命运。

洪业心目中对杜甫与他父亲"认同"的程度，可从他《我怎样写杜甫》一段里看出：

> 杜甫于诗题中提到他宗文、宗武二子。早年诗中提到骥子，疼爱得很。晚年也有特与宗武的诗，颇露奖赏之意。其特与宗文的诗，只有一首，乃是催他快起鸡栅。自两宋以来的学者，除一个以外，都异口同声地说骥子是宗武的小名；因其聪明好学，杜甫特别爱他。宗文不成材，杜甫不免失望。关于这一点，我于几十年中，每想到辄觉不快。先父对于诸儿一视同仁，向无偏爱的表示。在我十五六岁以后，他老人家有时还与我商量他应如何作文，如何做官。他不让我妄想，他之爱我，过于诸弟；只因我是长子，已过无象之年，所以他微露器重之意，与我以莫大的鼓励。我常想这是做父亲最好的榜样。杜甫呢？他竟不爱长子，偏爱次子，不免为盛德之累。一直等到我翻译"得家书"那首诗，展开各本彼此比勘之时，才发现仇兆鳌于他繁琐注文中，附

带一句"胡夏客曰:骥当是宗文,熊当是宗武。"记得我跳起大叫:这说法正对,可以破千古之惑……(杜甫)在凤翔才得家信:"熊儿幸无恙,骥子最怜渠。"熊儿当然是上年高秋夫人所生的宗武,而比他大约三岁的哥哥宗文,乃是骥子,可见杜甫并不曾偏爱次子,不爱长子。这样一想,好像多年痼疾,一旦消除,真痛快得很……

我们用心理分析学的眼光看这一段文,就会觉得洪业的潜意识在此作祟的痕迹重重。他本来以为杜甫偏爱次子,不爱长子,几十年来每想到这一点便"辄觉不快";后来发现杜甫爱的是长子,便"跳起大叫","好像多年痼疾,一旦清除,真痛快得很。"为何这件事对洪业来说感情负荷那么重?莫非他潜意识里把杜甫当作洪曦,把杜甫长子当作自己,而把杜甫次子当为洪端?不然他在这篇讨论学术的文章里,为什么又突然提及自己父亲与自己及弟弟的情感关系?这就无怪乎任何对杜甫的批评,都被洪业视为个人攻击。

学术工作外,洪业时间花在一个"祈祷团契"的事务上。这团体是燕京大学前任财务长卡尔·埃文思与他的女秘书凯瑟琳·布朗(Kathryn Brown)创办的。他们的主张是,祈祷既是世界各宗教的共同点,若各宗教的人士能在一起祈祷,必有助于世界和平。他们说服了洪业做团契的第一任会长。虽然当时洪业已不是任何教会的会友,但他仍相信祈祷在冥冥之中有其效力。他尤其相信祈祷可令人汲取自己内心潜在的能力。洪业有一次向作者如此阐明他对宗教的看法："我们人类与狗、猫、马在形体结构的实质上并没有多大的差异。人与禽兽不同，主要是我们有一套伦理价值，而我们凭此伦理价值而活……一个人得知人、知己，还是不够。我知道基督教有很多问题，但这些是理论的问题，实际上我们都感觉到有上帝。正如哲学家伏尔泰说，要是没有上帝，为人类的利益也得创造一个上帝。这话是颇有意义的。人觉得有上帝后，才能有天下皆兄弟之感。"

洪业的意识形态与普通人比较，可以说异常"完整"，没有一般二十世纪知识分子的支离隔阂。他皈依基督教后，并没放弃儒家的伦理观念，他虽决定不做牧师，却不否定他的宗教体验；他虽对国民党失望，但不因此成为政治激进分子。洪业不是个模棱两可的人，他有的是强烈的信念，但他在几种价值有可能冲突的情形下，似乎总是习惯性地往高处攀，在山顶看下来，发现山脚的路都是相通的。与洪业交谈会觉得这老人虽历尽沧桑，但基本的价值观念并没有动摇。这也许与他一生的好运气有关，他到美国留学时，双亲已离世，让他毫无顾忌地适应西方社会。五四运动的那几年，中国一般知识分子都觉得一定要在"新派""旧派"之间作抉择的时候，他不在国内。一九二八到一九三〇年，国民党剿共，他的同事友人都被迫效忠其中一方，他恰巧又到了美国。他虽在日本监狱中吃过苦，在抗日期间却从来没有经历过走投无路、贫穷饥饿的窘境。到了晚年，他也用不着在"文化大革命"下的中国出卖良心以保存性命。

在洪业的眼中，物质世界与精神世界是不脱节的，东方与西方之间没有鸿沟，古代与现代之间没有裂罅。他对只看到间隔、鸿沟与裂罅的人往往很不耐烦。所以作为一个现代史学家的他，可以心中无梗、心安理得地为一个祈祷团效力。

那个祈祷团契全部的经费只有五千块钱，埃文思先生自己捐献了三千块，布朗女士捐了两千。我们一个月用三十块钱，在纽约塞维尔旅馆楼下租了个角落，搁了两张书桌一个打字机。电话只可收打进来的，若要打出去，经过旅馆接线生便得付十分钱，埃文思先生为省五分钱，需要打出去时便叫布朗女士去用公共电话，因公共电话只收五分。

这祈祷团体在报纸上刊登广告劝人祈祷，也出版了一种通讯报提倡祈祷。一九六四年，布朗女士与洪业两人到加州、印第安纳波利斯、芝加哥演讲。途中拜访了美国医药巨商伊莱·莉莉（Eli Lilly）夫人，没想到她死后遗嘱中有两百万美元赠送给祈祷团契。后来洪业又为争取保存这笔款项，不容它被团契中的投机分子利用而出力。

洪业现在常有机会与阮传哲相见。阮君在一九二一年偷渡到美国获洪业援助而免于被逐出境。一九四六年洪业曾受中国纸商之托替他们找人接收管理日本人在东北的纸厂，于是一到剑桥便与阮君接洽，怎知阮君正受国民政府之邀，到了中国，而洪业打听到他在战时为美国立过功劳,因他发明一种包含隐形纤维的纸,美国政府用之以印粮食及汽油分配票,对防止伪造很有效。他在麻州任职的那纸厂里已被提升为总经理。阮君到中国看到政局混乱,又回到美国来,在原来的纸厂复职。

洪业说他有一次与阮传哲在他纸厂附近的餐馆聚餐。当阮君有事走开时,那女侍者与洪业聊起来,对洪业说:"我告诉你,这一带人人都认识阮先生,都敬爱他。他这许多年管理纸厂,大家都觉得他做事公允,我知道,因为我丈夫就在纸厂打工。"

洪业觉得一个中国人在外国那么受信任,尤其能为他的部属那么崇敬,是个殊荣。

洪业除了作学术演讲外,很少公开发言了,他很以自己的学生自负——陈观胜、房兆楹、杜联喆、刘子健、邓嗣禹、王伊同等,都在美国各大学任要职。

一九五九年,洪业以教育家的身份应新加坡总理之邀,调查南洋大学是否够资格得到政府的承认。南洋大学是一群新加坡富有华商于一九五四年创办的,他们觉得马来半岛应有一所华语大学,以与用英语教学的马来亚大学分庭抗礼。林语堂是南洋大学的第一任校长。林君曾打听洪业有没有兴趣做文学院院长,洪业谢绝了。他仅对林君提议图书馆一定得装上冷气机。一九五九年,林语堂早已在众议纷纷下离开新加坡,而第一班学生正面临毕业了,却不知文凭值不值钱。当时校长的位子空缺,洪业的学生张天泽是执行委员会会长,经他提议新加坡总理致函哈佛校长,请他委派哈佛学人做审查委员会委员。张天泽希望哈佛派洪业来，果然如愿以偿。经五个审查委员为期一个月的询问，结果报告南洋大学没有成立高等学院的条件，因它财务、人事以及校政完全受华侨商会的操纵。审查委员会的报告发表后，华人社会哗然。华商对张天泽很愤怒，以为他怂恿审查委员发出对南洋大学不利的报告。五位审查委员离开新加坡后，有位华商甚至在张君的住宅四面墙上涂了粪便，以作报复。

但对洪业本身说，回到离开有十三年的亚洲是一件十分兴奋的事。他一九二八年曾乘了汽轮经过新加坡，事经三十年了，这次重来又可见到好些从中国漂泊到其地的友人，顺便又可绕道到香港、台湾跑一趟。

> 新加坡招待我们住很好的旅馆，我在第三楼，台湾大学校长钱思亮在第二楼，我们每天回到旅馆，必有一大盆水果在房里，我最喜欢吃柚子。而钱思亮就是不喜欢那种又甜又苦的味道。他每天都把柚子带给我，我们要离开新加坡时，他上来问我旅程如何，坚持要我在香港打电话给他，让他到台北机场接我。他说可以替我省却很多海关的麻烦。所以我的飞机到台北，就预料到我三弟、妹妹和钱思亮会在机场，没想到下飞机时，发现有乐队大吹大擂，还有两个小孩拿了花圈向我跑来，我恍恍然仿佛曾身临其境，赶快回头看看，因为上一次有乐队奏乐，有人送花，是在纽约宾夕法尼亚火车站，而他们迎接的不是我，是我后头的美国总统候选人。但这

次乐队迎接和送花的对象果然是我;不但如此,欢迎队里还有个洪将军,跟三弟认了本家的;还有个电影明星,叫吴惊鸿,是我阿姨的女儿,另还有个人叫喊着:"煨莲、煨莲!"我看一看竟然是胡适,他也来了。

他们都要约我吃饭,我就说我在台湾只有六天,叫他们合作联请一次好了。

那天晚上不但有钱思亮、胡适,还有教育部长梅贻琦,外交部长沈昌焕,还有好多燕大的校友,包括张文理。

洪业寄托了厚望的张文理,对搞中国农村革命有无限雄心的他,在乌克兰、在重庆、在台湾大有作为的他,现在成为一个颓丧的醉汉。据洪业说,他在一九四五年跟着陈仪到台湾后很有表现,他太太是个虔诚的天主教徒,在那里开了个幼稚园,很得民心。张说他得了洪业自上海写给他的信,痛哭了一场。据他说本来在台湾接收日本财产是有秩序的,但军统戴笠下的人物及中统的情报人员乱抢,陈仪没办法制裁这些人。张文理和陈仪商酌后乘机到南京要见蒋介石,没见到。未几台湾果然民变。陈仪任浙江省主席时,又带了张文理去做秘书长,陈仪为与共产党合作被逮,张文理亦被牵连入狱,经两年才释放出来,那时他已丧尽了年轻时的抱负,虽在几处挂了委员董事之名,却经常酗酒。太太办了复兴幼稚园,后扩充为复兴小学,蒸蒸日上。洪业在台湾时他开了部老爷车带洪业到处跑,洪业回美国后不久他就死了。

洪业见到他三弟苍老的样子,不禁黯然神伤。他们两人谈起来总是有一大堆话欲说而不能。洪业到台中看了他弟弟设计的西螺桥,说明书上及桥上的石碑上却都没有提及洪绅的名字。这就是他三弟一向不争名利的脾气。洪业觉得他们兄弟中,洪绅最能继承他们父亲的志气,严守儒家君子的规矩。说明书倒有一首诗是洪绅写的,略表他的心意:

峻岭云山在上游,浊清入海听同流。
田园禾黍漫天碧,碧带重成大铁桥。

诗的第二行指国民政府最清廉、最污秽的官员都汇集在台湾了,而最后一行言及洪绅早年在中国建的湘江大桥。当日军打来时为缓冲敌人前进,洪绅很痛心地亲自把它轰炸了。一九六九年洪绅逝世时洪业为他写了一篇"三弟书行行述",登载在翌年八月的《传记文学》上。

洪业去看他妹妹沚苹时,她从床底下掏出一大堆字画给他看,说是买来防备通货膨胀的。洪业赶忙推说事忙不看,因为他知道那都是赝品。

一九五九年与一九六二年之间,中国大陆因天灾及人祸闹饥荒,人饿到吃树根了。洪业听说他一个顶得意的学生齐思和,一向被称为齐胖子的,瘦得皮包骨。刚巧新加坡南洋商报编辑连士升,是位燕大校友,也是齐思和的好朋友,请洪业撰稿,洪业便写了《我怎么写杜甫》一文,叫连士升把稿费拿去买些食油及肉干寄往北京给齐思和。后来这篇长文以及洪业写的三首诗被辑成小本子出版。

洪业七十大寿那年，哈佛同人把一九六三年《哈佛亚洲学报》的献辞给他。表扬他"对中国文学历史的贡献以及对几代学者严慈并加的辅导"。洪夫人准备那天要替他办一个大宴会，不幸她自己前一天却心脏病发作病倒了，从此身体就没复原。

21 幸存者

往事日夜继续在洪业脑中翻腾,他禁不住反反复复地思索在中国的旧事,企图以新的眼光去分析、了解过去的一切。

一九七〇年代，美国麻州剑桥常见一位令人肃然起敬的银发老者在街上疾走，手提拐杖在身边起劲地晃着，他看起来比实际的五尺八寸的身材要高一些，因为他站着、走着、坐着，腰身总是挺直的，而且在衰老的过程中一点都没有缩矮，令人望去有点出乎意料的年轻潇洒。他的脸部好像一片质地良好的木块，年岁侵蚀后更显露它天然的纹路及结构。洪业八十多岁了，他的夫人、妹妹，除了五弟以外所有的弟弟，都已去世，两个女儿也先他而去。他一生跨越了垂帘听政的慈禧太后和美国卡特总统。年纪比较轻的人与他接触，起初未免有面对着历史之感，但与他交谈不久就知道他是个真切活在当代生活中的人。他对万事都那么有兴致，无论话题是最热门的营养食物，还是核子武器的最新发展，他都有高见。他在各种社交场合上露面，也常邀朋友到家里吃饭。夫人过世了，他便把做学问那套分析比较的方法推用到烹饪上，学会了做一手好菜。用"童心未泯"来形容他是不过分的，因为他无拘束、有乐趣，又那么轻松地结交新朋友。

大家相聚时，总有一群人围着听他讲话。他风度翩翩，声音洪亮，善于引用典故，套用谐语，最喜欢把故事的高潮屡次往后推，让听众迫不及待，而揭晓的结尾往往是令人发噱的。偶尔插进一句让大家面面相觑的刻薄话，要追问他时，他早已转了话题。他又有本领让听众中最年轻最卑微的分子都觉得坦然，不致受冷落。

若新结交的朋友到灰街那栋老房子去拜访他，登上那油漆龟裂的走廊，进到里面顿觉宽敞明亮。沉重的家具，精致的白桌布，褪色的地毯，是上个世纪初中上人家的气派。洪业很专注地聆听年轻来客的谈论，毫不保留地提供自己相似的经验。他虽然顶愿意传传流言，讲讲闲话，但到最后总回到道义的观点上来：在此种情况下，该怎么做才对，才合乎天理人情呢？他似乎始终固执地抱着一个信念，就是只要看通了，顺理去做，所有的问题都会有完美的答案的。他不赞同当时学生与一般激进分子直接与当权者抗衡的做法，但他对美国社会危机与其趋势是很关心的，并说自己对黑人与妇女运动的看法随时都在修正中，尚未下定论。

他还是常常义务指导修改研究生的论文，并每周日下午与柯立夫先生茶叙、谈论学术问题。他与各地的学生频繁地通信，关心他们的事业。还常常与文学家叶嘉莹、植物学家胡秀英和哈佛燕京图书馆馆员戴廉（Sidney Tai）等交换诗词，并不时尝试新的诗体。

在学术方面洪业专心研究唐朝刘知几的《史通》,他搜集关于《史通》的资料,从一九二三年就开始了,在这个题目上发表过五篇文章。这本集其大成的著作要用中文写。可惜这工作最终没有完成。洪业那时说研究完《史通》,就不打算做学问了,要专心作诗。

他说:"作诗像生孩子一样,还没生出来很痛苦,一生出来就很痛快。杜甫有句:'新诗改罢自长吟',我就喜欢这样。"

对他来说,把心情思绪升华成一首诗后,便得到一种解脱,像完成了一桩事,可放心去做别的了。终身做事都一丝不苟的他,到老年对自己更严谨了。他烹饪的食料都要分门别类地排列起来。而请人买东西,一定要马上清账,他说不要脑子里挤满杂物。

他防备自己堆积东西,引《论语》的话说:"君子有三戒,少之时,血气未定,戒之在色;及其壮也,血气方刚,戒之在斗;及其老也,血气既衰,戒之在得。"

一九七八年夏,有一回他到柯立夫先生新罕布什尔州的农场去,柯先生介绍他认识他的邻居德鲁(Mel Drew)夫妇。洪业看到德鲁家门前有一个池塘,让他想起朱熹的一首诗,他朗诵给德鲁夫妇听,并且用中文写了下来赠送他们——

半亩方塘一鉴开,
天光云影共徘徊。

问渠哪得清如许？
　　为有源头活水来。

洪业顶喜欢这首诗，他说朱熹如果不是那么有名的理学家，他的诗就必然更有名。那方塘对洪业来说是他理想的心境，虽然平静，但不是一潭死水，原因是内有源头。洪业相信朱熹所谓的源头就是"天良"，而天良就是上帝。在洪业的心目中，儒家的天良与基督教的上帝是分不开的。

不幸那心平如水的境界对洪业来说可望而不可即。种种复杂、暧昧、痛楚的情绪，随着新传来的消息震撼着他。这二十五年来许多因为音讯断绝而被冻结的往事现在复苏了。先是尼克松总统刚访中国大陆后那段时期内，美国新闻界对毛泽东统治下美好无疵的中国社会的绘声绘影让他愤怒，因为他知道其真实性如何。其后，他虽然赞成美国政府与中国人民政府建交，却为美国政府对多年患难与共的台湾弃如敝屣而感到气馁。他相信美国人是以一套谎言交换另一套谎言。台北当局既不代表全中国，北京当局也无权霸占台湾。当来往中美的人群由一条潺潺小溪衍为大江后，几乎每一周、每一日都载来让洪业激动的信息。

他的朋友斯特拉（Stella Wong）回北京探望母亲时，洪业托她到北京大学，即燕大旧址，去看看他花园中亭子前的两棵藤萝还在不在。斯特拉回来报告说，不但藤萝不在，亭子也没有了。他以前的住宅现在破旧不堪，分给六家人住。

他的学生刘子健回去了，发现自己在中国的三兄弟都在"文革"中死去，不知道是自杀还是被害。周恩来总理接见他时，对他说："那时有些人太过分了，希望你不要太难过。"

当"文化大革命"的真相渐渐被揭露后，死讯频频传至。其中陆志韦死得最惨。共产党上台时他是燕京校长，一九六八年陆志韦被毒打得神志不清，然后被关到一个昏暗的屋子里半年，在自己的粪尿中度日。被释后他重病，没受医疗而死。

张东荪则在监狱里上吊自尽。

洪业获得他弟妇与侄儿洪慰的音信。洪慰在"文革"时是个化学工程师。他被革了职，家里几个月完全不知道他在何处，后来发现他在一个工厂里做事，薪水只有以前的四分之一。

也有令洪业欣喜的消息。他听说他的学生，曾为北京大学历史系主任的周一良，就要平反复职了。与洪业在日本监狱和诗的燕京同事赵紫宸已九十多岁并且残废了，却受到政府很好的照顾。洪业曾安排到哈佛念书的翁独健，在社会科学院里任要职。与洪业一起研究史学却多年失去联络的同事顾颉刚，亦托往来的朋友致候。

一九七八年秋，中国政府对西方的态度完全转变。现在口号是"四个现代化"。政府公布说被政府充公的财产若能指认的话就可归还原主。洪业第一次知悉他在中国的财务的下落。他的房子有别人居住了。政府说如果他回中国的话，可以要回来，不然的话可赔偿若干钱。"文革"前他的学生把他三万多卷的书和其他私人用品搬到国子监里，洪业交待他的学生王锺翰处理。他吩咐王君把有历史价值的东西都捐献给学校、图书馆或博物馆。书则分送给朋友中做学术研究的人。洪业还有一张他父母亲的放大遗照,以及他父亲逝世时洪业写的祭文。他把这些都赠送给他侄儿,让他知道他祖父母是怎样的人。

有一些古砚台,是洪业三十年代时开始收集的,他曾写了一篇文章考证砚台,准备有一天把砚台分给学生,像和尚传钵一样,象征他的学术工作要让后人接棒。现在他可以如愿以偿了,他叫王君把砚台分给在中国的学生。刘子健一九八〇年到中国讲学时,也带了几块砚台出来分给洪业国外的学生。刘子健自己不要,因为他说这一生里刘家财产已经三次因世乱丢了,不愿意再为俗物缠身。

往事继续在洪业脑中日夜翻腾,他禁不住反反复复地思索在中国的旧事,企图以新的眼光去分析、了解过去的一切。有亲戚朋友来访时,他就与他们谈通宵,甚至几夜不眠。他的五弟、弟妇,以及侄女洪筹、侄女婿黄时枢、学生卢惠卿,都陪过他通宵谈往事。一九七八年春,经笔者的请求,他开始让我录下他的回忆。每星期天下午在他厨房,录音机开动后,他往往从下午两点半讲到晚上七八点。这样录音持续了两年多。

即使是洪业最终也得跟岁月妥协。他先是听觉衰弱,一九七七年左右就常听不到门铃响,其后他摔过几次,冬天地上结冻就不敢去散步了。他说他最怕是瞎了眼睛:"我希望在眼睛瞎之前先死。"幸而他到最后眼神都很好,而且行动一直都很敏捷。

他强迫着自己接受后辈的关照。他的外孙比利来跟他住。洪业就让他做比较沉重的家务，并让别的朋友替他买东西、办琐事。他有时苦笑说："老人就像孩子一样，吃饱了就想睡。"

可是他的谈吐始终那么锐利。一九七九年洪业被邀在哈佛讲演，他即利用机会指出郭沫若《李白与杜甫》一书中说杜甫拒绝做河西尉，不愿意去穷乡僻壤，挑肥拣瘦，是大错特错了。因郭沫若抄捷径用《地理辞典》，才以为河西县那么远。其实根据《元和郡县志关内道》、《旧唐书地理志》等参考书就可知杜甫的时代河西县只离京兆之奉先五十公里而已。洪业做了首七律以志其事，翻印了给听众。

> 读郭沫若《李白与杜甫》有感
> 少陵不作河西尉，总为凄凉恶榜笞。
> 何把近畿移远地，遽挥刀笔肆诛夷。
> 半生卓立辟雍外，一语难将驷马追。
> 奉告先生诗有教，温柔敦厚莫更疑。

据洪业想，杜甫不愿做河西尉的原因是"尉"等于警察长，主要的职任是杖打犯人，这种事杜甫宁愿饿肚子也不屑做。（哈佛杨联陞教授告诉笔者这点是对的，而且依唐朝规矩，河西尉本身也会受杖。）

该年五月四日，是五四运动的六十周年纪念日，当天是个明媚的春日，哈佛东亚学系的学生又请洪业演讲，洪业站起来说："五四运动进行的时候，在座的朋友大概都没有参加，因为你们不是那个年龄的人。我是那个年龄的人，但我也没有参加，因为我不在中国而在纽约。我那时在写硕士论文,所以我对五四运动的认识,跟你们一样,是从书本上得来的。你们要知道关于五四运动的情形,有两本书可看。其中一本可说已成为经典,是周策纵写的;他就是在哈佛写这本书的,所用的资料都在这儿。另外曹汝霖的回忆录现在也出版了,对周策纵的书有可增补的地方。"

洪业对五四运动略加介绍后,结尾说:"我虽没有参加五四运动,但后来也出过一份小力量。巴黎和会散了之后,中国南方北方的代表很多都取道美国回去,点燃了我们留美学生的爱国热情。我到美国各处演讲,什么地方有人肯听,我就到什么地方。无论是扶轮社、同济会、缝纫妇女会,我都去。从一九一九年底至一九二〇年间,我至少做了一百次演讲……一九二〇年,我私底下很敬慕的威尔逊总统落选,而我公开拥护但私底下很讨厌的哈丁总统上了台。他开了华盛顿会议把山东半岛归还中国。"

洪业讲完后学生热烈鼓掌,然后大家喝啤酒吃叉烧包。人散得差不多以后,陆惠风教授说要开车送洪先生回去,他谢了,说有腿,跟同方向的周杉与笔者一起走路回去。

在路上洪业说,五四运动发生的时候,周策纵才一岁,随即他提起五四运动中好几个人物。谈到傅斯年,他说:

> 傅斯年是很有学问的人,他批评我做引得这东西很机械,是不能登大雅之堂的,而且说我学问肤浅。他批评《水经注引得》,有人就提议他写信给我改正。他说有两个大毛病:第一,讲到某卷某页,找不到,他说大

概是你用的版本与我不同。我看了,果然对,序是郑德坤写的,忘了写是什么版本;我写信给他说是王先谦刻出的《合校水经注》。第二,他说我英文把它叫《Commentary on the Water Classic》,因不只是一条水,应是 Waters Classic;他不知这里 Water 当形容词用,不用加 s 的。以后他要做一篇论文,听说我们要做《春秋经引得》,就烦我们抄了卡片上《左传》的东西给他。

他又说:

顾颉刚告诉我傅斯年的书房里挂着一副对联,说"六亲不认,四海无家",你看他好大的气魄!有点像曹操"月明星稀,乌鹊南飞;绕树三匝,何枝可依?"的意味。这些人都有点霸气,可是后来大多参加了国民政府。

一九七九年十月,经哈佛人类考古学系主任张光直的安排,社会科学研究院的王钟殊及徐萍芳先生自北京到哈佛讲汉代出土文物。笔者请他们两位,以及洪业、柯先生来吃晚饭。徐萍芳是洪业挚友邓之诚与学生翁独健的高足,还从北京带了信给洪业。洪业高兴极了,下厨炒龙虾,名其菜为"五族共和",因为有五个颜色:红(龙虾)、绿(芥菜)、黑(豆豉)、黄与白(鸡蛋)。

整个晚上,洪业迫不及待地问,某某人、某某人在"四人帮"时怎么样?还在吧?两位远客或说自杀了,或说打入牛棚,或说还好没受干扰。但洪业所问的人,除少数例外,差不多全过世了。

"唉!"洪业叹气说,"过世了、都过世了!杜甫有句诗说'访旧半为鬼',我现在是'相知多为鬼'。"

刚在打盹的柯先生抖擞起精神来说:"洪先生呀,咱们都老了。"

洪业说:"不久都过去了。"

洪业又问文物,知道明人米万钟的勺园图仍在北京大学,福开森捐献给金陵大学的图书仍保存在上海,颇为欣慰。因徐先生是山东人,洪业便特别问孔庙的石碑怎么样,听到大部分没受损坏,洪业建议用有机玻璃(plexiglass)封起来,想一想又说:"可是事有轻重先后,现在人民还吃不饱呢,这些吊古的事恐怕还得再等等。"

接着问济南某泉,徐萍芳说还在。洪业感慨地说:"这可真奇妙,八十年前我父亲在济南做官时我见过这泉,八十年来它还潺潺不停地流着。"

徐萍芳说:"也许水比以前小了。"

洪业说:"恐怕不久也过去了。"

一九八〇年二月二十日,外子朗诺当时在哈佛开了一门中国文化的课,请洪业讲一堂,题目是"中国传统的教育与考试制度"。洪业以前常在哈佛客串做讲师,他不知道这是最后一次了。那天他兴奋得很,在讲台上走来踱去,比手画脚地对一百多个学生讲他父亲做文具店学徒,怎样因为会背诵几句古书而得邻壁的教师欣赏,收他为学生。又讲他自己小时候所受的那种为应试中举的教育。他身体往前屈,高声郑重地对学生说:

以前中国的考试制度目的是为政府培育顺从听话的官吏,虽然《孟子》说"天视自我民视,天听自我民听"这些好听的话,但一般来说中国的政府不是为人民的,所以皇帝政权一定得推翻,要建立一个民主的政府。

洪业讲了五十分钟,谈到现在中国的情况,说道:

现在所谓的"四人帮"被打倒,又要搞学术、讲纪律了。他们觉悟到中国的弊病不能都推到孔子头上。这也许是往后走,但是有时候,要进步是要先往后走的。

又说:

我今天要以一个小故事做结束。从前有个小男孩叫詹尼,他有一天到学校迟到了。老师问他:"詹尼,你怎么迟到了呢?"小詹尼说:"因为今天早上魔鬼缠住我的脚,我每次往前走一步,就得往后退两步。"老师说:"那么我就不懂你怎么有本事来到学校的?"小詹尼说:"那可容易,我转过身,倒着来就是了。"

那天全班二十来岁的美国孩子都被这八十六岁的中国老者慑

服了。他叙述节奏的缓急把握得准极,让他们屏息凝神地等他的每一句话,讲到故事结尾全堂哄笑起来,给他鼓掌足足有五分钟之久。

一九八〇年三月,他又跌倒,这次是他早晨按惯例做十五分钟体操时,摔下来用手肘顶着身体,结果一条肘骨折了。医生替他包了石膏,叫他第二个星期不要到新泽西州普林斯顿开祷告团契会会议。可是祷告团契会因得了两百万美元以后,由寂寂无闻的小团体变成个纠纷很多的机构。洪业觉得其中有一个人想自私揽权,便慢慢收集证据要阻止此人,他觉得这会议不能不去,结果去了,而且凯旋而归。

夏季悄悄地来了又去了,他外孙媳妇班妮与外曾孙女顿妮来看他。班妮与外孙比利替洪业把饭厅重新油漆过。洪业接待了几位从北京来的远客,包括与他一起入狱的侯仁之,还有学生齐思和的女儿齐文颖,两人都是北京大学的教授。不用说他们都陪了洪业谈通宵。

十月二十七日是他八十七岁生日。几年来一直有五十多个新旧朋友来向他祝寿,有中国人,也有美国人,一些哈佛的教授和学生,还有大女儿、外孙、外孙女都来了。这次洪业特别高兴,因为他的侄女洪范远从四川来。洪范是洪业三弟洪绅的女儿。洪绅是国民政府的官员,一九四八年洪范在上海失踪,洪绅带着家眷跟政府迁台以后,完全没有女儿的消息,一直到一九七九年洪绅已故后,洪筹到中国观光才与姐姐联络上,原来那时洪范跑去参加了共产党。

21 幸存者

十一月，洪业去世之前六星期，他的美国姐姐来剑桥看他，她自己已是九十岁的老妇人了，却比洪业还要精力充沛。她刚出版了一本书，是本捷克国父马萨里克女儿的传记。洪业已经决定要把他与洪夫人的骨灰归葬在麻州泊泊利镇，克劳福德家墓里，他们两个人谈论洪业的墓碑要怎么写。

十二月十六日夜里，洪业忽然神志昏迷，向身边的孙儿讲福州话，被送入医院。笔者接到电话，叫我去翻译。到院看见他因肺部充液呼吸困难。医生替他上上下下插接了好几种管子。他看见我进来，赶快用手描字。我看到他这样子，心都酸了，慌张恍惚地快半个钟点才明白他的意思。他要医生把管子都拉出来，医生先是说不行，管子拉出来洪业就支持不住了。我记得前些时候洪业亲妹妹洪汜苹在台北逝世，洪业接到消息后很气愤地说她已经病危几个月，医生不应该用人工强硬地延长她最后一口气，让她活受罪。洪业认为这是医院榨取金钱的玩意儿。我于是对医生坚持说这是病人的意思。最后医生觉得他既已八十七岁，内部大量出血，生机渺然，遂尊重他的意思把管子都拉走。洪业睡了一觉，第二天神妙地像是无事了，一直到二十二日去世前，亲友纷纷来看他，他谈笑风生，仿佛往日，而且决意回家。二十二日早上，正等待救护车送他回家时断气。

洪业的后事由柯立夫与刘子健处理，在北京的事由王锺翰善后，较有价值的书物捐献给北京图书馆及中央民族学院，其余的卖了一万元人民币，设立了五个奖学金给北京大学及中央民族学院的学生。

翌年四月十四日北京开了个洪业追悼会，有三百多人参加，不少是"文革"浩劫余生的学者。五月三日哈佛也有追悼会。一九八二年六月一号，匹兹堡也开了个纪念会，他的美国姐姐及学生王伊同、邓嗣禹，还有恰好在美国的周一良，都发了言（洪业在美寓存书，有一部分送给匹兹堡大学）。

北京中华书局于一九八一年出版了《洪业论学集》，是翁独健与王锺翰编的，把他用中文写的主要学术著作都收在内。上海古籍出版社一九八三年重印了洪业编纂的引得多种，他五十年代用英文著述的《杜甫：中国最伟大的诗人》在新世纪居然有中译本面世（曾祥波译，上海古籍出版社，二〇一一）。洪业在冥冥中有知的话，必然会为中国又重新整理国故而庆幸。与他同一代的很多知识分子一样，洪业渡了洋还是深信老祖宗的产业是有价值的，问题只在何取何舍。

附1

剑桥岁暮八首

洪业

其一

剑桥岁暮叹年侵,胜地风光久陆沉。自分闻钟羁客耳,犹惭览镜丈夫心。国因丰大从多故,民苦流亡岂只今。炳烛差堪窥典籍,瓣香乡往顾亭林。

其二

哈佛诸生困棘围,五经博士好夸威。出题不惜兼难易,射策犹期中隐微。教学原无中外别,图书故是国家非;旧校桑沧浑意表,西望焉能咏日归。

其三

燕京大学对西山,华表亭亭贤士关。儒雅师资尊孔孟,英才教育乐甘颜。如何礼让多年后,顿尽风流一旦间。市虎才谈人变色,令威飞去不飞还。

其四

辛巳年除在系累,南冠十一共凄其。敌骄方谓驱羊易,士弱宁知捋虎危。要为彝伦留气节，誓将生死托希夷，伤哉战克和戎矣，于国翻无毫发裨。

其五

吾家今日亦三洪，但愧功名远不同。也好读书求义训，究嫌用世短包蒙。忧危海淀春风里，喜捷申江谷雨中。肥瘦提携曾几月？天涯散处又西东。

其六

燕市当时老侣俦，最思赵邓陆孙刘。酒虽怯饮杯杯好，山为同看处处幽。万里无从探消息，九年几已惯离愁；文如诗问藤花会，此愿终天恐不酬。

其七

叠叠藤箩紫气赊，南园半角廿年家；一窗山景应如故，万卷尘书尚在耶？点点倾囊今再置，篇篇插架慢增加，海滨集内多佳作，细读只嫌老眼花。

其八

人文宗匠复宗师，友悌城中着鹿皮；事业非同糊口计，传邮再发解颜诗。力悭未克全酬和，腹俭还容出遁辞；那可生灵涂炭日，雕虫小技壮夫为。

附2

洪家三代女人的悲剧

陈毓贤

靠了数层奇缘,《洪业传》在美国由哈佛东亚研究社出版后,中文版在台北和北京相继面世,让认识洪先生的学生朋友都有机会享受他的回忆,我松了一口气,感觉上像把洪先生的棺木送回故国,该做的都做了。我也江郎才尽,打算把录音带都捐送给哈佛燕京图书馆,以后若别人要处置这些材料,自有他们的观点和方法。

但录音带装了箱,却迟迟不想寄去,因为我有一件事在心头,不知道应不应该交待。

要交待嘛,我对这事情不甚清楚,很多关节都只能猜臆;不交待嘛,这事跟洪先生有关,而且前年爆发了相当轰动的新闻。

洪先生逝世后,他的外孙媳妇收拾房间时,找到一些文件与照片,拿来给我看,我看了很震惊。我在传记上是这么写的:

六十多年后,洪业讲到他与江安真的婚事时,一向率真坦白的他反而含蓄起来，轻描淡写地便抹过去了。他仅提到他患上西班牙流行感冒，差点送了命，江安真来看护他。他们一九一九年结婚，并在纽约行了婚礼。然而洪业逝世后，我们在他遗下的文件中，发现他们行了两次婚礼。有一张结婚证书是弗吉尼亚州一个长老会牧师署名的，日期是一九一九年三月五日。另有一张很精致的寄往亲友的卡片，宣布他们在一九二一年一月廿二日在纽约成婚。洪家大女儿与二女儿的出生日为一九一九年七月十二日与一九二一年七月五日。这些文件提供的资料，显示他们的长女，英文以洪业的"美国姐姐"璐得为名的霭莲，在他们弗吉尼亚婚礼后四个月出生；英文以克劳福德夫人歌特鲁德为名的霭梅，则在纽约宣布结婚五个月后出生。

用今天的眼光看，这没有什么了不起，尤其是当事人事后建立了一个正常的家庭，更无可微言。但在当年，这一连串的事情，很可能在他们两人的生活上形成一种阴影，产生了或多或少的罪恶感、忧虑及羞耻。洪业与江安真对这件事如何处置的详细情景，我们不清楚，但江安真对母校维顿女子学院报告生活近况时，指霭莲是洪家收养的一个孤儿。

其实，我看到了结婚证书后，曾到匹兹堡访问洪先生的"美国姐姐"璐得·克劳福德·米歇尔夫人。洪先生与他的美国姐姐

附2 洪家三代女人的悲剧

关系非常密切,她是圣路易市一位殷商的独生女,大学毕业后父母亲带她环球旅行,他父亲克劳福德先生在福州鹤龄英华学院见到洪业,很赏识他,决意鼓励并赞助他到美国留学。她本身是个很有眼光有魄力的女子,洪先生非常钦佩她,她也非常爱洪先生,两人半个多世纪一直都保持联络。我去看她时,她已经九十多岁,仍有点年轻时漂亮的格架,还刚出版了一本书,是捷克国父马萨里克女儿的传记。我问她对洪先生的婚事清不清楚。她对我说:

"你知道威廉生命力是很旺盛的,凡是生命力旺盛的人,性欲都很强。江安真趁威廉病重,揩他便宜,后来还对人说大女儿是收养的,谁能相信呢?女儿整个是洪威廉的样子。

江安真是个广东穷家女,被卖到夏威夷姓江的人家,那人家很凶,天天毒打她,有对美国夫妇看不过眼,把她要了去,养育她并让她受好教育。可是她这个人虚荣心重得很,譬如她三女霭兰过身后,留下点钱,她就想尽办法把外孙儿女插进最名贵的学校,我跟她说孩子很难适应那种环境的,她不肯听。"

我当时听了左右为难,江安真的身世我应不应该写呢?我认识洪先生时,洪太太已经去世,所以没有见过她。洪先生从来没有向我埋怨过洪太太半句,还称赞她能干。我本来对洪太太没有多大兴趣,也没有追问。我要替洪先生作传的动机,主要是要多认识中国现代史,同时因自己是在各种文化衍生杂陈的菲律宾长大,对自己的文化认同很迷惘,洪先生这位老者却似乎古今中外都能应付裕如,我希望能藉了解他的成长过程,获得他的秘诀。

女人和女人间的关系本自来是没有规范的,两个女人半个世纪同爱一个男人,尽管爱的性质很不同,其中恩恩怨怨谁搞得清楚?米歇尔夫人脱口而出的话不一定可靠。清官难断家务事,江安真的故事归她的故事,我不愿意多研究。

米歇尔夫人还告诉我洪家二女霭梅是自杀死的,详细情形我也没有追究。

书出版后,我寄了一本给洪先生的长女霭莲,她来信说很高兴我替她父亲作传,书里很多事情她以前都不知道。以后我们至少每年都交换一次贺年卡,一直到她去年逝世为止。

除了霭莲外,我也跟洪先生的侄女交换贺年卡,有很长的时期也跟洪先生外孙媳妇即霭莲的儿媳,保持联络。偶尔还跟一些认识洪先生的燕京老校友书信往来,包括一位珍妮特·罗德斯(Janet Smith Rhodes)女士。

大约七年前圣诞节左右,罗德斯住在我们小城的妹妹打电话来说,罗德斯女士从东岸来了,想见我,请我们一家去吃晚饭。罗德斯的妹妹多罗西娅·科里尔(Dorothea Smith Coryell)在我们这加州小城里算是名人,这位七十多岁的美国老太太讲一口京片子普通话,原来她是在北京长大的,父亲曾在清华和燕京大学教书。她和丈夫住在一栋临海的老房子,给我们预备了丰盛的晚餐,谈起来原来她们与洪家在北京是邻居。饭后罗德斯女士告诉我说,霭莲写信给她,说看了我的书才知道她父母亲的婚事,而且她母亲对人说她是养女。她说洪太太常毒打她,不让她吃饭,洪先生则悄悄把她带到书房给她糖吃。我听了很震撼,暗自庆幸我书已经出来，不然替洪先生作传还得处理这棘手的问题。

前年，一九九六年十月二十四日，洛杉矶版的《世界日报》登载了一条新闻，标题为"宾大校园宣扬和平无人理，激进女子引火自焚惊四邻"，还有一张她生前在宾州大学挥旗跳舞的照片。我一看就惊叫起："哎呀，洪先生的外孙女自杀了！"

外子问："你怎么知道她是洪先生的外孙女？"

我说："我们见过她的，一九八〇年在洪先生八十七岁的生日晚会上。她又高又瘦，长得像个模特儿，你一看到她就问哪来这么标致的女子？还跑去跟她聊了一阵。你忘了？她改变了很多，但还认得出，还有洪先生的影子。洪先生一直都很为她担忧，因为她到处流荡。她母亲也是自杀死的。"

报上说叫凯茜·钱吉（Kathy Change）的一个四十六岁华裔女子于二十二日冷静地走到校园中心一个大型和平雕像旁，朝自己的身上倒汽油点火自焚，在五十人围观下死亡。钱吉多年来几乎每天在校园附近弹奏音乐宣讲，常穿着紧身T恤衫和丁字裤比基尼泳装，挥旗演讲，似乎没人注意她，她经细心计划终于以自杀吸引了人们的注意。她事先分发给学生的声明书中说："我的真正目的是要引发一场有关如何和平改变我们这个世界的讨论，我奉献自身，作为反对战争的警报，作为自由的火炬。"

报上又说二十三日整个上午人们陆续来到和平雕像旁留花，燃烧的蜡烛和彩珠，还有一只气球，上面写着："纪念一个在痛苦中生存和死亡的人。"

报上说钱吉的身世似乎是个谜。她原姓张，后改名为钱吉，英文意为"转变",住在费城一个贫穷社区,一次受电台采访时,她说她父亲是一名工程师,祖父是哈佛大学一名教授,一位最近采访过她的学生说:"你和她谈话时,她表现正常,善于言辞,她可能是一名教授,或一名研究生。"

同年十一月二十日《纽约时报》以相当大的篇幅分析凯茜自杀的原因,并介绍了她的家庭背景。说她一九五〇年出生,祖父是哈佛教授洪业,母亲是个作家,父亲是个工程教授。她十多岁时,父母亲就离婚了,凯茜那时就首次尝试割腕自杀,从此腕上留了疤痕。十四岁时她和她母亲一次顶嘴的第二天,上课前去叫她母亲起床,发现母亲不动,竟然服毒自杀了,鼻边留了一摊眼泪。她中学毕业后读了几年大学。

《纽约时报》登载了她中学时拍的照片,样子很明媚,长发披在一旁,还有她一九八二年年轻漂亮时在费城与人跳舞的照片,以及她最近在和平雕像前抗议示威的照片;报道她廿一岁时曾和一位相当有名气的华裔戏剧家结过婚,五年后离婚时她又曾吃药尝试自杀;此后她精神就很脆弱,除了写过一本给小孩看的图书外,就没有做过别的正经事,这本书是关于来美国建铁路被人欺凌的华工。她日记上说她一九七八年静坐时发生了个幻象,"我突然间觉得自己不再是输家了,老实说我觉得我就是救世主,我本来低沉的自尊心一下子升到高天去。"

根据《纽约时报》的报道,她一九八一年搬到宾州大学附近,每天独自抗议示威,劝人反对核武器,反对战争,让大麻合法等等。她曾获得笔遗产,拨出三万元把一栋破楼重修了,得到

附2 洪家三代女人的悲剧

当地左派报纸誉为"这个月的自由斗士"。可是她把钱用光了,最后一个打击是向她父亲要钱补牙,父亲不肯;更让她沮丧的是她一个人示威已经没人理会。

记者走访了不少认识凯茜的人,读过凯茜遗下的日记,结论主要是她来自一个显赫的美国华人家庭,这个环境要求人人都光耀门楣,只许成功不许失败。她既然不能按牌理做赢家,只好幻想做救世主。记者说他不能肯定凯茜真正患了精神病,因为她对自己的幻想和恐惧,出奇地客观,甚至常讪笑自己无理。

凯茜自杀那天早晨,她把宣言分送给好几个朋友和宾州大学的学生,说她要牺牲自己。有个朋友对记者说:"我相信她是要人家阻止她的,可惜没人把她送的包裹打开,来得及抢救她。"

像凯茜,像她的母亲霭梅,都是非常聪明美丽的人。她们的自尊心怎会那么脆弱,动辄自戕呢?霭梅、凯茜的自杀,跟江安真童年受虐待有没有关系呢?我们也许有点线索。

去年又是圣诞期间,我接到罗德斯女士的卡片,说自己身体不好,正在整理文件,问我洪霭莲写给她的信应怎么办。我说寄来给我好了,我正预备把洪先生的录音带寄到哈佛,可一起寄去。不久挂号件就收到了。其中有封霭莲一九八八年写的信:

> 亲爱的珍妮特:我很高兴你觉得《洪业传》很有意思。我两星期后也收到一本,我也觉得写得好,讲到的事我大半都本来不知道,尤其是关于我们家庭的历史。虽然说,父亲过去为了阐明他的立场,往往就说,我以

前在福建长大时怎么怎么样，或者在山东时怎么怎么样，但母亲的身世对我们向来是个暗谜，客人来访问起来，她最多提到她在哥伦比亚大学师范学院读书时，在青年会认识父亲。

你告诉我我母亲对人说我是收养的，对我是新闻。只记得小时候曾听佣人讲过，但我那时以为佣人可怜我受母亲虐待，捏造谣言。你一定听说过我每天都受母亲无理毒打，我到学校去还引以为傲地让同学看我手足上的鞭痕，无怪乎我从小便叛逆！我有几次甚至离家逃跑，躲到我们姓吴（音译）的厨子家，但每次都被送回家受鞭打，不给吃晚饭就上床。我也不懂我为什么还是老这么胖……我常常没晚饭吃，大家在院子里乘凉聊天时，杨妈才敢偷偷送点剩肉或包子给我吃。我一直到住校后才天天正经吃饭。我父母亲老思想觉得不打不成器，母亲尤其厉害。

我想你讲的"罪恶感"很对……那时候这种事情是不能讲出去的。加上我本身不聪明，长得不好看，对母亲必定简直是个磨难。那怪不得一切都要完美的她，决意不要承认是她生的！数年前我儿子媳妇离婚时，媳妇告诉我她听说我出生那晚，俄亥俄大河河水泛滥，把铁路都淹没了，母亲只好到俄亥俄河谷县政府医院生产，而我又瘦又难看，而且又是个女孩，母亲非常失望，真想把我扔到河水里，可是父亲毕竟劝她让我活下来，说

附2　洪家三代女人的悲剧

孩子往往长大了就不难看。我长大了还是面貌平庸，但因为我长得像父亲，他可怜我，尽可能让我好过一点。父亲好多次带我到他书房里给我一点糖吃，如果我被鞭打得特别厉害还给我一点薄荷酒喝，酒他是藏在书堆后的，他对我说母亲不知道他藏酒的地方。有时候他还让我躺在长沙发上，跟我讲经书上的故事；我平静下来后他替我在鞭痕上涂膏药，然后拉着我的手说："这是我们的小秘密。现在，我要你对母亲道歉，说你错了以后不敢再做了。"我就抗议说："但是，爸爸，我没做错呀！"他就说："不管了，妈妈今天不舒服，你对她道歉就是了。"他就拉着我的手，一直到我向母亲道歉才放开我。我道歉后父亲还对母亲说一声："她知道错了。"然后才叹息转身回书房。

父亲的书房老是锁着的，不经他允许没人准进去，包括母亲在内！因为父亲和我有这个秘密，我不太介意处处要让霭梅。她比我聪明，比我好看，母亲偏爱她，她从不被鞭打，我嫉妒她。有一次我实在忍不住了，想了法子陷害她，母亲重重地捆了她一巴掌，她马上晕了过去，母亲吓坏了，从此不敢对她动手。我却遭殃了，老被鞭打。母亲一定觉得很挫败，她总是闹头痛。

你若有时间我可以告诉你我一生的事，我觉得自己终于有能力支配自己的生命。蛮有意思的，但有些部分很悲惨。我似乎对自己已经达到某种肯定，释然地在自己的能力范围内，用自己的方式做自己的事。我自认没法效仿我父亲，虽然他对我的人生哲学影响很大。

是的，我父亲是个很令人佩服的人，我很遗憾我们不能更亲密，是环境使然……父亲去世前最后几年间，我们比以前较密切，而且达到互相了解的地步……

还有一封信是一九九〇年十二月五日写的：

……一九七九年八月我们最后一次轻松地交谈。大家上床后我到他房里谈家事，谈到三更半夜。他从来就是夜猫子，愈晚愈有精神，他对我说应该把自己的经验写下来，对别人也许有帮助。他说："没想到三个女儿中你活得长。你两个妹妹都那么聪明、漂亮，都有学位……上帝一定生我气，把我最宠爱的提早取走，剩下一只黑羊。"他又说："你一向就很实在，完全没有名望富贵的愿望，你看，现在还是个平平凡凡的劳动分子，大半时候一分钱都没有，但你乐于其中。这不是我会替你选择的生活方式，但你很早便离家，不听我们的话，过你自己的生活，我们对你没办法。后来我们要资助你儿子，你也拒绝了。上帝一定特别眷顾你，因为你儿子比利结果还是蛮好的。"

我们现在都知道，被虐待的女孩，做了母亲后都有虐待自己的女儿的强烈倾向。江安真自己被虐待，悲剧在她孩子身上重演,被虐待的孩子最主要的特征是自尊心极其脆弱。长女霭莲被虐待了,但她本性倔强,不肯屈服,一有机会就反抗,到了美国就嫁了一个不会讲中国话的华裔美国小兵,完全脱离了她父母亲的社会阶层,反而可以平淡地度过余生。二女霭梅是被宠的一个,江安真可能把自己的愿望都寄托在这女儿身上,但她对这女儿的爱是有条件的,她给女儿的信息很可能是:"你聪明美丽出众,可以让我引以为傲,所以你被宠;你如果让我不高兴,就像你姐姐一样,不值得爱了。"所以霭梅有一天觉得自己挫败了,便连活都活不下去。这种价值观念很容易被传到第三代的凯茜。

凯茜最可怜了,在美国长大的女孩,十二岁到十六岁本来就是个心理很不稳定的时期,她先被父亲遗弃,后来母亲也遗弃了她。我猜想她对自己的文化认同很迷惘的,招蜂引蝶的美貌又让她有个错觉,以为不寻常的事情随时可能在她身上发生,让她难以也不甘于平淡地过日子。反战、反核、要求让大麻合法,在美国大学校园里都是不具争议的话题。她开始抗议示威时,大概有不少人好奇,跑去和这美丽的女子交谈,让她交了不少能肯定她的朋友。但她每天每月每年都在那里,姿色消退后还穿着令人诧异的服装要引人注意,人家便把她当疯子,对她视而不见,听而不闻,她便觉得全世界遗弃了她,而且怀疑自己疯了。最终穷途末路,一把火把自己焚烧了,以死来肯定自己的价值。

人生在世,最重要是要感到自己在世界上应占有一席,不管怎么样自己的生命是值得珍惜的;如果一个孩子的父母不珍惜他的性命,那么这孩子便养成一种基本性的惶恐不安,随时需要外界的肯定。中国自古来弱女子一句话,"我死给你们看。"以牺牲自己的性命作为抗议,再没有更坏的打算了。最厉害的是投井自杀,危及一村人的水源,不为什么,只为表明"我生时在你们眼中虽微不足道,至少死后让你们诸多不便。"

洪先生在洪家这三代女人的悲剧中扮演了什么角色呢?

洪先生对被欺凌的女子一向很同情的,他从小就同情被祖母欺凌的大伯母,这在《洪业传》第二章详细讲到。但他也自小就对性格强硬做事果敢的女人特别景仰。洪先生自己的祖母和母亲就是这样的女人。洪先生和江安真结婚,除了因江安真有孕外,很可能也因她童年的创伤令洪先生对她倍加怜爱,洪先生对她的办事能力也很欣赏。

洪太太凌虐女儿,洪先生反应如何呢?他主要是把自己与家里的大小风波隔离起来,家人不经准许不可步入他的书房;另外,他又对被凌虐的孩子秘密伸出援手。为什么要秘密呢?因为在父严母慈的社会里,母亲管教女儿,父亲是不过问的。儒家伦理向来对婆婆亏待媳妇,母亲凌虐女儿,没有化解的模型,母不慈女还是要孝。我在《洪业传》序里说,我发现洪先生虽然生活洋化,而且受基督教影响很大,但跟他同代的知识分子一样,虽不以儒家自居,但骨子里是传统的儒者,这又是一证。这不是说如果洪先生全然西化了他家里的悲剧就不会发生,但他处理的方式肯定不同。

三个女儿中,最小的霭兰童年大概最愉快。因为洪先生提到霭兰小时很逗人笑。霭兰出生后,洪家的生活稳定多了,也许洪太太随着岁月为人也圆熟些，洪先生也有比较多的闲暇与心情享受天伦之乐。

洪家的孙儿辈情形我更不清楚，只知道洪先生很关心他们，常和他们通信。他特别疼爱曾外孙女（霭莲的孙女）顿妮。凯茜的悲剧，据我以上猜臆，是数种因素的汇合造成的，但不能排除洪太太幼时受创伤的烙印，辗转传了给她。她开始出问题的时候，洪先生已经年老，对这个极端叛逆又极端需要肯定的外孙女非常关怀，但爱莫能助，只能够与她保持联络，她伸手要钱时就寄点给她。洪先生八十七岁生日晚会我们见她时，她还不到三十岁，已经离过婚并流荡了一个时期；年尾洪先生去世了，剑桥的房子出卖后凯茜分得一份遗产，足够让她生活稳定一阵子，但她钱花完了还是继续走下坡。

我们长大成人后，总以为自己已把童年远远抛弃在后，但我们童年的经验，是好是坏，都随时支配着我们的潜意识，一不小心它就作祟，尤其当我们备受压力时；连洪先生洪太太都不能幸免！

一九九八年六月

附3

顾颉刚、洪业与中国现代史学

余英时

一九八〇年年底中国史学界不幸失去了两位重要人物：顾颉刚先生和洪业（煨莲）先生。两位先生都是一八九三年出生的；逝世的时间也仅仅相差两天：洪先生卒于十二月二十三日，顾先生卒于二十五日。

顾先生是苏州人，系出著名的吴中世家，早年所受的是中国传统的经史教育；洪先生原籍福建侯官，早年就受到西方基督教的影响，并且是在美国完成正式教育的。但是尽管他们的家世和文化背景都不相同，在史学上两位先生却很早就是志同道合的朋友了。洪先生是一九二三年从美国回到燕京大学任教的，这正是顾先生以"古史辨"轰动中国学术界的一年。洪先生在美虽治西洋史和神学，但回国之后治学的兴趣很快地就转到中国史方面来了。这是和当时胡适之、顾颉刚诸先生所倡导的"整理国故"的运动分不开的，而顾先生对他的影响尤大。洪先生生前曾屡次和我提到这一点，绝不会错的。一九二九年顾先生到燕京大学历史系来担任古代史的教学，他和洪先生在学术上的合作便更为密切了。最值得纪念的是他们共同发现崔述夫妇的遗著和访问崔氏故里的一段经过。最近顾先生在"我是怎样编写《古史辨》的？（上）"一文中曾特别回忆到这一段。他说：

> 当"五四"运动之后，人们对于一切旧事物都持了怀疑态度，要求批判接受。我和胡适、钱玄同等经常讨论如何审理古史和古书中的真伪问题。那时我们就靠了书店主人的帮助，找到了这部《崔东壁遗书》。后来我同几位燕京大学的同事在图书馆里找到了崔述的《知非集》，又组织了一个旅行团到大名去采访，看到了他墓碑上的记载，又借钞了崔述的夫人成静兰的《二余集》、崔述的笔记《苡田随笔》。（英时按：原名《苡田剩笔》、顾先生误忆。见《中国哲学》第二辑，一九八〇年三月，三三七页）

这里所说燕京大学的同事其实主要是指洪先生，因为《知非集》是他在燕大图书馆中发现的，而"崔东壁先生故里访问记"一文也是由洪、顾两先生共同署名发表的。（均见《崔东壁遗书》，台北河洛出版社影印本，一九七五年，特别是顾先生在《遗书》"序"中对洪先生表示感谢的一段，见第三页。）顾先生不提洪先生之名，大概是有所顾忌，而胡先生因为已获得公开的"解放"，所以反而不必避讳了。

洪、顾两位先生恰好代表了"五四"以来中国史学发展的一个主流，即史料的整理工作。在这一方面，他们的业绩都是非常辉煌的。以世俗的名声而言，顾先生自然远大于洪先生；"古史辨"三个字早已成为中国知识文化界的口头禅了。但以实际成就而论，则洪先生决不逊于顾先生。洪先生三十岁以后才专治中国史，起步比顾先生为晚，然而顾先生由于早年遽获大名之累，反而没有时间去做沉潜的工夫。所以得失之际，正未易言。最后三十多年间，他们两人的学术生命尤其相差得甚远。顾先生受政治环境的影响太大，许多研究计划都无法如期实现。例如《尚书》译注的工作，在"古史辨"时代即已开始，六十年代在《历史研究》上续有新作，但全书似乎未及完篇。（最近两年发表的有关《甘誓》、《盘庚》诸篇主要都是由他的助手代为完成的。）所以就最后三十余年而言，他的成绩不但赶不上"古史辨"时代，而且也不能与抗日战争期间相比；因为即使在抗战的那种困难条件下，顾先生尚能有《浪口村随笔》之作。（后来正式出版的《史林杂识》即是其中的一部分。）这实在不能不令人为之扼腕。对照之下，洪先生在同一段时期却仍能不断地在学问上精进不懈。洪先生是在一九四六年春间应聘到美国哈佛大学来讲学的。据他有一次谈话中透露，他当初只打算在美国住一两年，借以补足战争期间接触不到国外汉学研究的缺陷。但是后来中国的政治局势变化得太快，他终于年复一年地在美国住了下来。

　　从一九四六年到一九八〇年，洪先生发表了许多分量极重的学术论著。举其荦荦大者，英文专著有《中国最伟大的诗人杜甫》（上下两册，哈佛大学出版，一九五二年），英文论文有《黄遵宪

〈罢美国留学生感赋〉译注》(《哈佛亚洲学报》,卷十八,第一、二号,一九五五年六月)、《钱大昕咏元史诗三首译注》(同上,卷十九,第一、二号,一九五六年六月) "A Bibliographical Controversy at the T'ang Court"(同上,卷二十,第一、二号,一九五七年六月),"A T'ang Historiographer's Letter of Resignation"(同上,卷二九,一九六九年)。中文论文之较为重要者则有《破斧》(《清华学报》新一卷,第一期,一九五六年)、《再论臣瓒》(同上,新三卷,第一期)、《〈韦弦〉、〈慎所好〉二赋非刘知几所作辨》(《中央研究院历史语言研究所集刊》第二十八本下册,一九五七年五月)、《再说西京杂记》(同上,第三十四本下册,一九六三年十二月)。

凡是读过洪先生论著的人都不能不惊服于他那种一丝不苟、言必有据的朴实学风。他的每一个论断都和杜甫的诗句一样,做到了所谓"无一字无来历"的境地。但是洪先生晚年最精心的著作则是刘知几《史通》的英文译注。他对《史通》的兴趣发生得相当早,认为这部书是世界上第一部对史学体例进行了系统讨论之作。因此他发愤要把它译出来,让西方人知道中国史学造诣之深和发展之早。前面所列的单篇论文,其中不少便是《史通》译注的副产品;而一九六九年的"A T'ang Historiographer's Letter of Resignation"事实上即是《史通》"忤时"篇的译注。由于他的态度认真,不肯放过《史通》原文中每一句话的来历,译注工作所费的时间几乎到了不可想象的程度。记得十五六年前洪先生曾告诉我,他已戒掉了烟斗,要等《史通》译注完成后才开戒。但他究竟最后有没有照预定的计划结束这一伟大的工程，我现在还不十分清楚。希望整理洪先生遗著的人要特别珍视这一方面的文稿。洪先生为了要整理出一个最接近本来面目的《史通》本子，曾进行了精密的校勘工作，除了他以前在燕京大学所校的多本外，近几十年来又广搜各种异本。其中最重要的有台北中央研究院历史语言研究所的乌丝栏钞本（原为明钞本，是最接近宋刊本的一种），和郭孔延《史通评释》（这是最早的注释本，刊于一六〇四年，原藏抗战前日本人所办的北京人文科学研究所，现亦归史语所），以及台北中央图书馆所藏的明刊蜀本《史通》。我曾不止一次向洪先生提议，请他整理出一个最理想的校本，分别刊行，以取得与译注相得益彰之效。他表示十分同意我的看法。希望我们能在洪先生的遗稿里发现这样一部完美的校本。

洪先生平素与人论学，无论是同辈或晚辈，绝对"实事求是"，不稍假借。他博闻强记，最善于批评，真像清初人说阎若璩那样，"书不经阎先生过眼，谬误百出"。一九五八年周法高先生在哈佛大学访问时曾以《颜氏家训汇注》的稿本送请洪先生评正，后来周先生告诉我，洪先生曾指出其中可以商榷之处不下百余条。但是另一方面，洪先生却又深受中国"温柔敦厚"的诗教传统的熏陶，对古人不肯稍涉轻薄。一九五四年胡适之先生曾经多次与洪先生为全谢山问题发生争论，书札往复不休，主要关键便在于洪先生认为胡先生说全谢山吞没赵一清（东潜）《水经注》校本，是一种不应有的厚诬古人。在十月二十日一封长信中，洪先生特别强调"罪疑惟轻"的古训；在十二月八日一封更长的信中论及赵东潜《接谢山札云典衣得三缗聊助客乏寄谢》诗则说：

> 谢山之贫，东潜不容不知。三缗虽无济甚事，言谢之诗讵可顿违温柔敦厚之教。业稍读二家书道及彼此之处，止觉彼二人交谊，终始无嫌。彼此征引虽亦间加纠正，总见称是多于言非。盖从他山之攻，转显丽泽之益。此亦儒林佳话，可风来学。（原信影本见《胡适手稿》第六集卷一，144页）

其实洪先生这几封信宅心之忠厚，真足以风今世，学问的深湛尚是余事耳。一九七三年哈佛燕京社的同仁们发起一个祝贺洪先生八十岁生日的集会。我当时曾写了一首七律为寿。诗曰：

> 矫矫仙姿八十翁，名山业富德符充。
> 才兼文史天人际，教寓温柔敦厚中。
> 孙况传经开汉运，老聃浮海化胡风。
> 儒林别有衡才论，未必曹公胜马融。

"学际天人，才兼文史"是《旧唐书》刘知几及其他史官列传末的史臣评语；"温柔敦厚"则正是指洪先生的人格修养而言的。末语针对当时中国大陆的局势而发，所指更是极为明显。一九七四年我在香港，听说洪先生在哈佛燕京图书馆看报，读到那些毫无理性的"批孔"言论，气愤之至，出来时竟在图书馆大门前跌

附3　顾颉刚、洪业与中国现代史学

了一跤，把头都摔破了，几乎因此送命。可见洪先生虽从小受西方教育，又信仰基督教，但内心深处始终是一位彻底为中国文化所融化了的读书人。

我始终没有和顾先生接触过，但是通过师友们的平常谈话，对顾先生的性情之厚和识量之弘也是十分心仪的。一九七八年十月在"美国汉代研究考察团"的访问行程中，我们全体团员都希望能见到顾先生，我个人更是高兴有此机缘得偿多年的宿愿。不幸其时适值顾先生因病入医院治疗，不能见客。我曾特别请人转达个人对他老人家的仰慕之意，他也传语希望以后在学术上彼此保持联系。但是想不到我竟再也没有机会见到他了。

钱宾四师最近在他的《师友杂忆》中曾多次提到他和顾先生之间的交谊。宾四师和顾先生先后两度共事，第一次是民国十九年在北平燕京大学，第二次则是抗战期间在成都齐鲁大学国学研究所。事实上，宾四师从中学转入大学任教便是由顾先生极力促成的。宾四师说：

> 余在苏中，函告颉刚，已却中山大学之聘。颉刚复书，促余第二约，为燕京学报撰文。余自在后宅，即读康有为《新学伪经考》，而心疑，又因颉刚方主讲康有为，乃特草刘向、歆父子年谱一文与之。然此文不啻特与颉刚诤议，乃颉刚不介意，既刊余文，又特推荐余至燕京任教。此种胸怀尤为余特所欣赏，固非专为余私人之感知遇而已。（见《师友杂忆》"北平燕京大学时代"章，

刊于香港《中国人》月刊，一九八〇年二月号，65页）

文中所说"中山大学之聘"，也是由顾先生推介而来的，这种学术为公的胸襟实在少见。顾先生不但对同辈论学之友虚怀推重，并且对门人后学也汲引不遗余力，绝没有一点"好为人师"的矜持。宾四师又记与顾先生在成都的谈话云：

> 颉刚人极谦和，尝告余得名之快速，实因年代早，学术新风气初开，乃以梏腹骋享，不虞得名。乃历举其及门弟子数人，曰，如某如某，其所造已超于我，然终不能如我当年受人重视。我心内怍，何可言宣。其诚挚恳切有如此。（《师友杂忆》："成都齐鲁大学国学研究所"，《中国人》月刊，1980年7月号，44页）

我深信顾先生这些话完全发自肺腑，因为这和他平素的作风是一致的。举例来说，顾先生在民国十九年所发表的《五德终始说下的政治和历史》是现代中国史学上一篇体大思精的文字。但刊布之后，顾先生丝毫不自假满，一再要友生们表示不同的见解。现在收入《古史辨》第五册中的不但有朋友辈的商榷文字（如钱宾四师、刘节先生和范文澜先生），而且还有几篇学生的批评之作（如陈槃先生、童书业先生、徐文珊先生）。可见他的确相信韩愈"弟子不必不如师，师不必贤于弟子"之说。

在这一点上，洪先生也和顾先生有相似之处。胡适之先生为司徒雷登自传写序，曾特别推崇洪先生在燕大收集图书、出版学报及编纂引得各方面的贡献。洪先生写信给胡先生说：

拜读大序，则愧感弥甚。感会惠隆，愧我功薄。图书之收集，多由田洪都、薛瀛白、顾起潜诸君之力。学报之校订，几全由容希白、八媛兄妹之劳。引得之编纂则尤聂崇岐一人之功。业随诸君之后，虽亦薄贡其微，不过欲稍涤昔年教会学校忽视国学之羞尔。(见《胡适手稿》第六集卷一，52页)

洪先生晚年对他在燕京大学所培养出来的几位史学家常常称道不置，如齐思和先生的春秋战国史、聂崇岐先生的宋史、翁独健先生的元史、王锺翰先生的清史，都是洪先生所激赏的，其中尤以对聂先生的情感最为深厚。洪先生认为聂先生不但学问好，人品更是高洁。我个人曾在燕京大学历史系读过一个学期，那时系主任正是齐先生；聂先生的"中国近代史"和翁先生的"历史哲学"都是我曾修过的课程。以我的亲身体验而言，我觉得洪先生对他们几位的推许丝毫没有溢美之处，绝不像汪渔洋说白香山推重元微之那样，乃出于"半是交情半是私"。

在近代中国史学的发展历程上，顾先生和洪先生可以说是代表了史学现代化的第一代。尽管他们都继承了清代考证学的遗产，在史学观念上他们则已突破了传统的格局。最重要的是他们把古代一切圣经贤传都当作历史的"文献"（document）来处理。就这一点而言，他们不但超过了一般的乾嘉考据家，而且也比崔述和康有为更向前跨进了一步。洪先生治学最严谨，其专门著作中，往往语不旁涉。所以我们不妨专就顾先生的议论来说明这个问题。

顾先生虽然接着康有为、崔适讲王莽,刘歆伪造群经的问题,但他却早已跳出了今文经学的旧门户。他曾一再声明,他只是接受今文学家的某些考证,而并不采取他们的经学立场。因此他坚决地宣布:

> 我决不想做今文家;不但不想做,而且凡是今文家自己所建立的学说我一样地要把它打破。(见《跋钱穆评〈五德终始说下的政治和历史〉》,《古史辨》第五册,632页)

换句话说,他的目的与经学家不同,不是为了证明某种经学理论而辨伪。甚至对于崔述的疑古辨伪,他也觉得不够彻底。因此他认为崔氏尚只是"儒者的辨古史,不是史家的辨古史。"在顾先生看来,"要辨明古史,看史迹的整理还轻,而看传说的经历却重。"(均见《与钱玄同先生论古史书》,《古史辨》第一册,59页)这样一来,史学的重心才完全转移到文献问题上面来了。兰克曾说:

> 在我们把一种作品加以历史的使用之前,我们有时必须研究这个作品本身,相对于文献中的真实而言,到底有几分可靠性。(转引自 Leonard Krieger, Ranke, *The Meaning of History*, University of Chicago Press, 1977, p.6.)

这就是顾先生所谓"史家的辨古史"的态度了。顾先生"层累地造成的中国古史"之说之所以能在中国史学界发生革命性的震荡，主要就是因为它第一次有系统地体现了现代史学的观念。所以此说一出，无论当时史观如何不同的人都无法不承认它在史学上所占据的中心位置。语言学派的史家认为顾先生已在中国"史学上称王"，有如牛顿之在力学，达尔文之在生物学。（见傅斯年《与顾颉刚论古史书》，见《傅孟真先生集》第一册，上编丁函札类，62页）甚至马克思派的人也不能不佩服他的"卓识"，并说"旧史料中凡作伪之点大体是被他道破了。"（见郭沫若《中国古代社会研究》，一九五四年版，274-275页）在"史料学"或"历史文献学"的范围之内，顾先生的"累层构成说"的确建立了库恩（Thomas S. Kuhn）所谓的新"典范"（"paradigm"），也开启了无数"解决难题"（"puzzle-solving"）的新法门，因此才引发了一场影响深远的史学革命。除了《古史辨》集结为七厚册外，还有无数散在各报章杂志的文字都是在《古史辨》影响之下写成的。文献是史学的下层基础；基础不固则任何富丽堂皇的上层建构都不过是海市蜃楼而已。顾先生尽管在辨伪与考证各方面都前有所承，然而他的"累层构成说"却是文献学上一个综合性的新创造，其贡献是长远而不可磨灭的。把"传说的经历"看得比"史迹的整理"还重要——这是中国传统考证学者在历史意识方面所从来没有达到的高度。顾先生并不是从事平面的辨伪，如一般人所误解者；他是立体地、一层一层地分析史料的形成时代。然后通过这种分析而确定每一层文献的历史含义。例如他和童书业先生合写的"夏史三论"，把夏代"少康中兴"的传说推定在东汉光武中兴之后。（见《少康中兴辨》一节，《古史辨》第七册，下编，233-255页）这个假设是否成立是另一问题，但是我们不能不承认这一敏锐观察充分地表现了现代史学的观点。陈寅恪先生考释唐代府兵制前期的史料和《桃花源记》的史源，虽然时代不同，其精神也同属现代的。洪先生的《春秋经传引得序》、《礼记引得序》等篇更是现代文献学研究的杰作。洪先生以《礼记引得序》一文而荣获法国一九三七年度的儒莲（Stanislas Julien）汉学奖，是完全受之无愧的。

最近几十年来西方的史学观念在遽烈的变动之中，史学与文献（"document"，广义的"文献"不限于文字记载，风俗、习惯、法律、制度等都包括在内）的关系究当如何，目前已有不同的看法。法国当代名历史哲学家福柯（M. Foucault）认为审订文献的真伪、性质、意义，然后再在这种基础上重建历史陈迹，这已是陈旧的史学了。新的史学则不取这种被动的方式，而是主动地组织文献，把文献分出层次、勒成秩序、排作系列、定出关系，并确定何者相干何者不相干等等。（看 Michel Foucault, *The Archaeology of Knowledge*, Translated from the French by A. M. Sheridan Smith, Harper Torchbooks, 1972. pp. 6-7）其实这一类的说法，听起来似乎新奇可喜，运用起来却非常不简单。它所针对的主要仍是史学中的主观与客观的问题。柯林伍德（R. G. Collingwood）强调史事的内在面和史学家必须重演（re-enact）古人的思想也就是要说明主客如何统一。近二三十年来解释学（hermeneutics）大为活跃并影响到史学的观念。解释学家与"文件"（"text"）或"作品"（"work"）之间的关系正和史学家与"文献"之间的关系甚为相似。所以有些解释学家如包德曼(Rudolf Bultmann)也讨论到怎样了解历史文献的问题,包氏认为无论史学家如何力求客观,他终不能完全摆脱掉自己的观点。他并援柯林伍德的理论为助,以强调对历史文献不可能有所谓纯客观的解释。 (见包氏的 *History and Eschatology*. New York: Harper, 1975, pp. 110-120)

就中国史学的传统而言,我们并没有严重的主客观对立的问题。中国史学一方面固然强调客观性的"无征不信",另一方面也重视主观性的"心知其意"。强调史学必须主动地运用文献是无可厚非的。但是如果因此而造成一种印象,使人觉得文献学的考订工作完全无足轻重,那将是史学上的一个足以致命的错误了。在解释学方面,近来也有人起而为客观性问题辩护。意大利法制史家贝蒂(Emilio Betti)在这一方面的贡献最大。简单地说,贝蒂承认文件的客观性离不开解释者的主观性。但是他特别强调,解释者的主观性必须能透进解释对象的外在性与客体性之中。否则解释者不过是把自己的主观片面地投射到解释对象之上而已。所以在贝蒂看来,解释学最重要的第一条戒律便是肯定"解释对象的自主性"(autonomy of the object of interpretation)。(见 Richard E. Palmer, *Hermeneutics*, Northwestern University Press, 1969. pp. 54-56)

如果我们把贝蒂在解释学方面所提出的原则应用到史学方面,我们便立刻可以看出顾先生的"累层构成论"不但肯定了"解释对象的自主性",而且也在一定的程度上表现出解释者(史学家）的主观性已透进解释对象（文献）的外在性与客体性之中。许多古代文献一到了顾先生手上往往都变成了活的材料；这正是因为他一方面严格遵守"无征不信"的信条，而另一方面对于古人的作品则又要求做到"熟读深思，心知其意"的地步。因此主客之间不但存在着一种动态的关系，而且往往融成一片。不仅此也，顾先生同时又是在"通古今之变"的史学传统下成长起来的人，他研究古史是和他研究吴歌和孟姜女故事的演变分不开的。前引福柯所谓主动组织"文献"、划清层次、建立系列、确定关系……之类的"新史学"，顾先生事实上已做到了不少。这尤其以他后期的历史作品为然。抗战期间他以边疆少数民族的风尚证中原之古史，在昆明写出了《浪口村随笔》，使许多本来僵死的古代记载都获得了新的生命。李亚农氏谈到"五四"以后的中国史学，特别是"古史辨"一派时，就曾说过：

> 由于弄清楚了许多历史事实，使它有了可能更具体、更深入地认识中国历史，从而把一部分史实或历史形象化了，使过去中国人民的生活得以活灵活现地出现在读者脑筋中来，从而帮助了读者更具体地去理解业已过去的中国人民的生活。今姑且举两个例来说，当著者读到张荫麟氏的《中国史纲》（上古篇）和顾颉刚氏的《浪口村随笔》原稿的时候，就有这种感觉。（见《欣然斋史论集》，一九六二年，"总序"，19 页）

李氏和顾先生的史学观点完全不同，因此他谈顾先生历史作品的真实感受也就特别值得注意。

顾先生毕生以"古史辨"为世所知；这里有幸也有不幸。不幸的是很多人以耳代目，认定顾先生一生的工作纯是辨伪。有些人甚至只记得顾先生自己早已放弃的某些错误的假说，譬如说：大禹是条虫。其实顾先生除了辨伪之外还有求真的一面，而且辨伪正是为了求真。他辨伪尽有辨之太过者，立说也尽有不尽可信者，但今天回顾他一生的业绩，我们不能不承认顾先生是中国史学现代化的最先奠基人之一。

顾先生的《古代史论文集》和洪先生的《论学集》不久都将问世。这是中国现代史学史上的重要里程碑。中国史学今后将何去何从，现在自未易言。但是无论史学怎样发展，它永远也离不开文献学的客观基础。因此我们可以断言，顾、洪两先生的著作决无所谓"过时"的问题；它们将继续为新一代的史学家提供学习的范例。

一九八一年四月七日

人名索引列表

阿瑟·库什曼·麦吉弗特　94，97
埃德温·琼斯　65
埃里克·诺斯　63，64，76，128，147，148，245，247
（洪）霭兰　169，171，205，215，233，254，299，308
（洪）霭莲　序18，88，89，136，178，205，246，253，298，300，303，306，309
（洪）霭梅　89，185，205，246，298，300，303，305，307
艾朗诺　序2，序5-8，序10-13，序15，序20，290，301
白睿文　序15
白先勇　序3，序5，序10，序12
贝赐福　61，66，67，72，74，77，114，128
卞学璜　序10
伯克霍夫　210
伯希和　156，160，168，169
布利斯　242，243
蔡一谔　216，221，237-240
常乃悳　124
陈诚　序4
陈观胜　序8，195，274
陈鹤琴　8，83
陈宏振　76
陈其田　221，223，235，240

陈万里　158
陈锡荣　序2
陈絜（矩孙）　183
陈仪　252，276
陈寅恪　序19，76，322
陈友仁　84
陈元龙（陈文渊）　62，105
陈芝美　62，85，86
程千帆　13
戴廉　282
邓嗣禹　序8，序12，195，274，294
邓之诚（文如）　177，178，216，217，221，228，237，254，268，289
狄可温　46
杜超杰　217，220，221
杜联喆　序8，195，274
杜洽　序8，195
杜维明　12
端方　197
多萝西·巴伯　141
多萝西·汤普森（米西）　209，210
多纳姆　154，158，161
方志彤　序7，序12，268
房兆楹　195，274
费慕礼　127，135
费正清　序6，序7

人名索引列表

冯家升　序8，194
冯应琨　233，234，239
阿道夫·冯·哈纳克　97
傅泾波　139
傅斯年　序10，序14，200，288，289，321
钢和泰　165
高迪夫人　58，60，61，63
高梦旦　序5，序8，序10，序20，55
高叔哿　序5，序10，序20
高智　62，63，103，258
格拉迪丝·黑文　64
顾颉刚　序10，序14，序19，序20，192，197，200，285，289，311，321-325
顾维钧　83
郭秉文　序9，85
（洪）沚苹　6，58，277，293
哈丁　113，288
哈利·沃德　83
海陶玮　序7
韩南　序7
汉福德·克劳福德　65，67，71，72，74，76，101，165，170，171
洪筹　286，292
洪端　45，52，58，271
洪范　292
洪绂　序12，16，67，186，251，252
洪绅　41，58，67，112，177，186，187，243，244，259，277，292
洪绥　186
洪慰　186，285
洪曦　6，15，16，20-23，27，31，32，39，41，45，46，51，56-58，65，198，269-271
侯仁之　序8，序13，221，292

胡适　序1，序4，序5，序7，序10，序14，序15，序17，序19，序20，82，148，177，178，197，199，210，211，276，311，312，315，316，318，319
胡秀英　282
黄华（王汝梅）　135，184，245，260
黄时枢　286
霍顿　240
霍尔　127，128，153，154，157，159，161
江安真　序18，序22，79，87-89，118，122，136，154，169，171，181，186，204，205，215，233-235，238，240，247，278，293，297-300，303，306-309
江勇振　序11
蒋廷黻　序8，84，167
瞿同祖　序8，194
卡尔·埃文思　257，271，273
凯瑟琳·布朗　271，273
康笑菲　序12
柯立夫　序7，序19，266，268，282，283，293
孔令贻　51
孔祥熙　序9，85，177，253
拉尔夫·沃德　63，101，103-105，258
赖德烈　169
赖世和　160
朗顿·华纳　序16，154，155，157，158
雷蒙德·索恩伯格（红毛公）　74，75，86，112，126，145，146，170，180，181，183，208-210
李崇惠　144-146
李大钊　71

李效黎　215
李宗仁　241-243
廖奉献　237
林飞（洪母）　6，7，8，22，34，35，55，58，62，66，67
林嘉通　221，225
林迈可　215，254
林语堂　130，274
林锺皋　4，22
刘豁轩　221，225，227，228
刘绍铭　序12
刘师培　197
刘石荪　序18，236
刘廷芳　76，77，82-85，113，123，135-138，175，176，256
刘子健　序12，序17-19，194，221，236，239，244，268，274，284，286，293
卢惠卿　286
陆惠风　序12，288
陆志韦　序19，183，184，221，228，233，235-237，240，242，253，264，265，285
路思义　序9，114-118，128，153，256
璐得　60，76，88，170，212，298
吕振中　125，126
罗伯特·布莱克　166
罗文达　238，239
罗振玉　156
洛厄尔　166
洛厄尔·托马斯　209
毛泽东　71，284
梅森·诺斯　63
梅维恒　序7
梅贻琦　276
莫砺锋　序13，序17
鸟居龙藏　204，206，207，216，240

聂崇岐　序8，176，192，194，195，259，265，266，319
聂其杰　序8，84
伦诺克斯·辛普森　142
裴溥言　序3
彭震球　序3
齐思和　序8，194，277，292，319
钱穆　序19，200，320
钱思亮　275，276
钱锺书　序7
乔治·巴伯　141
秦汾　157
裘开明　177，254，264
容庚　128，157，197，241
阮传哲　170，245，273，274
舍伍德·埃迪　59
沈昌焕　276
司徒雷登　序9，序11，序17，113-115，121，123，127，128，135，136，139，140，146-149，153，154，157-161，169，175，176，203，204，207，216，239-241，245，246，255，257，259，260，265，318
斯坦因　序16，序17，156，169
斯特拉　284
宋棐卿　234-236
宋子文　序17，83，211，253
苏慧廉　166
孙冰如　237
孙康宜　序13
谭其骧　序8
滕圭　211
田洪都　241，319
涂羽卿　序8，83
托马斯·杜威　209
托马斯·卡弗　147，179
托马斯·马萨里克　186

人名索引列表

王宠惠　序9，85
王国维　156
王近仁　154，155，157，158
王克私　123，239
王水照　序13
王桐龄　124
王威　序12
王锡炽　233，234
王伊同　序8，序12，195，274，294
王正黻　237
王正廷　序8，序9，序17，84
王钟殊　序17，289
王锺翰　序8，序12，序13，192，193，195，285，293，294，319
王子文　235
伍德罗·威尔逊　序9，98，99，109，113，288
威廉·黑文　64
威廉·罗克韦尔　94
卫德明　序5
卫礼贤　序5
卫挺生　263
魏德迈　242，243
魏世德　序12
温德尔·威尔基　208，209
温知新　序4
翁独健　序8，195，285，289，294，319
吴雷川　175
（小）亨利·鲁斯　117，256
萧正谊　204，206
谢冰莹　序4
辛克莱·刘易斯　209
徐萍芳　序17，289，290
徐兆镛　138
痖弦　序12
严复　序5
严倚云　序5

杨联陞　序10，序12，287
杨曦东　62，85
姚南泉　32，34
叶嘉莹　序7，序10，序19，282
叶理绥　160，247，267，268
有末精三　216
余日章　170
余英时　序10，序20
约翰·鲍曼　211
詹姆斯·哈维·鲁宾逊　94，96，97
詹姆斯·韦尔（魏鲁男）　168，169，195
张伯苓　序8，84
张东荪　序19，215，221，223，229，237，239-241，285
张光直　序12，289
张季鸾　196
张起钧　序4
张群霞　252
张天泽　序8，195，252，274，275
张文理（张延哲）　146，147，179，180，224，252，276
张雁深　206
张志宏　序4
赵承信　221，229
赵如兰　序10
赵元任　序1，序10，268
赵锺荪　序10
赵紫宸　序19，221，224-226，285
郑德坤　序8，194，197，289
周策纵　288
周培源　序12
周杉　序12，288
周一良　序8，195，285，294
周诒春　序8，84
周质平　15，17
朱士嘉　序8，195
诸桥辙次　序12，207

外国人名中英文对译表

（以人名出现先后为序）

卫礼贤　Richard Wilhelm	格拉迪丝·黑文　Gladys Haven
卫德明　Hellmut Wilhelm	埃德温·琼斯　Edwin C. Jones
方志彤　Achilles Fang	汉福德·克劳福德　Hanford Crawford
艾朗诺　Ronald Egan	
白睿文　Michael Berry	雷蒙德·索恩伯格（红毛公）　Raymond Thornburg
司徒雷登　John Leighton Stuart	
张志宏　George Donohue	哈利·沃德　Harry Ward
柯立夫　Francis Cleaves	威廉·罗克韦尔　William Rockwell
费正清　John King Fairbank	詹姆斯·哈维·鲁宾逊　James Harvey Robinson
海陶玮　James Robert Hightower	
朗顿·华纳　Langdon Warner	阿瑟·库什曼·麦吉弗特　Arthur Cushman McGiffert
梅维恒　Victor Mair	
斯坦因　Aurel Stein	阿道夫·冯·哈纳克　Adolf von Harnack
韩南　Patrick Hanan	
温知新　Friedrich Weingartner	伍罗德·威尔逊　Woodrow Wilson
魏世德　Timothy Wixted	哈丁　Warren Harding
约翰·高迪（高智）　John Gowdy	路思义（亨利·鲁斯）　Henry Winter Luce
狄可温　Calvin Mateer	
伊丽莎白·高迪（高迪夫人）　Elizabeth Gowdy	（小）亨利·鲁斯　Henry Robinson Luce
舍伍德·埃迪　Sherwood Eddy	王克私（菲利普·德·瓦尔加斯）　Phillippe de Vargas
璐得（璐得·克劳福德·米切尔）　Ruth Crawford Mitchell	
	费慕礼　Alice Frame
贝赐福　James W. Bashford	乔治·巴伯　George Barbour
拉尔夫·沃德　Ralph Ward	多萝西·巴伯　Dorothy Barbour
梅森·诺斯　Mason North	伦诺克斯·辛普森　Lenox Simpson
埃里克·诺斯　Eric North	托马斯·卡弗　Thomas Carver
威廉·黑文　William I. Haven	霍尔（查尔斯·马丁·霍尔）

外国人名中英文对译表

	Charles Martin Hall
多纳姆	Wallace Donham
伯希和	Paul Pelliot
博晨光	Lucius Chapin Porter
叶理绥	Serge Elisséeff
赖世和	Edwin Reischauer
钢和泰	Baron A. von Stael-Holstein
苏慧廉	William E. Soothill
洛厄尔	Abbott Lowell
罗伯特·布莱克	Robert Blake
詹姆斯·韦尔（魏鲁男）	James Ware
赖德烈	Kenneth Scott Latourette
托马斯·马萨里克	Thomas Masaryk
温德尔·威尔基	Wendell Willkie
洛厄尔·托马斯	Lowell Thomas
多萝西·汤普森	Dorothy Thompson
米西	Missy
托马斯·杜威	Thomas Dewey
辛克莱·刘易斯	Sinclair Lewis
伯克霍夫	George Birkhoff
约翰·鲍曼	John G. Bowman
林迈可	Michael Lindsay
罗文达	Rudolf Loewenthal
霍顿	Henry Houghton
魏德迈	Albert C. Wedemeyer
布利斯	Bliss
卡尔·埃文思	Carl A. Evans
凯瑟琳·布朗	Kathryn Brown
戴廉	Sidney Tai
斯特拉	Stella Wong